Tanja Hallmann

Amarell: Das Universum schwingt I

Amarell

Das Universum schwingt I

Die universelle Schau

Amarell Verlag

Titelbild:
Die zwölfblättrige Rose zeigt die 12 Universen
Die zwei übereinanderliegenden Dreiecke stellen symbolisch die Mitte, d.h. das Herz des Menschen dar.
Das Kreuz thront über allem
Die Erde stellt die Verbundenheit des gesamten Kosmos dar.

1994
2. überarbeitete Auflage

Nägelsbachstr. 49c, 91052 Erlangen

Umschlagbild: Johann Kreuzer
Satz: Gutenberg, Erlangen
Druck: Druckerei Urich, Fürth
ISBN 3-929962-00-4

Inhalt

Vorwort

Durch den Eintritt in das sogenannte Wassermannzeitalter, wird es nicht ausbleiben, daß durch die damit verbundene Erhöhung der Schwingungsfrequenz der Erde weitere Enthüllungen und geistige Weisheiten an den Tag kommen. Doch all dies ist mit einer Gefahr verbunden. Da wir in einer Zeit leben, in der sich der technische Fortschritt sehr schnell entwickelt, haben die geistigen Geheimnisse und Erkenntnisse dieser Welt bei vielen Menschen keinen Platz, ja schlimmer noch, sie werden verachtet und mißbraucht. Denn die Materie thront bei diesen Menschen über dem Geistigen. Alles sehnt sich zwar nach Liebe und Frieden, doch die Welt steht in Aufruhr und Verwüstung.

Im Moment wird nichts mehr bekämpft, als solche Menschen, welche den Menschen das Licht bringen wollen. Sicher werden sich einige Leser fragen, warum nur? Alles, was gegen die Gewohnheit und Bequemlichkeit einen Menschen gerichtet ist, wird von vornherein von den meisten strikt abgelehnt.

Dieses Buch dient dazu, zu erkennen, daß im gesamten Kosmos eine Gesetzmäßigkeit besteht, und diese gilt es zu entschlüsseln. Ich hoffe, daß dieses Buch einige Antworten auf Fragen gibt, die sich der eine oder andere unter Ihnen vielleicht schon gestellt hat.

Es würde mich freuen, wenn sich einige angesprochen fühlten und erkennen würden, daß es ohne geistige Entwicklung keinen Fortschritt gibt! In den einzelnen Kapiteln wird erwähnt, daß Jesus einige Offenbarungen an uns Menschen durch ein Medium gesprochen hat. Ich habe in den verschiedenen Kapiteln darauf hingewiesen, daß neben den eigenen Offenbarungen auch die Durchsagen Jesu durch sein Medium an uns Menschen niedergeschrieben sind. So dient nicht mir der Dank, sondern dem Werkzeug, welches Christus auserwählt hat. Es sind bewußt alle weltlichen Namen weggelassen, um Rücksicht auf diese Person zu nehmen, damit keine persönliche Anfeindung entstehen kann. Unser Weltenlehrer - damit meine ich Christus - hat immer wieder in den einzelnen

Offenbarungen darauf hingewiesen, daß es sehr schlimm um die Menschen steht, da keine Liebe und Rücksichtnahme in ihren Herzen ist. Deshalb freue ich mich besonders, daß ich dieses Buch schreiben konnte. Glücklich wäre ich, wenn das Buch seinen Zweck erfüllen könnte, nämlich, den Menschen ihre Entstehung und Entwicklung bewußt zu machen, so wie es in den einzelnen Kapiteln beschrieben ist. Doch eines möchte ich ganz deutlich hervorheben: Ohne Hilfe hätte diese Arbeit nie vollbracht werden können, denn ich könnte nichts von mir aus tun, wenn es mir nicht gegeben würde. Deshalb bedanke ich mich bei denjenigen, welche mir die Texte zur Verfügung gestellt haben, damit das göttliche Wort an uns Menschen weitergegeben werden kann.

Die Wahrheiten, die in den einzelnen Abschnitten geschrieben wurden, stellen die universelle Wahrheit dar und damit auch die Liebe Gottes zu all seinen Geschöpfen.

Wenn ich mich zu den einzelnen Themen manchmal wiederhole, so dient dies dazu, ihre Wichtigkeit herauszustellen und sie von mehreren Seiten zu betrachten.

Danksagung

Bedanken möchte ich mich bei meinen Freunden, die mich unterstützt und gefördert haben. Danken möchte ich auch der Essener Gemeinschaft für die Texte, welche mir von ihr zur Verfügung gestellt wurden.

Mein Dank gilt insbesondere der geistigen Seite, vor allem meinem Schutzgeist Ambra und meinem Schutzengel Clevi, da die beiden es besonders schwer mit mir hatten. Ferner gilt auch mein lieber Dank meinem Geistführer Javathi, der mich stetig und behutsam in die geistige Schau geführt hat. Besonders möchte ich meine Liebe und meinen Dank bekunden für alle himmlischen Wesen, welche mich unterstützten und anleiteten, allen voran meinem Erzengel Zadkiel.

Mein liebevollster Dank gilt Jesus, unserem Heiland, den ich schätzen und lieben gelernt habe und auf dessen Besuch ich mich besonders in meinem geistigen Heiligtum immer wieder gefreut habe. Für diese besondere Gabe möchte ich GOTTVATER danken, denn erst unter Seiner Obhut konnte alles entstehen und Großes vollbracht werden.

Einführung

Es mußte schon sehr viel in meinem Leben passieren, damit ich mich aufraffte, etwas über die Erkenntnisse und Wahrheiten des Lebens zu schreiben, damit eine größere Zahl Menschen davon erfahren kann, und nicht nur einige wenige Menschen, die auf meinen Seminaren zugegen sind.

Die Erlebnisse, die mein ganzes Leben begleitet hatten, waren für viele Menschen etwas Unglaubliches, denn die Erscheinungen ließen sich mit keiner wissenschaftlichen Methode nachweisen. So sagte ich vielen Menschen voraus, was sich in Kürze bei ihnen ereignen würde. Viele Menschen meiner Familie und in meinem Freundeskreis hatten mich immer als Sonderling abgetan und mir eine düstere Zukunft vorausgesagt. Doch es kam ganz anders. Wenn ich heute alles so überblicke, hätte es für mich nicht besser laufen können.

Das Wort "Zufall" hatte ich stets in meinem Leben gebraucht, bis ich zu der Erkenntnis gekommen bin, daß es diesen gar nicht gibt. Bereits in jungen Jahren wurde ich von jeder Handlung angezogen, die etwas Verbotenes zum Ziel hatte. Ich ließ keine Gelegenheit aus, etwas anders zu leben als es die meisten Menschen taten. Ich wuchs zwar in einer gutbürgerlichen Familie auf, doch mein Wille war schon zu einem frühen Zeitpunkt stark ausgeprägt, so bekam ich immer das, was ich mir durch meine Vorstellungskraft erschaffen konnte. Ich wußte zwar nicht, wie dies auf der physischen Ebene funktionierte, doch es machte mir sehr viel Freude, mit meinen Kräften zu arbeiten. Bereits mit 8 Jahren hatte ich mir selbständig und ohne einen Lehrer das Trompetenspielen beigebracht und besuchte später eine Musikschule. Mit 18 Jahren wurde ich Dirigent einer Blaskapelle und hatte bisweilen 40 Musiker zu dirigieren. Es machte mir schon in jungen Jahren sehr viel Spaß, Verantwortung zu tragen.

Doch meine Liebe in all den Jahren gehörte der Religion und der Philosophie. Bereits mit 20 Jahren wurde ich zu einem religiösen

Kreis gerufen, um über die geistige Wahrheit der Bibel zu sprechen. Sie dürfen nicht glauben daß ich ein studierter oder gelehrter Mensch bin, nein, ganz im Gegenteil, doch meine Fragen, die ich an das Leben hatte, wurden mir immer wieder im Traum beantwortet.

Nach meinem 21. Geburtstag wurde ich regelmäßig früh um 3 Uhr geweckt, doch nicht von meinen Eltern. Nein, es war die geistige Seite, die mich anwies, mich an meinen Schreibtisch zu setzen und zu schreiben. Obwohl es für mich vorher fast unvorstellbar gewesen wäre, um 3 Uhr ausgeruht zu sein, war ich doch in einem recht guten Wachzustand. Darauf schrieb ich nieder, was man mir durchgab. Dieser Zustand des Wachwerdens, früh um 3 Uhr, dauerte, mit einigen Unterbrechungen, ein ganzes Jahr. Als meine Eltern frühmorgens aufstanden und mich schon am Schreibtisch sitzen sahen, war es für sie höchst erstaunlich, daß ich schon munter war. Die Annahme, daß ich ein Sonderling wäre, bekam dadurch wieder stärkere Nahrung.

Wie gesagt, hatte ich mich schon damals stark mit dem Sinn des Lebens auseinandergesetzt, und diese Frage zog sich wie ein roter Faden durch mein Leben. Eine entscheidende Wende ergab sich in meinem Leben, als eines Tages in einer Diskothek eine Massenhypnose angekündigt und eine hundertprozentige Erfolgsquote versprochen wurde. Ich sah, wie sich die Menschen gegenseitig in Hypnose abküßten, Hirsche in der Brunftzeit spielten und viele menschenunwürdige Spiele machten. All dies erregte meine Neugierde, und alsbald ging ich in die Buchhandlung und kaufte mir ein Buch über Hypnose. Gleich darauf gelang mir, zu meiner großen Überraschung, der erste erfolgversprechende Hypnoseversuch und das ganz ohne Führung. Von meinen Fähigkeiten noch mehr überzeugt, hatte ich den Autor angeschrieben, um weitere Details zu erfahren. Kurz darauf besuchte ich eines seiner Seminare. Dabei erfuhr ich, daß er Heilpraktiker ist. Es dauerte nicht lange, bis ich mir in meinem Ehrgeiz eine Heilpraktikerschule aussuchte und mich anmeldete. Als Heilpraktiker war ich dann später den geistigen Dingen noch näher gerückt.

Eines Tages lud mich ein Freund zu einer Meditation ein. Mitten in der Meditation geschah etwas, was ich vorher nicht für möglich gehalten hätte. Ich versank in einen Zustand äußerster Ruhe und Willenlosigkeit; viele werden diesen Zustand als Samadhi[1] bezeichnen. Nach diesem glückseligen Zustand, den ich nur aus Büchern kannte, tat sich eine weiße Wolke vor mir auf. Aus dieser Wolke kam eine weiß gekleidete Gestalt heraus.

Ich sah diese männliche Gestalt zuerst ganz weit weg von mir. Er war in weiter Ferne, so daß ich ihn nur ganz klein sehen konnte. Gleich danach kam er auf mich zu und wurde immer größer, bis er ganz nah bei mir stand. Später erfuhr ich, daß man in der geistigen Welt diese erste Begegnung sehr behutsam vorbereitete, damit ich nicht erschrecken würde.

Sein Gesicht machte den Eindruck eines reifen und liebevollen Wesens. Es war wohl der schönste und gleichzeitig wichtigste Augenblick in meinem Leben. Denn ich wußte, daß man diese Person fragen konnte. Voller Neugierde machte ich den ersten schüchternen Versuch, dieser weißen Gestalt einige Fragen zu stellen, und tatsächlich antwortete er mir. Sogleich machte ich mich daran, seine Identität festzustellen. Er antwortete mir stetig auf meine Fragen und es entwickelte sich eine immer größere Verbundenheit mit der Gestalt, die mein Geistführer ist. Mir wurde immer klarer, daß er zunächst nur auf meine Fragen antwortete. Er sagte nie, ich solle dies oder das tun, sondern er antwortete immer nur auf die Fragen, die ich ihm stellte. Eines Tages, als ich mich wieder in den Meditationszustand versetzte, wurde mir ein Platz zugeteilt, der mir in der geistigen Schau gezeigt wurde.

Aus voller Überzeugung kann ich sagen, daß das wirkliche Leben nicht auf unserer Erde oder das materielle Leben ist, sondern das wirkliche Leben ist die geistige Wirklichkeit. Ich möchte in den folgenden Kapiteln noch stärker auf die Unterhaltungen eingehen, die ich mit \`Javathi´, meinem Geistführer, geführt habe.

Er hatte es nicht gerne, wenn ich ihn Meister nannte, denn er sagte immer zu mir, daß ich ihn Bruder oder Freund nennen sollte. Lange habe ich gezögert, ob ich in diesem Kapitel seinen wirklichen Namen schreiben kann. Sodann wurde zwischen meinem Freund `Javathi´ und meiner Person ein Band gelegt, das stetig immer tiefere Ausmaße annahm.

Der Platz, der mir in der geistigen Schau zugeteilt wurde, war ein Stückchen Himmelreich, das im Laufe der Zeit zusehends schöner und lieblicher wurde. Ebenfalls wurden mir in der geistigen Schau mein Schutzengel und mein Schutzgeist gezeigt. Zum einen war es eine Frau mit hellblonden langen Haaren und zum anderen ein Mann mit schwarzen gelockten Haaren. Beide hatten die Aufgabe, für meinen Schutz und meine Inspirationen zu wirken.

Die Zeremonie, wie ich zu ihm kam, war in den weiteren geistigen Zusammentreffen immer die gleiche. In den einzelnen Sitzungen wurde immer das "Du" gepflegt, das "Sie" war gänzlich unbekannt. Selbst mein Schutzengel und mein Schutzgeist wollten immer wieder mit dem "Du" angesprochen werden. Mir wurde immer wieder angeraten, zuerst durch die verschiedenen Farbspektren von Rot bis Violett zu gehen, um mein Tagesbewußtsein und mein Gemüt zur Ruhe zu bringen. Es dauerte manchmal eine ganze Stunde, bis ich in die erste Zusammenkunft der geistigen Welt kam. Doch der Weg war immer der gleiche und ist bis heute immer noch der gleiche geblieben.

Nun möchte ich den Platz beschreiben, der mir in der geistigen Schau zugeteilt wurde. Er befand sich in einer wunderschönen Landschaft, voller Farben und Schönheit. Ich stand vor einer Anhöhe. Sie war bedeckt mit wunderschönem grünen Gras, das wie ein Teppich aussah. Nachdem ich die Anhöhe bestiegen hatte, standen da drei große Birken und zwischen den Birken befanden sich zwei Bänke. Auf der einen Bank wartete mein Freund Javathi, die andere Bank war für mich bestimmt. Als ich auf ihn zuging, stand er auf und begrüßte mich mit einer Umarmung. Wir unterhielten uns geraume Zeit unter den Birken, bis er mich aufforderte, mit ihm auf die Felswand zuzugehen. Vor der Felswand standen mein Schutzengel und mein Schutzgeist, auf die ich mich immer sehr freute.

Später durfte ich einmal, vor dem Eingang der Felswand, für eine kurze Zeit meine verstorbenen Angehörigen begrüßen und einige kurze Worte mit ihnen wechseln.

Sodann öffnete sich die Felswand und es tat sich eine wunderschöne Landschaft vor meinen Augen auf.

Es war für mich immer wieder eine große Gnade, wenn Javathi mich aufforderte, mit ihm zur Felswand zu gehen. Denn es war nicht immer der Fall, daß wir zum Felsen gingen, oftmals blieben wir nur auf der Bank unter den Birken sitzen.

Die Landschaft, die sich hinter der geöffneten Felswand auftat, war voller Schönheit. Wir gingen in die Felsöffnung hinein, und es zeigte sich uns ein Plateau, an dessen Rand es steil nach unten ging. Doch die Aussicht war phantastisch. Im Hintergrund sahen wir die Berge, die in einem Nebelschleier zu sehen waren. Die Sonne zeigte ihr bestes Gewand. Unter uns konnte ich eine grüne Landschaft voller Tiere und singender Vögel wahrnehmen, die sich alle friedlich an einem klaren Fluß begegneten. Es waren sowohl Raubtiere als auch Kleintiere, die gemeinsam und friedlich aus dem Fluß tranken. Auf diesem Plateau, das man sich halbrund vorstellen muß, war in der Mitte eine runde Steinplatte. Diese lag auf drei Steinsäulen. Um diesen Tisch herum waren drei Steinhocker aufgestellt. Auf der Steinplatte standen ein Kreuz, ein Kelch und ein Apfel. Später wurde der Apfel mit einer weißen Hostie ersetzt.

Dieser Platz, der mir zugeteilt wurde, konnte jederzeit von mir besucht werden. Doch man sagte mir auch, daß in dieses Felsplateau nichts Unreines eintreten darf. Deshalb durfte ich nicht immer eintreten, besonders nicht, wenn ich einen Fehler im Leben begangen hatte, der noch nicht bereinigt war. Immer wenn wir in unser Heiligtum eintraten, knieten wir uns nieder und sprachen unser Dankgebet. Ich habe dieses Gebet am Schluß dieses Buches aufgeschrieben. Nach dem gemeinsamen Gebet wurde mir der Apfel gereicht, ich biß hinein und genoß den herrlichen Geschmack des Apfels. Gleich darauf wurde mir der Kelch für einen Schluck heiliges Wasser gereicht. Am Schluß übergab man mir das Kreuz, ich küßte es und stellte es wieder auf die Steinplatte. Jeder Besuch auf diesem Plateau wurde in dieser Reihenfolge vollzogen.

Danach setzten wir uns auf unsere Plätze, und die Unterhaltung konnte fortfahren. Einige Male erkannte Javathi meine Fragen, ohne daß ich sie ausgesprochen hatte. Wegen des leeren dritten Steinhockers hatte ich mich immer gewundert, da wir ja immer nur zu zweit waren. Ich getraute mich nicht, Javathi darauf anzusprechen. Er erkannte jedoch meine Gedanken sofort und sagte: "Gedulde dich noch eine kleine Weile."

Eines Tages, nachdem ich das Kreuz geküßt und wieder auf die Steinplatte gestellt hatte, tat sich ein weißes Licht auf und das ganze Plateau wurde strahlend hell erleuchtet. Aus diesem weißen Licht kam eine weiße Gestalt heraus. Ich wußte sofort, daß ich diese Gestalt kenne und daß sie der Meister aller Meister ist. Seine Gesichtszüge waren so edel und so rein, wie ich sie noch bei keinem anderen Menschen gesehen habe. Er hatte ein strahlend weißes Gewand an, dieses reichte ihm bis zu den Füßen. An der Hüfte war es mit einer Kordel gebunden. Er hatte schulterlanges Haar und strahlte eine wohltuende Wärme und Geborgenheit aus. Er begrüßte uns mit den Worten: *"Gott zum Gruß und Friede diesem Hause."*

In diesem Augenblick konnte ich kein Wort sagen, doch ich wußte, wer er war: Jesus Christus unser Heiland. Er ging auf uns zu und in diesem Moment wurden mir alle meine Fehler gezeigt, die ich in meinem Leben begangen hatte. Ich schämte mich und fing an zu weinen. Er bemerkte dies und beruhigte mich: *"Mache dir keine Sorgen, deine Gebete sind erhört worden."*

Ich fühlte mich in diesem Moment so klein, daß ich mir wie ein Wurm vorkam, den man zertreten hat. Er sagte dann weiter zu mir: *"Lasse in deinen Bemühungen nicht nach, denn es werden noch stürmischere Zeiten kommen als diese."* Sodann segnete er uns und sagte zu mir: *"Übergebe mir alle deine Probleme und Sorgen"*. Danach löste er sich wieder langsam in diesem weißen Licht auf und verschwand.

Ich möchte bei den Lesern nicht den Eindruck erwecken, daß ich eine besondere Gnade vom Himmel erhalten habe. Auch nicht, daß alles aus meiner Phantasie entsprungen ist, denn jeder hat die Möglichkeit in sich, alles nachzuvollziehen. Lange habe ich gezögert, ob ich diese Erlebnisse und Unterhaltungen niederschreiben soll, denn ich wartete auf ein Zeichen und begann erst, als es soweit war.

Die Lehre

Eines Tages, als ich wieder in der geistigen Schau unter den Birken saß, fragte ich Javathi, ob es möglich wäre, einige Ausschnitte aus meinen früheren Leben zu bekommen. Sogleich ging er auf mich zu, nahm seinen Zeigefinger und zeichnete einen Kreis auf meine Stirn und auf mein Herz. Gleich danach sah ich eine Felsenhöhle, in der zehn Schüler waren. Allesamt bildeten sitzend einen Halbkreis um einen Mann, der in der Mitte stand und sie unterrichtete. Auch erkannte ich mich als einen der Schüler. Nicht im Aussehen erkannte ich mich, sondern ich hatte das sichere Gefühl: “Das bin ich.“

Mein jetziges Aussehen ähnelte jedoch nur in der Größe dem damaligen. Sehr gespannt lauschten wir den Worten des Lehrers. In die Höhle fiel wenig Licht und doch war der Raum gut beleuchtet. Als die Unterweisung des Lehrers zu Ende war, sah ich eine große, sehr glatte und gerade Steinwand vor uns. Man kann sie in Größe und Form mit einer heutigen Kinoleinwand vergleichen. Dann verdunkelte sich der Raum und uns wurden die schrecklichsten Bilder eines Krieges zweier Völker gezeigt, wie ich sie mir nicht vorstellen konnte. Wir sahen, wie die Krieger sich bekämpften, Kindesmißhandlungen verübten, Vergewaltigungen und Massaker fürchterlichsten Ausmaßes vollführten. Ich konnte mir fast nicht vorstellen, daß Menschen überhaupt zu solchen Greueltaten fähig waren. Als der Film zu Ende war, wurden wir alle zehn gebeten, die Höhle zu verlassen. Anschließend rief man uns einzeln wieder hinein. Von diesen insgesamt zehn Schülern sind nur zwei übrig geblieben. Alle anderen acht Schüler durften den nächsten Belehrungen nicht mehr beiwohnen. Da ich einer der beiden war, konnte ich die innerliche Freude verspüren, welche mich in diesem Moment berührt hatte, als man mir sagte, daß ich den weiteren Belehrungen beiwohnen durfte.

Uns allen wurde dieselbe Frage gestellt: "Was hast du gesehen?" Ich gab, wie alle anderen, dieselbe Antwort: "Ich habe die schrecklichsten Bilder gesehen. Ich kann kaum glauben, daß die Menschen zu solchen Greueltaten fähig sind." Bis dahin waren alle Aussagen gleich, doch ich machte, wie der andere Schüler auch, noch eine zusätzliche Aussage: "Wenn der Mensch selbst es nicht verursacht hätte, wäre es zu diesem Krieg nicht gekommen. Auch wäre es nie zu dieser Katastrophe gekommen, wenn es nicht in Gottes Gesetz gelegen hätte." Damit meine ich nicht, daß Gott ein Gott des Verderbens oder der Gewalt ist. Nein, er wird immer die Liebe und Barmherzigkeit sein. Die Menschen haben es selber verschuldet und das Gesetz negativ mißbraucht. Ich schreibe dies, weil uns in den vorherigen Belehrungen das Gesetz von Ursache und Wirkung bis ins kleinste Detail erklärt wurde. Die Befragung war nur eine Prüfung, inwieweit wir die Worte unseres Lehrers aufgenommen hatten.

Mit seiner Urgeburt hat der Mensch den freien Willen bekommen und nach diesem wird er immer gerichtet. Der Mensch kann tun und lassen, was er will, doch er muß sich immer vor Augen halten, daß er für sein Sprechen, Tun und Denken Rechenschaft ablegen muß. In den beschriebenen Filmszenen sahen wir, daß der Mensch in seinen niederen Eigenschaften zu solch grausamen Taten fähig ist. Später mußte dieses Volk, das die anderen überfallen und getötet hatte, große Hungersnot und Unterdrückung erleiden. Wir wurden in den Belehrungen immer wieder darauf aufmerksam gemacht, daß Gott nie gegen den freien Willen eines Menschen eingreifen wird, da dieser Eingriff sonst im Gegensatz zu seinem Gesetz der Gerechtigkeit stehen würde. Alles, was den Menschen zufließt, haben sie sich redlich erworben und auch verdient.

Es wird wohl manchen Lesern schwer fallen, diesen Satz zu glauben. In den nächsten Kapiteln werde ich jedoch noch mehr auf die Tatsache eingehen, daß dieses Gesetz, das Gesetz von Ursache und Wirkung, das liebevollste und gerechteste Gesetz im Universum ist.

In vielen Schriften wurde immer wieder zitiert, "Was du säst, wirst du ernten" oder "Wer mit dem Schwert kämpft, wird mit dem

Schwert umkommen" u.a.m. In diesem Gesetz liegt die ganze Schöpferkraft. Nichts geschieht durch Zufall, alles hat seine Gesetzmäßigkeit. Selbst ein Staubkorn, das in die Luft steigt, folgt diesem Gesetz. Was uns zehn Schülern in der Felsenhöhle gelehrt wurde, war dieses Gesetz, das ich gerade erklärt habe. Nur wenigen Schülern wurde bewußt, daß nicht Gott dafür verantwortlich war, sondern der Mensch selbst mit seinem freien Willen diese Katastrophe verursacht hatte. Das war eine kleine Einweihung in das geistige Gesetz von Ursache und Wirkung.

Man darf nicht glauben, daß ein Mensch, der an Weisheit und Kraft zunimmt, dies vom Himmel geschenkt wurde. Dies ist ein völlig falsches Denken. Es ist so, daß sich jeder alles selbst verdienen muß. Das Wissen um die Naturgesetze und die geistigen Gesetze Gottes sind dafür verantwortlich, wie sich jeder weiter entwickelt. Diese Gesetze bleiben für alle Ewigkeit bestehen, denn vor Gottes Barmherzigkeit steht seine Gerechtigkeit.

Gott hat nur wenige Male seine Gesetze außer Kraft gesetzt, doch immer nur, damit sich die Menschheit nicht selbst zugrunde richtet. Er hat die Allmacht, dies zu tun. Es liegt nun an jedem einzelnen, ob er guten Mutes ist und die kommenden Kapitel in sich aufnehmen möchte, oder ob in ihm noch etwas ist, was sich dagegen sträubt.

Den Lesern nützt es überhaupt nichts, wenn sie zwar alles lesen, aber dann die Umsetzung auf das eigene Leben gänzlich vergessen. Man macht sich nur das zu eigen, was man als Wahrheit anerkennt und in seinem Leben als Bestandteil *seines* Denkens und Tuns verwirklicht. Es ist gänzlich uninteressant, was man gelesen hat, wenn die Umsetzung in das eigene Leben völlig fehlt. Darum ist das wenige Wissen, das aber Bestandteil des Lebens ist, wesentlich besser, als das viele Wissen, welches nicht in das tägliche Leben umgesetzt wird. In meinen Seminaren fordere ich immer wieder dazu auf, das erfahrene Wissen sofort umzusetzen. "Ihr sollt Zielwisser werden und keine Vielwisser."

Für Gott zählt nur die Tat. Denn Wissen ohne Erfahrung macht arrogant und steht im Widerspruch zum göttlichen Gesetz der Nächstenliebe. Es gibt sehr wohl ein Geben ohne Liebe, doch es gibt keine Liebe ohne Geben. Für Gott zählt nur die Liebe zu ihm und zu all seinen Geschöpfen. Wenn jemand nur aus seiner Geltungssucht heraus oder aus Berechnung Gutes tut und in seinem Herzen keine Liebe ist, so wird das nicht gut gehen. Gott durchschaut jeden Menschen.

Das Wissen alleine ist vollkommen uninteressant, wenn es nicht in die Tat umgesetzt wird. Ja, es kann sogar zu einem Mühlstein werden, der die Menschen noch weiter in die Tiefe zieht. Viele Gläubige meinen, daß sie den christlichen Weg eingeschlagen haben. Beim kleinsten Gegenwind kommen sie jedoch ins Wanken und werden ihrer eigenen Glaubenslehre untreu. Hier begeht der Mensch einen Treuebruch. Darum bitte ich, seid wie ein Fels in der Brandung, der alle Stürme überstehen wird.

Diese Erkenntnis wurde mir immer wieder als wichtigste Voraussetzung für das Lebens in den Gesprächen mit meinem Freund Javathi nähergebracht.

Die universelle weiße Bruderschaft

Bereits bei meinen ersten Kontakt mit Javathi fragte ich ihn, ob er mir sagen kann, woher er kommt und warum er mich ausgewählt hat. Er bekundete mir, daß der Zeitpunkt seines Erscheinens sehr sorgfältig und behutsam ausgesucht wurde, damit das Aufgebaute nicht zusammenbricht. Damals bei der ersten Begegnung wußte ich natürlich seinen Namen noch nicht. Danach fragte ich ihn: "Hast Du schon einmal auf dieser Erde gelebt oder hast Du in den himmlischen Gefilden Deine Wohnung?" Darauf antwortete er mir: "Ich war sehr wohl auf dieser Erde, doch die Dauer meines Aufenthalts war sehr kurz bemessen. Auch lebte ich nicht in Deinem Lande, sondern in Tibet und in Indien. Ich wirkte bei der Entstehung der vedischen Schriften mit, die auch das "Hohe Lied des Herrn" genannt werden. Deine Aufgabe wird es nun sein, deinen Platz und dein Wissen wieder zu erlangen, welches du schon einmal gehabt hast, damit du deine Mission erfüllen kannst". Gleich darauf fragte ich ihn: "Was ist denn meine Mission? Bei meinen vielen Fehlern kann ich mir gar nicht vorstellen, daß ich eine Aufgabe zu erfüllen habe, geschweige denn, daß ich überhaupt eine verdiene". Danach sagte er mir, was ich in Zukunft alles tun soll. Er versicherte mir immer wieder, daß es im Sinne Gottes ist, alle Anstrengungen zu unternehmen, damit alles seine Erfüllung findet. Danach zeigte er mir den Platz mit der Anhöhe und dem Plateau in der Felswand, den ich in der Einführung bereits beschrieben habe. Durch diesen Platz soll die Verbindung immer stärker werden und erhalten bleiben. Dieses Gespräch dauerte im Gegensatz zu den folgenden Begegnungen nicht sehr lange. Vielleicht nahm er Rücksicht auf mein momentanes begrenztes Fassungsvermögen. Für mich war das alles Wirklichkeit, was ich erlebt hatte. Ich getraute mich nicht, in der Öffentlichkeit darüber zu sprechen, denn ich wußte, daß mich viele für verrückt erklären würden.

Bei den nächsten Begegnungen sprachen wir von einer Gemeinschaft, die ihren Ursprung in Tibet und in Indien hatte, die

"Universelle Weiße Bruderschaft." Wobei das Wort Ursprung nur physisch zu verstehen ist, da diese Bruderschaft im Geistigen ihre wirklichen Entstehung hatte.

Diese Gemeinschaft besteht in der heutigen Zeit immer noch und trägt in gewisser Weise das Schicksal der Erde mit.

Javathi sagte dazu: "Die universelle weiße Bruderschaft" ist nach eurer Zeitrechnung eine sehr alte Gemeinschaft. Sie existiert sowohl in der geistigen als auch in der physischen Welt. Diese Bruderschaft setzt sich insbesondere aus aufgestiegenen Meistern 1. und 2. Grades, Adepten[2] und Avatars zusammen. Sie wirken teilweise auf dieser Erde, sind jedoch mit euren Augen nicht wahrnehmbar. Ihr seht sie zwar, aber ihr erkennt sie nicht. Diese meine Brüder der universellen weißen Bruderschaft, sind nicht mehr an die Wiedergeburt gebunden. Sie haben sich durch die tiefe Gottesliebe bereit erklärt, den Menschen ihre Hilfe anzubieten. Ihr werdet solche Lichtwesen nicht finden, wenn euer Herz nicht geläutert ist. Jeder Mensch kann sich solchen Meistern anschließen, doch viele begegnen Ihnen mit Mißtrauen und Zweifel. Es ist für sie sehr schwer, den Menschen ihre Hilfe anzubieten, da diese sehr stark vom Materialismus angezogen werden und Gott vergessen haben. Sie treffen sich immer wieder, um den Weg zu beraten, der die Menschen wieder in ihre wahre Heimat zurückführt." Ich fragte Javathi gleich darauf, ob er mir sagen kann, wann und wo diese göttlichen Wesen auf unserer Erde wieder eine Versammlung abhalten.

"Dieser Ort, den du suchst, ist verschieden, denn er wird immer neu vom Himmel bestimmt. Diese Lichtwesen werden nicht schriftlich eingeladen, so wie du es kennst, denn dazu sind meine Brüder und Schwestern zu sehr vergeistigt und haben es nicht mehr nötig, eingeladen zu werden. Diese Versammlung, der du auch einmal beiwohnen wirst, hängt von der Schwingung des jeweiligen Platzes ab. Es sind Plätze, wo sich die Schwingung selbst nach der Versammlung noch weiter fortsetzt und viele Menschen werden an solchen Plätzen Heilungen erfahren können. Doch es bedarf noch viel Arbeit, bis die Menschen alles begreifen werden. Auch könntest Du im Moment diese Schwingung nicht ertragen, die von der universellen weißen Bruderschaft ausgesendet wird. Die Zeremonie, die meine geistigen Brüder und Schwestern abhalten, gleicht einem Gottesdienst. Ähnlich dem, den ich dir mit dem Apfel, dem Kelch und dem Kreuz nähergebracht habe. Der Zeitpunkt der Zusammenkunft meiner Brüder und Schwestern ist rein geistig zu sehen. Doch die Verehrung Gottes steht auch in dieser Gemeinschaft im Vordergrund. Habe Geduld mit dir und deinesgleichen, denn jeder muß sich alles verdienen. Gott schenkt nur denjenigen seine Gunst, die ihm huldigen und ihm die Ehre geben. Der Geist Gottes weht nur da, wo er auf offene Gefäße trifft".

Ich war natürlich sehr neugierig und wollte noch mehr erfahren über diese göttlichen Wesen, wer sie waren und wo ich ihnen begegnen kann. Er beruhigte mich und sagte: "Alles hat seine Zeit und seinen Platz."

Die Entstehung

Bevor wir in die tiefen Lehren der Entstehung unseres Weltalls kommen, möchte ich Ihnen vorweg eine Begebenheit aus der geistigen Schau erzählen.

Als ich wieder mit Javathi in meinem Heiligtum war und ihn fragte, wie wohl das gesamte Universum entstanden sei, wurde mir eine Finsternis dargestellt, in die ich hineingestellt wurde. In diesem "Nichts" wußte ich gar nicht, daß ich existiere. Ich konnte mich weder sehen noch empfinden, denn ich stand ja regungslos in einem dunklen und leeren Raum. Also konnte ich nicht registrieren, daß ich einen Körper hatte, geschweige denn fühlen, daß einer existiert.

Dieses Experiment könnt Ihr alle selbst ausprobieren. Stellt Euch in einen absolut finsteren Raum hinein und seid völlig unbeweglich. Niemand kann sagen, daß er einen Körper hat. Erst wenn Ihr Euch in Bewegung oder Schwingung setzt, kommt das Körperbewußtsein zu Euch und Ihr könnt feststellen, daß Ihr jemand seid.

So war es auch in der geistigen Schau. Erst durch die Schwingung wußte ich, daß ich jemand bin und einen Körper habe. Mir war zwar bewußt, daß ich jemand bin, doch sehen konnte ich mich immer noch nicht, denn dazu war Licht notwendig. Da ich also wußte, daß ich Empfindungen habe und leiblich bin, mußte ich auch einen Geist haben, der denken kann.

Es ist immer das gleiche: wenn Ihr etwas wollt, müßt Ihr erst daran denken, bevor Ihr es bekommt. Alles muß zuerst gedacht werden. Denkt scharf darüber nach, denn es ist eines der höchsten geistigen Gesetze, auch wenn ich es hier sehr einfach darstelle. Alles muß erst im Geiste entspringen und gedacht werden, bevor es sich in Bewegung setzt und durch die Verdichtung der Schwingung wird es für Euch sichtbar. Das war auch in der geistigen Schau so. Ich brauchte erst einen Geist, bevor ich zu denken anfing, um etwas zu wollen. Doch was nützt all das Denken und Leibhaftige, wenn ich im Dunkeln bin. Zwar wußte ich, daß ich jemand bin und einen Geist habe, der denken kann, aber alles lag noch im Dunkeln. So erschuf ich mir aus meinem Geist heraus das Licht. Und ich gab dem Licht alle Kraft, die es benötigte, um alles zu erschaffen und alle Formen zu kreieren, die ich mit meinem Geist erschuf.

Also hatte ich einen Geist und Licht, doch wie konnte ich den Körpergeist ins Sichtbare bringen? Nur durch Schwingung, durch Verdichtung der Geistmaterie. Danach erschuf ich aus dem Licht, das die Uratome darstellen, das Sichtbare. Aus meiner Liebe und meinem Licht heraus erschuf ich ein Ebenbild von mir. Es war mit denselben Eigenschaften ausgestattet wie ich. Danach bildete ich sofort die Dreiheit. So erschuf ich aus mir, der Einheit, die Zweiheit d.h. aus dem Vater den Sohn, und mit dem Urgeist bildeten wir eine Dreiheit. Danach gab ich meinem Sohn all die Kraft, die ich hatte, in Verbindung mit dem Licht und dem Geist. Er konnte alles erschaffen und hatte die Urgewalt über alles im gesamten Kosmos.

So erschuf ich in Verbindung mit dem Licht, dem Geist und dem Sohn das Weltall in seiner unbeschreiblichen Größe. Alles erschuf ich in Verbindung zwischen meinem Licht, meinem Geist und meinem Sohn. Jeder Stein, jeder Baum, jede Zelle der Natur und alles was ich erschaffen hatte, trug meinen Geist und mein Licht, denn sonst hätte nichts existieren können. Alles mußte meine Initialen tragen um existieren zu können. Diese Initialen waren unauslöschlich für alle Ewigkeit in alles Erschaffene eingraviert. So erschuf ich aus den drei Komponenten eine unbeschreibliche Schönheit und Vielfalt.

Als ich wieder mit meinem Bewußtsein zu meinem Freund kam, wollte ich wissen, ob das die Entstehung des Weltalls war. Er nickte fröhlich und sagte:

"Denke nie, daß Du Gott selber bist. Du bist zwar sein Ebenbild, aber Du bist nie Er selbst. Seine Größe und Macht ist Dir in dieser kleinen Geschichte näher gebracht worden, doch die Wirklichkeit ist noch viel schöner und kann von Dir nur in einem kleinen Maße erfaßt werden. Die Liebe und Barmherzigkeit Gottes wirst Du erst erleben können, wenn Du verschiedene Einweihungen erlebt hast.

Denn Gott ist grenzenlos und raumlos. Dieses Erlebnis hat Dir gezeigt, daß die Schöpfung, in welcher Hinsicht auch immer, diese Dreiheit in sich trägt. Nichts, aber auch gar nichts, kann existieren, wenn es nicht diese Dreiheit in sich trägt. Diese Dreiheit findest Du in jeder Kreatur und in jeder Schöpfung. Auch im Menschen sind die Initialen Gottes eingraviert, so wie Du es auch in deiner Schöpfung gemacht hast. Die Anthroposophen haben diese Dreiheit als Sal, Sulphur und Mercur bezeichnet. Gott wird in vielen Formen dargestellt, doch wird er immer der eine Wahrhafte, Gerechte und Liebevolle bleiben. Untrennbar und immer wieder als Ganzes gesehen. Auch Ihr Menschen sagt, daß Geist, Seele und Körper eine Einheit bilden. Alles Leben kommt aus dem Licht. Selbst in Deiner Geschichte hast Du dem Licht alle Kraft gegeben, um daraus jegliche Form entstehen zu lassen. Gott hat durch sein Liebelicht seinen eingeborenen Sohn erschaffen. Alles ist erschaffen worden aus dieser Dreiheit. Selbst der Bruder von Christus, Luzifer, ist aus seinem Liebelicht entstanden. Gott hat die Dualität, d.h. das Vater-Mutterprinzip in sich, ebenso trägt sein Sohn diese Dualität in sich. Alles was jedoch danach folgte, war immer mit einem Dual verbunden. So hatte Luzifer eine Gefährtin mit Namen Luzifera bekommen, sie wird auch Satana genannt. Doch zurück zu Deinem Erlebnis. Es war zwar eine Vision, doch der geistige Hintergrund ist nicht wegzuleugnen. Diese Dreiheit kannst Du auch als Liebe, Leben und Licht bezeichnen, denn ohne diese drei Komponenten kann gar nichts existieren."

Soweit die geistige Schau, die mir gezeigt wurde. Alles Lebende braucht die Initialen Gottes, damit es existieren kann.

Dazu hören wir einige Worte eines Freundes, der über das Thema Urschöpfung gesprochen hatte:

"Gott ist die Liebe an sich, so lehren es die christlichen Theologen aller Konfessionen. Die Philosophie definiert die Liebe als die wertbejahende sowie wert- und gemeinschaftsschöpferische Urkraft des Geistes. Dieser Geist liegt in der Gottheit. Sie ist das Urlicht, welches vor dem Urstoff existierte. Damit die Gottheit von ihren Geschöpfen überhaupt erkannt und wahrgenommen werden konnte, näherte sie sich der allerfeinsten, im Urstoff liegenden Feinstofflichkeit. So entstand die Wesenheit Gottes.

Durch die Verdichtung sind auch die Geisturatome entstanden. Aus ihnen wurden Urlichtmoleküle geschaffen, die von Gott als Primärlicht bezeichnet werden. Aus diesem Primärlicht entstand die ganze Schöpfung. So auch die Sonnen. Die erste Sonne, die aus Geist, Kraft und Urlicht besteht, trägt den Namen Ur- Ur- Zentralsonne. Sie bildet sozusagen den Mantel von Gottvater. Daher lesen wir auch in der Bibel bei Paulus: "Er wohnt in unzugänglichem Licht."

Aus der Ur-Ur- Zentralsonne wurden dann die 12 Ursonnen mit ihren Galaxien und Sonnensystemen und den weiteren Sonnen gebildet. Diese Ursonnen bestehen aus dem Primärlicht GOTTES. Alles wird vom Urlicht des EWIGEN VATERS durchstrahlt und gespeist.

Unmittelbar aus dem Urlicht Gottes, also aus GOTTVATER, der das männliche und weibliche Prinzip zugleich darstellt, entstand als erste und einzige Schöpfung GOTTVATERS, JESUS CHRISTUS. Er ist daher der eingeborene Sohn GOTTES. Über Jesus Christus wurden aus dem Primärlicht, welches bereits eine Verdichtung des Urlichtes darstellt, feinstoffliche Lichtwelten geschaffen. Diese bildeten die Heimat der Kinder Gottes. Jesus Christus war so voller Schöpfer- und Liebeskraft erfüllt, daß er alles Geschaffene mit einer unsagbaren Schönheit ausstattete. Die Urschöpfung GOTTES, die mit der grobstofflichen, sichtbaren Welt, in der wir leben, nichts zu tun hat, ist ganz und gar feinstofflich, rein und geistig zu verstehen.

Beim Schöpfungsakt kam die sogenannte *Emanation* zur Auswirkung. Das heißt auf deutsch: *"Die Ausströmung des göttlichen Urlichtes."* Diese Emanation umschließt und durchdringt das ganze All. Ja, es wird bis ins kleinste Mikrotron erfüllt. Als Gottesfunke wohnt es in allem Erschaffenen, auch in uns Menschen. Der Sitz des Gottesfunken liegt in der linken Herzkammer.

Emanation bedeutet auch *Austritt der göttlichen Kräfte*. Das sagt wiederum aus, daß Gott verschiedene Bruchstücke aus seiner Wesenheit heraus, über die Strahlen seines Urlichtes, in seine Geschöpfe hineinprojezierte. In die Erstlinge legte ER z.B. göttliche Tugenden wie etwa Weisheit, Vernunft, Schöpferkraft, sowie andere Eigenschaften mehr.

Das größte Geschenk an seine Geschöpfe ist und bleibt der *freie Wille*. Der freie Wille wird von Gott nie angetastet, auch dann nicht, wenn ein Geschöpf diesen freien Willen gegenüber GOTT mißbraucht.

Den ersten Schöpfungsakt hatte ich verstanden: Vor Gott hatte nichts existiert. Er war von Anbeginn da, denn sonst konnte ja nichts existieren. Es mußte jemand von Anbeginn alles erschaffen haben, denn aus nichts kann ja nichts entstehen. Soweit war mir alles klar. Der Gedanke Gottes aus seinem Liebelicht hat alles erschaffen. Seine Kraft lag ebenfalls in seinem Sohn und in seinem Geist. Doch wie ging es weiter? Ich habe zwar gehört, daß Jesus der eingeborene Sohn ist und daß danach Luzifer entstanden ist. Doch wie war es denn mit uns und all den anderen Menschen, die erschaffen worden sind? Hören wir dazu die Aussagen Jesu:

"Mein inniggeliebter Sohn!

Wie du weißt, bin ich als einziger aus dem Liebelicht von GOTTVATER entstanden, alle weiteren sind aus meinem Liebelicht entstanden. Nicht umsonst habe ich den Ausspruch getätigt, "keiner kommt zum Vater, als durch mich." Diese Dreiheit, GOTTVATER, GOTTSOHN und HEILIGER GEIST sind unauslöschlich im gesamtem Kosmos eingraviert. Mein Bruder Luzifer ist durch mein Liebelicht entstanden, zusammen mit seiner Dualseele Luzifera. Dies alles hat dir mein geliebter Sohn Javathi schon nähergebracht. Die beiden konnten dann durch den Herzstrahl weitere Kinder erschaffen. GOTTVATER und ich haben die Dualität in uns und benötigen daher auch keine Dualseele. Ansonsten würde diese Dreiheit nicht mehr wirken können. Alle weiteren Engelskin-

der sind durch meinen Herzstrahl erschaffen worden. Der Gottesfunke, der sich in jedem Herzen befindet, wird bei jeder Geburt eines Kindes durch mich eingegeben, ansonsten wäre das Kind nicht lebensfähig. Jedes Kind, das aus dem Herzstrahl geboren wurde, konnte später in Verbindung mit seiner Dualseele weitere Kinder zeugen. Es war eine unbeschreibliche Harmonie und Liebe in der Gotteswelt vorhanden, da jeder aus einem anderen Herzstrahl geboren wurde, und die Solidarität unter den Engeln war unbeschreiblich groß. Jeder von den Erschaffenen hatte von GOTTVATER auch ein Geschenk bei seiner Geburt erhalten, den freien Willen. Doch es war das Gesetz der Liebe, das jeden eigennützigen Gedanken von den Engeln ferngehalten hatte. Luzifer ist aus meinem göttlichen Atem entstanden. Ich bin der eingeborene Sohn Gottes, der allein aus GOTTVATER erschaffen wurde. Doch der freie Wille wurde später den Engeln zum Verhängnis. Denn durch diesen freien Willen, den sowohl ich, wie auch jeder andere Erschaffene empfangen hat, sind negative Gefühle aufgelodert. Mit zunehmender Dauer machte sich Luzifer daran, einen größeren Anteil zu fordern, als ihm zugeteilt wurde. Er war neidisch auf mich, weil ich eine größere Aufgabe hatte. Er wurde sehr erbost, voller Hochmut und Opposition gegen mein Wirken, meine Herrlichkeit, meine Majestät und meine Macht. Er wollte meinen Platz einnehmen. Auch hatte Luzifer nicht dieselbe Hautfarbe wie ich, und selbst darauf war er neidisch. Er weibelte im gesamten Himmel und führte Versammlungen. Er wollte meinen Platz einnehmen und wurde dann mit all seinen Anhängern aus dem Lichte gestürzt. Durch diesen Engelsturz entstanden die Materie und die Finsternis."

Der Absturz

Bevor wir zum nächsten Kapitel kommen, wie es nach dem Absturz Luzifers und seiner Anhänger weiter gegangen ist, möchte ich wieder die Worte unseres Meisters Jesus zitieren, der über das Urgute und Urböse gesprochen hatte:

"Ihr werdet euch schon oft gefragt haben, wie es möglich war, daß es zu einer Trennung zwischen dem Guten und dem Bösen kam? Ich möchte euch nun zurückführen in die Zeit, wo ihr von MIR erschaffen worden seid, in eure wahre Heimat, in die Gotteswelt! Alles, was aus meinem Odem entstanden ist, war erfüllt von meiner Liebe! Alle Wesen, die ich erschaffen habe, waren erfüllt von meiner Liebe! Ich möchte das vergleichen mit einem Gefäß oder einer Schale. Ich habe euch nicht einen Geistkörper geschenkt, sondern so, wie in einem Gefäß edle Flüssigkeit liegt, war in eurem Körper meine Liebe, mein Liebelicht. Ich habe gar nichts erschaffen, das ohne Inhalt war, das leer war. Denn wie ihr ja wißt, ist auch der Körper für euch nur eine Hülle. Und aus dieser Hülle sollt ihr einen Tempel machen, in dem mein Geist wohnt, und dieser Geist ist wiederum in einem Seelenkleid.

Solange meine erschaffenen Wesen diese feurige Liebe in sich getragen haben, konnte auch mein Liebelicht in ihnen walten. Mein Geist hat alle diese Engelwesen angetrieben, nur hohen Dienst für mich zu vollbringen. Denn je höher eine Dienstleistung ist, desto größer wird die Vollkommenheit eines Wesens! Am Anfang war sehr wohl nur Harmonie, Friede, Einheit und Liebe da. Aber durch den freien Willen, den ja jedes erschaffene Wesen erhalten hat, haben sich allmählich einige gesträubt, meinem unaufhörlichen Drängen in ihnen Gehorsam zu leisten. Sie hatten sich gesagt: "Ich bin mit dem zufrieden, was ich jetzt tun darf. Ich will gar nicht nach Höherem streben!" Aber im Ratschluß des EWIGEN VATERS

ist es gelegen, daß jedes Engelwesen sich entwickeln mußte und noch muß.
Denn diese URGLUT mußte auch in den Engeln reifen. Und dieser Reifeprozeß kann sich nur vollziehen durch diese ununterbrochene Liebestätigkeit und das Arbeiten an sich selbst. So haben dann viele den Müßiggang eingeschaltet. Sie wurden träge und in allem langsam! Immer mehr wurde mein Drängen nach diesen hohen Diensten überhört. Es wurde verdrängt. Und dadurch ist auch Meine Liebe aus diesen Engelwesen entwichen und so wurde Raum geschaffen für das Böse."

Das Gute und das Böse kann man auch wie zwei Wasserströme vergleichen. In dem einen ist das Wasser klar und sauber. Jeder zuströmende Fluß hat sauberstes Wasser. Selbst die Menschen können ungefiltert von diesem Wasser trinken und sich erfrischen. Alles, selbst das, was sich im Strom befindet, hat den reinsten Körper und wird nur immer wieder das Reinste hervorbringen. Anders ist es mit dem schmutzigen Strom. Man kann zwar aus diesem Fluß das Wasser entnehmen, doch wird der Genuß des Wassers den Menschen töten. Selbst die Geschöpfe, die im Wasser leben, werden nicht lange überleben können und sterben. Um noch einmal die Worte unseres Meisters aufzunehmen, so sagte er, daß der Müßiggang einzelner Engel das Böse zur Folge hatte. "Müßiggang ist aller Laster Anfang." Man sieht, so manche Lehrsätze haben irgend etwas Lehrreiches in sich. Einmal sagte Jesus zu mir: "Mir ist ein gläubiger Faulenzer lieber, als ein ungläubiger Arbeiter. Doch der Größte wird sein ein gläubiger Arbeiter, der meine Stimme hört und meine Gebote achtet." Damit keine Mißverständnisse entstehen, meinte er mit dem ungläubigen Arbeiter denjenigen, der an seinem "Ich" oder "Ego" arbeitet.

Doch zurück zu der anfangs angedeuteten Schilderung, wie es nach dem Absturz Luzifers und seiner Anhänger aus dem Gottesreich weitergegangen ist. Wie bereits im Kapitel "Die Entstehung" beschrieben wurde, sind wir alle aus dem Liebelicht Gottes erschaffen worden. Jesus wurde aus dem Liebesstrahl Gottes als eingeborener Sohn erschaffen. Alle weiteren Wesen hatten die Dualität nicht in sich, deshalb wurde zu jedem männlichen Engel ein weiblicher erschaffen. Somit konnten sie aus der Dualität weitere Kinder über den Herzstrahl erschaffen. Dies wurde ja bereits in den vorherigen Kapiteln schon beschrieben. Es ist jedoch in bezug auf unsere Urgeburt erwähnenswert.

Der freie Wille, den jeder bei seiner Geburt bekommen hatte, wurde uns dann zum Verhängnis. Luzifer wollte den anderen Engeln einreden, daß alles aus ihm erschaffen wurde und nicht aus Gott. Er sah alles als seine Schöpfung an. Er opponierte auch gegen die männlichen Engel, weil die weiblichen Engel eine andere Aufgabe hatten als ihre männlichen Duale und brachte so als erstes die weiblichen Wesen auf seine Seite. Dieser folgende Absturz Luzifers und seiner Anhänger vollzog sich nicht innerhalb von Stunden oder Tagen, es dauerte Jahrmillionen, bis dieser Kampf vorbei war. Erzengel Michael, der der Kämpfer und Streiter für Gerechtigkeit am Throne Gottes ist, hatte mit seinen Legionen den Auftrag von GOTTVATER bekommen, die Anhänger Luzifers aus dem Gottesreich zu verbannen. Danach war für alle Gefallenen die Türe zur Gotteswelt verschlossen. Durch die Liebe Gottes zu seinen Kindern und durch die Solidarität der Engel wurde ein Erlösungs- und Heimführungs-plan geschmiedet. Dieser Plan wurde dann mit allen Himmelswesen besprochen und daraus ist der siebenteilige Rückführungsplan entstanden.

Alle gefallenen Engel wurden dann in ein Zwischenreich gebracht und dort wurden sie noch einmal geprüft, ob sie den Anfechtungen des Widersachers standhalten würden. So wurde der Garten Eden erschaffen. Der erste Plan in diesem Erlösungswerk liegt Äonen zurück und bestand darin, daß GOTTVATER Adam und Eva, als Stellvertreter für alle gefallenen Engel, noch einmal prüfte. Daraus ist im alten Testament die Verführung durch die Schlange mit einer Frucht entstanden. Ihr dürft es nicht materiell betrachten, sondern müßt alles geistig sehen. Wie ihr alle wißt, haben Adam

Bevor ich zum zweiten Teil des Rückführungsplans komme, möchte ich noch erwähnen, daß selbst der reumütigste Engel, der am Abfall beteiligt war, keine Möglichkeit mehr hatte, in sein Vaterhaus zu gelangen, denn diese Tür war nach dem Absturz verschlossen.

Nach diesem Rückfall im Paradies wurde von Gott der zweite Plan geschmiedet, daß der Planet Erde für alle gefallenen Seelen zur Läuterung dienen soll. Der Abfall hatte aber noch weitere Konsequenzen, denn durch den Lichtentzug wurde die Finsternis erschaffen. War vorher alles von geistig fluidaler Natur, so wurde jetzt die Materie in fester Form erschaffen. Auch bekamen wir eine Seele, die vorher nicht gebraucht wurde. Ich könnte Ihnen noch weitere Tatsachen beschreiben, doch möchte ich es dabei belassen. Die Sünde, die wir gegen GOTTVATER begangen haben, kann man auch als Ursünde bezeichnen. Dieser Vertrag, der jetzt zwischen dem Widersacher, auch Luzifer genannt, und GOTTVATER bestand, war, daß jeder gefallene Engel von Luzifer gefangen und seinen Anfechtungen ausgesetzt war. Denn so wie der Führer, wird auch seine Gemeinde sein. Dieses Reich Luzifers, in dem wir alle gefangen waren, hatte dann den Namen Hölle bekommen. Doch ich bitte euch, alles geistig zu sehen. Denn diese Hölle ist ein sehr, sehr tiefer Bewußtseinszustand. Je mehr es dunkel wird, desto mehr entfernt ihr euch vom Licht. Doch die Liebe GOTTES zu seinen Geschöpfen veranlaßte IHN, alles Erdenkliche zu unternehmen, damit dieser Erlösungsplan seine Kinder in ihr wahres Vaterhaus zurückführt. Es wurden mit hohen Himmelsfürsten Konferenzen abgehalten und sie alle wurden aufgefordert, sich an diesem Heils- und Erlösungsplan zu beteiligen.

Wie ich beschrieben habe, wurde im zweiten Plane Gottes die Erde als feste Materie erschaffen. Unser Planet Erde wurde mit Hilfe der Odkraft der anderen Planeten aus den vier Elementen erschaffen. Aus dem ehemals geistigen Zustand, den wir auch *Äther* nennen können, entstand mit Hilfe des Elements *Feuer* die Kugel , denn die Erde war vorher ein Feuerball. Danach kam durch die Elemente *Wasser* und *Luft* die Abkühlung. Das Wasser mußte auch bleiben, sonst wäre es nie zur festen begehbaren Materie gekommen. Die Erde hat im Erdinneren die ursprüngliche Form der erhitzten Materie. Der Planet Erde ist der Planet Luzifers, deshalb wurde die Hölle als etwas Warmes oder Feuriges dargestellt. Luzifer hatte bei seiner Urgeburt eine Dualseele erhalten, mit Namen Satana, daraus wurde in den Schriften Satan gemacht. Deshalb herrschen auf unserem Planeten noch soviel Haß, Neid, Rachsucht, Intrigen und Mord. Die Erde ist der einzige Planet, der vom Reich Luzifers beherrscht wird. Um noch einmal Klarheit in meinen Worten zu bringen: Es dauerte Milliarden von Jahren, bis die Erde ihren jetzigen Zustand erreicht hatte. Selbst eine Eiszeit mußte es geben, um die Erde, die einst flüssig und heiß war, abzukühlen. Erst nach Jahrtausenden haben sich die Verhältnisse gebildet, die menschliches Leben zugelassen haben.

Doch bevor ich den dritten Plan Gottes erkläre, möchte ich die Worte unseres größten Lehrers zitieren:

"Der dritte Plan bestand nun darin, diese Erde so zu verändern, damit das Mineralreich entstehen konnte. Dazu benötigte man wiederum ganz bestimmte Kräfte, die in den Himmelskörpern lagen. Es war also notwendig, die Kräfte, die im Odmantel eines jeden Planeten liegen, zu verwerfen d.h. auszusenden, um sich mit der Erdkraft zu verbinden, um überhaupt die Ur- und Fruchtbarkeit der Erde herbeiführen zu können. Durch diese Kraftverbindung ist dann im Erdreich über Milliarden von Jahren das Mineralreich entstanden.

Der nächste Schritt im Plan war dann das Pflanzenreich, dem das Tierreich und am Schluß das Menschenreich folgte. Auch in der Entwicklung der Erde liegt die Evolution. Sie diente zuerst nur dem niedrigen Leben, in welchem dann diese Engelwesen inkorporiert waren. So sind diese sieben Heilspläne entstanden, aus denen dann die Schriftgelehrten die sieben Tage machten.

Ich bin euer Erlöser, weil ich euch die Brücke gebaut habe in euer wahres Vaterhaus. Nach Ableben und Ablegen eures physischen Leibes ist die Erlösung noch nicht vollzogen. Ihr wißt genau, daß es ein Weiterleben gibt. Das ist die siebte Phase im Heilsplan Gottes. Alles, was ihr im Laufe eurer Erdenzeit an Geistesgut erworben habt, bleibt bestehen. Wenn es ein Gewinn ist, habt ihr euch bereichert, wenn es ein Verlust ist, habt ihr an Geistesgut verloren. Ihr bleibt also so, wie ihr seid bei eurem Übertritt. Das Nachholen von Versäumtem dauert oft Hunderte von Jahren. Jene Engel, die sich nicht mit ihrem ganzen Sein an diesem Abfall Luzifers beteiligt haben, der, wie ihr ja wißt durch seine Opposition gegen meine Autorität, Kraft und Macht entstanden ist, sind nachher in ein Geistesreich gekommen. Dieses Reich ist der Erde sehr, sehr ähnlich. Es befindet sich jedoch im halbgeistigen Zustand. In diesem Paradies befinden sich, so wie bei euch Mineralien, Steine, Pflanzen und Tiere. Alles ist vorhanden! Auch gibt es in diesen halbmateriellen Welten Hochzeiten. Paare finden sich und zeugen Kinder. Dieses Paradies beherbergt ehemalige Engelwesen, die sich nun auch im Aufstieg befinden, jedoch verglichen mit den Menschen auf dieser Welt weiter vorangeschritten sind, weil sie nie die ganze Evolution über das niedrige Lebensreich bis hinauf zum Menschen durchwandern mußten.

Es ist für euch sehr wichtig diese wahren Zusammenhänge zu kennen. Die meisten Menschen lehnen alles ab, was in ihnen nicht schon seit Kindheit verwurzelt ist. Diese Kenntnisse dienen euch jedoch zu Erkenntnissen und helfen euch, in einen Zustand der Erleuchtung zu gelangen. Euer ganzes Bestreben soll ausgerichtet sein auf die Erweiterung und Vertiefung dieses Gottesbewußtseins in euch. Und dies ist nur möglich, wenn man die Wahrheit kennt und weiß, was der Sinn des Lebens ist.

Im Heilsplan Gottes, in der Heimführung aller meiner Kinder, haben Legionen von Engeln mitgewirkt und diese Arbeit ist noch lange nicht abgeschlossen. Selbst dann, wenn der Reinigungsprozeß sich vollzogen hat, dauert es noch Äonen, bis alle gefallenen Engel wieder den Heimweg angetreten haben. Jedes Wort soll von euch nicht nur aufgenommen, sondern auch verarbeitet werden. Das Wissen bringt euch keine Ewigkeitsverdienste ein! Es sind die Taten, die zählen. Soweit meine Erklärung über diese heilige Zahl Sieben in bezug auf die Erschaffung eurer Welt. Es ist eine Unwahrheit von vielen, die in euren Steinkirchen gepredigt werden. Die wahre Kirche ist die Herrschaft Gottes, der Leib Christi."

Die Evolution

Wie wir aus den Ausführungen in dem Kapitel "Der Absturz" entnehmen konnten, haben wir alle die Evolutionsstufen des Mineral-, des Pflanzen- und des Tierreichs durchwandern müssen, damit wir zu der Evolutionsstufe Mensch gelangten. Bestimmt werden sich viele fragen, wie sollte denn das geschehen?

Der Geist, liebe Leser, ist immer derselbe, den wir bei unserer Urgeburt erhalten haben. Doch die Form kann sehr unterschiedlich sein. Wir wurden auch in diese verschiedenen Aggregatzustände gebracht, damit wir wieder unsere Schuld sühnen konnten. Denn in allen Evolutionszuständen wird immer nur das Geben im Vordergrund stehen.

Seht doch einmal das Mineralreich an. Jede Perle, jeder Diamant, jeder Bergkristall kann von den Menschen als Heilstein verwendet werden. Diese inkarnierten Seelen haben die Aufgabe, ihre Kraft, die sie von Gott bekommen haben, anderen zur Verfügung zu stellen. Sonst kann es keine Weiterentwicklung geben, geschweige denn eine Inkarnation in die nächste Stufe. Bedenkt, daß die Liebe immer nur geben wird. Erst durch das Geben wird diese Mineralseele ihre nächste Inkarnation als Pflanze erhalten. Darin liegt die wahre Gottesliebe.

Seht euch doch die Pflanzen oder die Tierwelt an! Jede Kreatur, sei es Pflanze oder Tier, wird ihr Leben für andere hingeben. Eine Heilpflanze wird ihren Lohn bekommen, wenn sie ihr Leben für das Leben anderer hingegeben hat. Die Pflanzenwelt stellt die Liebe Gottes zu den Menschen dar. Doch dadurch, daß die Erde der Planet des Widersachers ist, konnten sich auch fleischfressende Pflanzen entwickeln. Jedes Lebewesen, das sich in der Nähe dieser Pflanze aufhielt, wurde von ihnen gefangen und gefressen. Das Verschulden dieser Pflanzen wurde dann vom Gesetz der Gerechtigkeit dahin getilgt, daß sie, was sie ehemals an Leben genommen hatten, später als Heil- und Lebenskraft den Lebewesen geben mußten. Was einmal genommen wurde, muß wiedergegeben werden. Wir können sehr viel für unser Naturreich tun, indem wir unsere Nahrung aus der Natur zu uns nehmen und sie nicht schänden, denn selbst in einem Baum wohnt eine Seele.

Oftmals werde ich gefragt, warum Tiere ihresgleichen auffressen? Die meisten Tiere haben eine Gruppenseele, doch es ist immer das gleiche. Sie geben ihr Leben hin, damit ein anderer sein Leben erhalten kann. Was für die Raupe das Ende der Welt ist, ist für den Schmetterling der Anfang. Je höher sich ein Tier entwickelt hat, durch die vielen Inkarnationen, die es selbst als Tier erfährt, desto größer wird es an Gestalt zunehmen und auch weniger Feinde haben.

Der Mensch jedoch bildet sich ein, daß er der Herr über alle Wesen ist! Habt ihr euch schon einmal gefragt, warum ein kleines Tier mehr Nachwuchs zeugen kann und die Schwangerschaft kürzer ist als bei allen größeren Tieren? Es ist die Liebe GOTTES zu allen seinen Geschöpfen. Denn die Gerechtigkeit wird immer über die Barmherzigkeit gesetzt. Dadurch bekommen auch mehr Seelen durch ihren Tod ihre Aufwärtsentwicklung. Die höchste Stufe, die ein Tier erreichen kann, sind die Wirbeltiere und vor allem Hunde, und hier meine ich vor allem Blindenhunde. Je vertikaler seine Wirbelsäule eines Teires ist, desto weiter ist es in seiner Entwicklung.

Ein Tier, das sich in der Nähe der Menschen aufhält, kann sich schon vorbereiten auf seine nächste Inkarnation, weil es schon den Rhythmus und die Gewohnheiten der Menschen kennenlernen kann. Ich habe bereits beschrieben, daß der Geist immer derselbe bleiben wird, doch die Form kann sehr verschieden sein.

Bevor jedoch eine Evolution vom Tier zum Menschen erfolgt, wird der Geist als Natur- oder Elementargeist einverleibt. Diese Wesen, die als Gnomen, Sylphen, Undinen, Feuersalamander[3] oder Elfen, Feen uam. bekannt sind, haben die Aufgabe, zusammen mit den dazugehörigen Engeln für die vier Elemente unserer Erde ihre Dienste auszuüben. Das sind *Luft, Wasser, Erde und Feuer*. Diese Solidarität zwischen den Engeln und Naturgeistern ist so wunderbar, daß, wenn jemand das sehen könnte, es keine Verfehlungen gegen die Natur geben würde. Sie sind unsere Brüder und Schwestern, weil wir alle diese Evolution durchschritten haben.

Diese Elementar- und Naturgeistwesen würden sich ohne Einschreiten der Engel, fürchterlich an uns rächen, weil sie stetig durch die Menschheit verletzt werden. Ihre Kräfte strömen ihnen aus dem Ätherreich zu.

Die Verletzung der Elemente durch Wasserverschmutzung, Luftverschmutzung, Erdverschmutzung usw. zieht eine starke Verletzung der Seele der betreffenden Naturgeister nach sich. Denn sie sind dafür geschaffen, daß sie die Luft, die Erde und das Wasser säubern. Es wäre schon längst zur Katastrophe gekommen, wenn durch die Elementargeistern nicht eine Reinigung unserer Gewässer und Atmosphäre erfolgt wäre. Der Schmerz den wir unseren Freunden durch die Verschmutzung zufügen ist enorm. Würden die Engel, Missionsengel[4] oder Devas[5] vom himmlischen Vater abgezogen, dann würden sich die Natur- und Elementargeister fürchterlich an uns rächen. Diese Solidarität zwischen den Elementargeistern und den Engeln ist ein herrliches Zusammenspiel im göttlichen Sinne. Sie werden auch stetig von den Devas inspiriert, geschult und geführt. Auch helfen die Devas mit, nebst im Erdreich lebenden Gnomen, an der Zersetzung eines Minerals oder sogar Steins, damit er nachher zu einer Pflanze werden kann.

Auch die Wassergeister, die Undinen, sind beauftragt, aus zersetzten Pflanzenbestandteilen, die sich in den Gewässern befinden und von der Sonnenkraft bestrahlt werden, Einzeller zu bilden. Es ist ein konstantes Wirken. Doch Gott braucht dazu die Menschen, und die Elementar- und Naturgeistwesen nebst seinen Engeln.

Ein Mensch, der die Ordnung nicht liebt, wird auch Gott in seiner Ordnung nie erfassen können.

Betonen möchte ich, daß die Natur- und Elementargeister sich nicht im materiellen Zustand befinden, sondern in geistig-fluidalen, denn sie befinden sich im Astral-, Äther- oder auch Zwischenreich genannt. Ich habe viele Kinder gesprochen, die sich mit den Gnomen oder Elfen unterhalten haben. Die Eltern waren sehr beunruhigt und vermuteten einen Augenfehler bei den Kindern. In den Erzählungen der Märchenbücher wurden sie als Zwerge bezeichnet. Viele Kinder können dieses Schaffen und Tun der Naturgeister beobachten, denn Kinder sind der Schöpfung näher als wir Erwachsene. Darum ist für viele das, was sie nicht hören, sehen oder spüren, völlig unwirklich. Ich werde über den Verstand in einem anderen Kapitel noch ausführlicher zu sprechen kommen, denn dieser ist für uns sehr, sehr beschränkt. Doch zurück zu den Natur- und Elementargeistwesen, die die Vorstufe zur Inkarnation Mensch darstellen. Dazu hören wir die Worte unseres Weltenlehrers:

"Ich möchte euch über diese Wesen in meiner Schöpfung berichten, denn sie bilden einen wichtigen Bestandteil auf eurer Erde. Sind es doch diese Gnomen, sowie die Elfen, die in erster Linie zum Element Erde gehören und die ihre Aufgabe zu erfüllen haben im Gedeihen eurer Gemüse, Salate, Früchte und Beeren. Ihre Funktion besteht auch im Befruchten der Blüten. Sie sind es auch, die alles zum Wachsen bringen, denn sie pflegen die Wurzeln der Blumen, der Bäume, der Gräser, der Sträucher und weiterer Pflanzen und pflegen sie auch während der Winterzeit in euren heimatlichen Regionen, damit sie nicht erfrieren. Die Elfen bereiten sich im Frühling auf das Werden der Natur, auf das Sprießen der Bäume und Pflanzen vor. Sie sind es, die den Blütenstaub übertragen und eine Befruchtung herbeiführen, damit aus diesen Blüten Früchte werden.

Die Sylphen gehören zum Element der Luft. Sie leben im Ätherreich und sorgen dafür, daß alle diese Unreinheiten, die durch die Zivilisation der Menschen entstanden sind, beseitigt werden. Sie sorgen immer für die Reinheit der Luft. Die Luft auf eurer Erde, die von den Sylphen bewohnt wird, wäre somit schon längst nicht mehr aufnahmefähig für euch Menschen. Die Luft ist verseucht worden durch die vielen Atomversuche, die von euren Wissenschaftlern gemacht wurden.

Eure Luft ist angereichert mit Radioaktivität. Die Sylphen reinigen immer wieder die Luftströmungen, damit ihr Menschen auf dieser Erdkugel überhaupt noch leben könnt.
Das Element Feuer wird beherrscht von den Feuersalamandern, die das Feuer entzünden können. Die Erde wäre schon längst von Feuersbrünsten und Vulkanausbrüchen bedroht, wenn nicht die Feuersalamander das Element Feuer steuern würden.
Das Element Wasser wird bevölkert von den Undinen. Auch sie haben ihre Aufgabe im Dienste der Menschen zu erfüllen, denn auch sie sorgen dafür, daß eure Gewässer lebensfähig sind. Eure Gewässer, die laufend von den Menschen verseucht werden, könnten überhaupt nicht mehr benutzt werden, um euren Durst zu stillen, eure Tiere zu tränken und eure Felder zu bewässern, wenn nicht die Undinen dafür Sorge tragen würden, daß die Gewässer wieder gereinigt würden
Dies alles mag für eure Ohren seltsam klingen. Ich will euch daher klar und deutlich darlegen, welche Rolle die Elementar- und Naturgeistwesen im ganzen Schöpfungsbereich spielen. Ich habe euch einmal erklärt, daß der Mensch den Weg der Evolution gehen mußte, um die Möglichkeit zu haben, wieder in seine wahre Heimat zu gelangen.
Der göttliche Plan ist so weise, so voller Güte, Barmherzigkeit und Liebe, daß ihr euch davon keine Vorstellung machen könnt.
Das Mineral-, das Pflanzen- und das Tierreich sind Entwicklungsstufen, die jeder Mensch hinter sich bringen mußte. Bevor jedoch die meisten Tiere, nachdem sie auch im Tierreich verschiedene Leiber erhalten hatten, zum Menschen werden konnten, mußten sie auch dieses Lebensprinzip der Natur- und Elementargeistwesen durchschreiten. Diese Geistwesen tragen alle menschliche Gesichter. Sie sind jedoch unfrei in ihren Handlungen. Sie sind noch eingezwängt in einen ganz bestimmten Rhythmus und sie können sich demzufolge auch

nicht aus eigener Kraft in eine höhere Schwingung emporarbeiten, wie ihr dazu die Möglichkeit habt. Es ist diese Zwischenstufe, die sie zu ihrer Entwicklung brauchen, weil der Übergang, mit ganz wenig Ausnahmen, vom Tier zum Menschen zu brüsk wäre. So können sie als Elementar- und Naturgeistwesen den Kontakt bereits mit dem Erdenmenschen pflegen. Sie sehen seine Gewohnheiten, seinen Lebens- und Tagesrhythmus und werden mit allem vertraut. Das ist für sie eine Schulung.

Es mag für euch sehr eigenartig klingen, daß auch in den Naturerscheinungen wie Stürme, Orkane und Monsune diese Geistwesen wirken. Auch bei den Erdbeben spielen diese Erdgeister zu denen wie gesagt, die Gnomen, die Elfen und auch die Feen gehören, eine ganz wichtige Rolle. Ich könnte mir vorstellen, daß ihr euch die Frage stellt: "Ja, warum wird dann die Menschheit immer wieder von so vielen Naturkatastrophen bedroht?"

Die Entwicklung eurer Erde ist noch so tief, daß es notwendig ist, den darauf wohnenden Menschen immer wieder Leid zu schicken, denn nur durch das Leid finden sie den Weg an mein Herz. Diese Geistwesen dienen dann in diesem Sinne, indem sie über viele Gebiete Stürme, Orkane, Monsune, Erdbeben, Erdrutsche, Fluten, Überschwemmungen usw. kommen lassen.

Diese Geistwesen, die in den vier Elementen tätig sind, sehnen sich nach dem Licht, sie sehnen sich nach einer höheren Daseinsstufe. Sie lieben die Menschen und möchten ihnen auch nur Gutes tun, doch sie werden von ihnen geschmäht, zurückgestoßen, ja sogar geschändet. Diese Wesen leiden unter den Menschen. Sie leiden zu sehen, wenn die Menschen die Pflanzen und die Blumen schänden. Sie leiden unter den Unreinheiten, die in der Luft und in den Gewässern liegen. Viele von ihnen müssen immer wieder zurückgeholt werden in ihr Ätherreich, das über Neuseeland liegt, wo sie dann

wieder auf's Neue gestärkt und von ihren "physischen" Krankheiten geheilt werden.
Sie sind noch inniger mit Gott verbunden als die Menschen. Sie suchen auch den Kontakt zu jenen Erdenkindern, die in ihrem Innern rein geblieben sind und diesen tiefen Kontakt zu Gott pflegen. Sie halten sich auch gerne in Gärten von Menschen auf, die nicht mit den grauenvollen Insektiziden arbeiten, denn sie lieben alle diese Käferchen, die dort leben und die auch ihre Aufgabe erfüllen im Insektenreich. Sie lieben alles was lebt! Es schmerzt ihre Seele, wenn einem Lebensteil Leid zugeführt wird.
Viele von euch werden sich daran erinnern, daß ich zu meinen Lebzeiten von Schafen gesprochen habe, die nicht zu jener Herde gehören. Diese anderen Schafe, die nicht zu der Menschenherde gehören, sind diese Elementar- und Naturgeistwesen. Einigen von euch mag es auch noch in Erinnerung sein, daß in der Hl. Schrift geschrieben steht, vor allem im Römerbrief von Paulus, daß die ganze Kreatur nach dem Lichte lechze und die Wiederkunft Gottes erwarte. Damit sind wiederum alle diese Wesenheiten gemeint, die eure Erde so dringend braucht und die von euch allen mißachtet wurden.
Wenn die Zeit reift ist, wo euer Erdenball in einen höheren Schwingungsbereich emporgezogen wird, werden jene Menschen, die dann auf dieser Welt leben, wiederum wie zu Adams und Evas Zeiten, einen innigen, tiefen Kontakt mit diesen Geistwesen führen. Alles wird im Lichte sein! Dann gibt es keine Feuerbrände mehr. Die Feuersalamander werden den Menschen dienen, um ein Feuer zu bilden, das Wärme spendet. Die Sylphen werden keine Stürme und Orkane mehr verursachen, sondern nur liebliche Lüfte um euch wehen lassen. Alles wird sanft, alles wird wundervoll sein. Wie ich schon wiederholt erklärt habe, hat in der Schöpfung Gottes alles seinen Sinn. Die Entwicklung geht langsam und

nur schrittweise vorwärts. Kein einziges Sprößlein in dieser Himmelsleiter kann übersprungen werden.
Bevor die Natur- und Elementargeistwesen dann in ein Menschenkleid gehüllt werden, werden sie über die Herz- und Lichtstrahlen Gottes in ihre Wesenheit umgewandelt. Schenkt den Natur- und Elementargeistwesen eure Liebe, eure Aufmerksamkeit und eure Güte. Sendet zu ihnen euer Licht. Sie alle werden euch innigst dankbar sein. Was immer ihr mit euren Händen berührt, was immer ihr mit euren Ohren hört, was immer ihr mit euren Augen seht, was immer ihr mit eurer Nase riecht und was immer ihr mit eurem Munde sprecht, laßt alles lichtvoll sein, voller Liebe, voller Harmonie und Güte! Ich kann euch nicht genug beteuern, daß euer Wirken himmlische Früchte trägt und daß gar nichts verloren geht, was ihr im göttlichen Sinne tut."

Zum Schluß dieses Kapitels möchte ich noch einmal die wichtigsten Fakten herausheben. Die Evolutionsschritte vom Mineral- bis zum Menschenreich können Tausende, ja sogar Millionen von Jahren dauern. Bei Gott gibt es keine Schemata. Wie ihr wißt, hat die Lehre der Astrologie ebenfalls eine Einteilung der vier Elemente, Feuer, Wasser, Erde und Luft. Es mag für eure Ohren seltsam klingen, doch in welchem Element ihr einstmals als Natur- oder Elementargeistwesen eure Aufgabe vollbracht habt, so wird bei der Einverleibung als Mensch auch euer Tierkreiszeichen sein.

Die gefallenen Engel, die sich im Gottesreich nicht so stark versündigt haben, indem sie nur den Reden Luzifers einmal zugehört hatten, mußten diese Evolution nicht durchlaufen. Sie sind im Ätherreich geblieben und haben von dort ihre Aufwärtsentwicklung erhalten. Die Materie ist der tiefste geistige Zustand. Darum ist die Erde einer der dunkelsten Planeten. Ich würde mich freuen, wenn sich einige Leser von diesen Lehren angesprochen fühlten, weil sie dadurch eine Umkehr erleben könnten. Ich möchte noch einmal darauf hinweisen, daß eine Verletzung der Naturelemente, unweigerliche Konsequenzen hat.

Wenn Gott nicht die Liebe, Güte und Barmherzigkeit wäre, so würde die Erde schon längst von noch größeren Katastrophen heimgesucht. Sollten sich die Engel von den Natur- und Elementargeistern entfernen, so würde wie Atlantis und andere versunkene Kontinente auch unser Kontinent seinen Untergang erleben.

Monat für Monat erlebt ihr es in der heutigen Zeit, daß Unglücksfälle und Katastrophen auf unserer Erde entstehen. Wäre nicht unsere göttliche Mutter mitsamt den Erzengeln und hätten sie nicht Fürsprache bei Gottvater für uns Menschen gehalten, wäre es schon längst zur Umwälzung gekommen.

Darum helft mit, daß weniger Tiere geschlachtet werden, daß weniger Profitgier die Gewässer verschmutzen, daß weniger Rodung in den Regenwäldern geschieht, denn sie sind die Lunge unserer Welt. Helft mit, daß weniger Abfall in die Erde gegeben wird.

In der geistigen Schau sah ich einen Menschen, der durch seinen Erfindergeist einen Motor erfunden hatte, der völlig umweltfreundlich war. Es gab keine Abgase, die die Atmosphäre belasteten und auch sonst war die Funktion des Motors sehr gut. Als aber die Hersteller von Treibstoffen von dieser Erfindung erfuhren, wollten sie diese Erfindung kaufen. Aber der Erfinder lehnte den Handel ab. Sie boten ihm immer mehr. Am Schluß war es eine gigantische Summe. Doch er lehnte es abermals ab. Da sie sahen, daß sie mit ihrem Geld keinen Erfolg hatten, beauftragten sie ein Mordkommando. Seine Familie wurde dann systematisch eingeschüchtert. Zuerst entführte man drei Tage lang seine Kinder. Als er immer noch nicht einwilligte, entführte man drei Tage seine Frau. Am Schluß drohte man ihm damit, seine Familie zu ermorden, wenn er seine Erfindung nicht verkauft.

Er bekam natürlich Angst um seine Familie und verkaufte die Erfindung an die Gesellschaft.

Jawohl, soweit sind wir heute in unserer Welt! Es ist zwar nur eine Geschichte, doch in ähnlicher Form haben sich Hunderte von Geschichten mit ähnlichem Charakter abgespielt. Der Widersacher hat überall seine Finger im Spiel. Gott sieht nicht mehr länger zu, wie sich seine Kinder gegenseitig schänden und ermorden. Seht euch doch in der Welt einmal um! Wo hat es denn Fortschritte gegeben, die den Menschen dienen? Die Seele ist nur noch mehr verarmt, das zeigen doch die immer mehr anwachsenden psychiatrischen Kliniken.

Seht euch doch die Gewässer an? Früher hatten die Brunnen trinkbares Wasser, heute ist kaum noch das Trinkwasser zu genießen. Der Boden, aus dem wir unser Essen beziehen, ist doch kaum mehr mit den üblichen Mineralien bestückt. Denkt immer daran, daß die Natur aus sich alleine existieren kann, doch der Mensch könnte ohne die Naturelemente keinen Tag überleben.

Die Erde ist ebenfalls ein Organismus, der geliebt und gehegt werden will. Wir nehmen uns Zeit, damit wir unser Auto, die Familie, unsere Freundschaften pflegen können, doch wo bleibt die Erde, auf der wir gehen, auf das unser Haus steht, unser Auto fährt. Ist nicht der Boden die Grundlage für alles Leben?

Trotz des Wohlstandes, sind die Menschen innerlich noch mehr verarmt. Es rührt daher, daß die weltlichen Dinge höher eingeschätzt werden als die geistigen. Es kann sich keiner mehr als unwissend bezeichnen, denn ihr habt alle das Wissen in euch. Es gab viele weise Menschen auf unserer Erde, die allesamt ermordet oder mundtot gemacht wurden. Lest das Kapitel "Die Offenbarung" und nehmt diese Warnung ernst. Denn Noah wurde auch belächelt und verspottet, als er seine Arche baute. Doch ich möchte euch keine Angst einjagen, denn die Liebe Gottes zu seinen Geschöpfen ist unbeschreiblich groß. Auch liegt es an jedem selber, welche geistigen Schritte er vorwärts macht. Der Maßstab aller Dinge ist die reine Gottesliebe und die Liebe zu seinen Nächsten. Das ist das wahre Gebet, das Ewigkeitswerte schafft.

Der Kosmos

Wenn wir in der Nacht hinauf zum Himmel schauen, so können wir die winzigen glitzernden Sterne bewundern, die uns eine wunderschöne Pracht am Himmelszelt bieten. Sicher werdet ihr euch schon Gedanken gemacht haben, wie groß unser Kosmos oder unsere Milchstraße ist? Welche Dimensionen existieren denn im Weltall? Die Größe unserer gesamten Universen ist so unvorstellbar, daß es kaum mit unseren Maßstäben erklärt, geschweige denn ermessen werden kann. Doch lassen wir dazu wieder unseren Meister aller Meister sprechen:

"Es liegt Mir so sehr am Herzen, daß ihr immer mehr erfaßt werdet von dieser unermeßlichen Geisteskraft Gottes. Sehr wohl könnt ihr das Ausmaß dieser unendlichen Größe mit eurem Verstande nicht ermessen und doch möchte Ich euch einige kleine Hinweise geben, denn ihr wißt ja, daß ihr meinem Herzen immer näher kommt, je demütiger, je bescheidener, je hingebungsvoller ihr werdet.

Meine Erläuterungen mögen dazu dienen, daß ihr euch wieder einmal bewußt werdet, wie winzig klein der Mensch im Vergleich zur Unendlichkeit des Alls ist.

Von eurer Erde aus könnt ihr zu gewissen Zeiten die sogenannte Milchstraße erblicken. Diese Milchstraße, die von der Erde aus betrachtet, wie eine helle Straße aussieht, hat einen Durchmesser von ca. 80.000 Lichtjahren. Um euch nun einen Begriff zu geben von diesem Ausmaß, möchte ich euch erklären, daß sich das Licht mit einer Geschwindigkeit von 300.000 km pro Sekunde ausbreitet. Demzufolge liegen in einem Lichtjahr allein 10 Billionen Kilometer, und nachdem diese Milchstraße 80.000 Lichtjahre umfaßt, sind das also 800.000 Billionen von Kilometern und wie ihr ja wißt, ist eine Billion eine Million mal eine Million. Das ist nur eine Milchstraße von Millionen von Milchstraßen, die sich im All befinden. Viele von euch kennen ja auch bereits die Maße der

Sonne. Sie hat einen Durchmesser von 1.392.000 Kilometer. Wenn sie hohl wäre, könnte eine Million Erdkörper in der Größe eurer Erde, auf der ihr lebt, darin Platz finden. Eure Sonne ist jedoch nicht die größte Sonne. "Antares" z.B. ist dreihundertmal größer als eure Sonne. Die Erde, kreist mit einer Geschwindigkeit von 107.000 km um die Sonne. Wenn ihr euch nun als Vergleich vorstellt, daß ihr mit eurem Wagen mit einer Geschwindigkeit von 100 km/h fahrt, dann müßtet ihr also 1.070 mal schneller fahren, um mit der Drehgeschwindigkeit der Erde um die Sonne gleichzuhalten.
Die Sonne selbst, damit meine Ich immer euer Sonnensystem, denn Ich habe euch ja gesagt, daß es Milliarden gibt, kreist mit einer Geschwindigkeit von 72.000 km um das Sternbild Herkules. Es ist also alles in Bewegung." Soweit die Aussagen unseres Heilands.

Nun möchte ich aber dazu noch einige zusätzliche Angaben machen. Wir ihr bereits wißt, wenn ihr das Kapitel "Der Absturz" gelesen habt, hat es zu Urzeiten einen Abfall der Engel aus der Gotteswelt gegeben. Sicher werdet ihr jetzt fragen, was hat das denn mit dem Kosmos zu tun? Wartet noch einen Augenblick, dann will ich auf den Kernpunkt kommen. Der Absturz hat insofern damit zu tun, daß es 12 Paralelluniversen gibt. Luzifer war dann der Leiter des 10. Universums. Als jedoch Luzifer gegen die Allmacht Gottes opponierte, ist er aus der Gotteswelt verbannt worden. Dieses 10. Universum wurde dann nicht mehr mit der Zentralsonne gespeist. Doch durch die Solidarität der Engel untereinander vermochten sie dann mit ihren Kräften wieder Licht in das 10. Universum zu bringen. Wir leben im 12. Universum im 12. Sonnensystem auf dem 12. Planeten. Es wurde immer wieder betont, daß der Planet Erde einer der dunkelsten ist im ganzen Kosmos ist. Wenn man sich vorstellt, daß es 12 Universen gibt, und ein jeds Universum 12 Sonnensystemen hat und jedes Sonnensystem 2.000.000 Planeten, so kann ich euch versichern, daß dies unser menschliches Fassungsvermögen übersteigt. Selbst in unserem Universum gibt es mehrere Sonnen. Wenn man dann eine Menschengröße im Vergleich zum Universum stellt, dann kann sich jeder selbst ein Bild davon machen, welche Allmacht, welche Stärke Gott besitzt, aber auch welche Liebe Gott zu allen seinen Geschöpfen hat.

Die gesamten Kapitel dieses Buches, dienen nur dazu, daß ihr begreift, daß ohne Gott nichts existieren kann und welche Größe er besitzt. Damit ihr demütiger werdet, gegenüber allem was aus ihm erschaffen wurde.

Gott ist aber nicht nur die Stärke und Größe, sondern Gott liebt auch die Vielfalt. Es gibt viele unglaubliche Dinge für uns, die wir im Moment nicht fassen können. Wie ich bereits im Kapitel "Die Entstehung" beschrieben habe, ist alles aus dem Lichte entstanden. Der Grundton aller Universen ist das Licht. Aus diesem Urlicht ist dann die folgende Ur-Ur- Zentralsonne entstanden, die an erster Stelle steht.

Den zweiten Platz nimmt dann die Odlichtsonne ein. Diese beiden Sonnen haben keinen materiellen Charakter, sondern sind rein geistig zu sehen. Ich möchte es immer wieder betonen, daß alles im Materiellen eine Schablone im Geistigen hat. Alles was wir auf unserer Erde sehen, hören und fühlen können, mußte geistig bereits vorhanden sein. Ihr könnt ja auch nicht aus einem Eimer Wasser schöpfen, wenn keines darin ist. Ihr könnt mir glauben, daß aus nichts, nichts entstehen kann. So ist es auch mit den Sonnen. Es muß zuerst einen Plan geben, bevor etwas erschaffen wird. Dann kommen die Gesetzmäßigkeiten, auf die dann aufgebaut wird. So ist es auch mit den Universen. Der Plan wurde von Gott entworfen, das Material, mit dem gebaut wurde, war das Urlicht. Aus diesem Urlicht, das aus Gott kommt, wurden die einzelnen Sonnen erschaffen.

Als dritte Rangordnung wurde aus den geistigen Sonnen, die materielle Sonne erschaffen, die Haupt- oder Urzentralsonne. Sie bildet den Zentral- oder Brennpunkt einer Galaxie. Aus ihr heraus werden, als 4. Rangordnung, alle weiteren Sonnensysteme und deren Sonnen innerhalb der gleichen Galaxie bespeist. Man kann es sich am besten so vorstellen. Eine Elektrizitätsstation gibt, ihr Licht in verschiedene Länder weiter. Diese haben wiederum ihr eigenes Netzwerk, aber ihren Strom erhalten sie von der Zentralstation.

Danach an vierter Rangordnung kommen die All-Allsonnen, danach die Allsonnen, Gebietssonnen und am Schluß die Planetarsonnen. Die letztgenannte ist für uns die einzige sichtbare Sonne. Unsere Sonne ist vor 218 Milliarden Jahren erschaffen worden. Alle Sonnen, ab der dritten Rangordnung, d.h. ab der Urzentralsonne, strahlen im elektrischen Licht. Denkt aber immer daran, daß alles aus dem Urlicht Gottes entstanden ist und all die anderen Sonnen nur Stationen sind, die das Urlicht reflektieren, bis zu unserer planetarischen Sonne, die wir sehen und deren Wärme wir verspüren können. Jedes Universum wird auf gleiche Weise mit den verschiedenen Sonnen bestrahlt. Jesus sagte einmal:

"Wie ihr wißt, ist die Sonne umgeben von einer weißen Oberfläche, die eine Temperatur von ca. 6.000 Grad besitzt. Außerhalb befinden sich weitere Gaskörper, die ebenfalls alle in Rotation sind, wie auch die Sonne sich selbst in ungeheurer Geschwindigkeit um das Milchstraßensystems, eurer Galaxie, dreht. Es ist nicht so, wie die meisten Wissenschaftler glauben, daß einmal die Sonne immer kleiner und schwächer wird. Sie bleibt in ihrem Zustand sozusagen erhalten, weil ihr durch den Bewegungszyklus laufend neue Energien zuströmen und die verbrauchten austreten. Dies geschieht in Form von Gaswirbeln, die eure Astronomen als Sonnenstürme bezeichnen. Das Ausscheiden dieser Gase ist für euer ganzes Sonnensystem, womit ich auch die Erde als Planet meine, nebst Saturn, Venus, Merkur usw., von großer Wichtigkeit. Die Selbsterhaltung eines Himmelskörpers ist an diesen konstanten Wechsel gebunden. Alles Fluidale ist einer gewissen Bewegung ausgesetzt. Auch in euch wechselt das Blut alle sieben Jahre. Es ist ein Stoffwechsel, der sich in jedem Himmelskörper vollzieht, so auch in der Sonne." Soweit seine Worte.

Die Wissenschaftler sind sich völlig uneinig, wann die Erde erschaffen wurde. Nach den Abfall der Engel aus dem Himmelreich wurde durch den Rückführungsplan Gottes die Erde erschaffen. Mit der Odkraft der Planeten wurde dann die Erde gebildet, durch die Elemente abgekühlt und urbar gemacht. Aus dem ehemals flüssigfeurigen Zustand der Erde wurde sie vor ca. zwei Milliarden Jahren begehbar und lebensfähig gemacht.

Der Odem

Wie Sie sicher bereits in den beiden vorherigen Kapiteln gelesen haben, ist von Odstrahlen und Odkräften die Rede. In der Bibel steht in der Schöpfungsgeschichte: "Und Gott hauchte ihnen seinen Odem ein". Sicher werden sich einige fragen: "Was ist denn dieser Odem?" Das Wort Odem kommt von Atem. Und dieser Odem, oder auch Odkraft genannt, wurde uns bei unserer Urgeburt eingehaucht. Diese Odkraft ist unser Lebensstrom. Dieser göttliche Odem hat bei der Erschaffung des ganzen Universums, der Natur und Kreatur als Lebenskraftstrom gedient. Jede Tätigkeit kann nur ausgeübt werden, wenn diese Odkraft in uns vorhanden ist. Es ist der Kraftstrom, aus dem wir unsere Energie beziehen. Es ist ein Energiefeld, das alles umhüllt. Ihr könnt es euch auch wie eine Aura vorstellen, in der alles enthalten ist. Dazu hören wir die Worte unseres All-Lehrers:

"Ohne Od gibt es keinen Geist! Jeder Mensch, jedes Tier, jede Pflanze, jeder Stein, jedes Mineral, jedes Spurenelement, jedes Atom und Elektron sind mit dieser Odkraft angereichert. Ja, jeder Planet hat diesen Odmantel um sich herum und dadurch werdet ihr auch diese Witterungsschwankungen, diese planetarischen Einflüsse wahrnehmen können.

Ohne Od gibt es kein Leben!

Ich möchte euch nun einführen in das Geheimnis dieser Odkraftentwicklung. Viele von euch werden sich erinnern, daß im Alten Testament mehrmals die Rede war von einem Feuer, das lodert oder von einer Wolke, aus der dann GOTTES STIMME vernehmbar war.

Diese Wolke und dieses Feuer, das vor allem in der Dunkelheit verwendet wurde, waren notwendig, selbst für Gott, um seine Stimme für menschliche Ohren wahrnehmbar zu machen. Sowohl diese Wolke, als auch dieses Feuer bestanden aus materialisierter Odkraft. Diese Gesetzmäßigkeit ist demzufolge selbst für ein Geistwesen, ob es nun eine verstorbene

Seele, ein reines Engelwesen, oder Gott selbst ist, nicht zu umgehen. Zur Zeit von Moses hat GOTTVATER zu den Israeliten durch Wolken und Feuer gesprochen. Um diese Wolke für die Israeliten sichtbar zu machen, wurden die Menschen angewiesen einen Altar mit Opfertieren, verschiedenen Pflanzen und Gewürzen zu errichten. Viele von euch werden sich fragen, wozu denn all das? Es war notwendig, um diese Odkraft aus den Opfergaben herausziehen zu können, damit es möglich war, die Stimme des EWIGEN VATERS hören zu können mit euren leiblichen Ohren, bzw. mit denjenigen der damals lebenten Menschen. So wie gewisse Materialien, z.B. Leinen oder auch Seide, eine ganz besondere Odkraft in sich tragen, haben auch die Farben eine bestimmte Odausstrahlung.

Gold, Silber, Kupfer und Edelsteine haben einen ganz speziellen hohen, reinen Odgehalt. Auch wir in der geistigen Welt müssen mit diesen Kräften arbeiten. Das ist ein unumstößliches Gesetz. Beim Menschen liegt die Odkraft im Blut und daher ist es sehr unklug, wenn Menschen sich Bluttransfusionen unterziehen, es sei denn zur Rettung ihres Leben. In diesem Lebensstrom liegen alle Empfindungen, alle Gefühle, ja das ganze Seelenleben eines Menschen. Wenn das Blut dazu verunreinigt worden ist, durch einen unreinen Lebenswandel, eine unreine Ernährungsweise oder sogar durch Gifte, dann könnte die ganze Persönlichkeit des betreffenden Menschen verunstaltet, ja sogar verändert werden. Ich erwähne diese Details im Zusammenhang mit dem Blut der Tiere, die damals geopfert wurden. Es waren nur reine Tiere, ganz reine, die speziell gezüchtet wurden für das Altaropfer.

Das gleiche gilt auch für die Gewänder. Daher haben meine Heilengel die Menschen darauf aufmerksam gemacht, daß sie keine synthetischen Gewebe tragen sollen. Selbst wenn ein Stoff einmal verarbeitet worden ist, trägt er immer noch in sich dieses Od. Diese Odkraft, die die ganze Ewigkeit in sich trägt und die Strahlen, die davon ausgehen, wirken auf euren Geist ein. Und wenn der Geist verunreinigt wird, dann schlägt sich das nieder auf den physischen Körper. Achtet daher auf diese vielen Kleinigkeiten. Ihr sollt bestrebt sein, nur reine Odkräfte in euch aufzunehmen. So wie ich es euch schon einmal empfohlen habe, eure Ernährung entsprechend auszurichten. Daß ihr nicht Früchte zu euch nehmt, die mit Insektiziden gereift sind. Nehmt bitte nur reine Gemüse, Salate und Früchte zu euch, denn in ihnen liegt die Lebenskraft, die ihr so sehr braucht. In allen Giften, die ihr auf irgendeine Art und Weise zu euch nehmt, sei es nun über Koffein, Teein, Alkohol, Drogen, Nikotin oder pharmazeutische Mittel in Form von Schlaftabletten, Kopfwehtabletten, Verdauungstabletten, Abmagerungstabletten usw. verunreinigt ihr euren Odstrom. Je reiner ihr werdet, desto höher wird eure Schwingung.

Alles hängt mit dieser Gesetzmäßigkeit zusammen. Ich kann euch nicht genug auf alle diese wichtigen Punkte hinweisen, denn es liegt mir am Herzen, daß ihr nicht stille steht. Stillstand ist Rückschritt. Diese Odkräfte sind für euren Körperhaushalt eminent wichtig, denn ihr wißt ja, daß sobald diese Lebenskraft nicht mehr genährt wird aus dem Urquell Gottes, darunter nicht nur euer Geist und eure Seele leidet, sondern auch euer Leib.

Ihr fahrt mit mir durch die Wüste dieser Welt! Ich bin euer Lokomotivführer! Die Wüste symbolisiert diese Unfruchtbarkeit, die unter den Menschen herrscht. Sie leben nicht mehr im Geiste Gottes. Auch nicht mehr in der Liebe Gottes und daher ist ihr Leben mit einer Wüste zu vergleichen, wo nichts gedeihen kann.

Der Zug, in dem ihr sitzt, wird bestrahlt von der Ursonne, von meiner Urglut. Und daher wird durch dieses Licht, das auf diese Wüste fällt, einiges beleuchtet, einiges erhellt und einiges erleuchtet. Das sind diese kleinen Lichtchen, die ihr durch die Fenster eurer Waggons erblickt habt und die für eure Augen aussehen wie kleine Brillanten. Ihr wißt ja, daß Gott in seiner Allbarmherzigkeit und Güte laufend Licht in die Menschheit schickt, damit noch viele Seelen den Weg an mein Herz finden und gerettet werden können, bevor der Weltenbrand einsetzt.

Ich habe euch schon einiges von dieser sogenannten Odkraft berichtet. Ich möchte nun im Zusammenhang mit diesem Zug, den ihr von mir als kleines Geschenk bekommen habt und der für jeden von euch sein Lebensschicksal bedeutet, noch weitere Angaben zu dieser Lebenskraft durchgeben.

Das sogenannte Schicksal eines jeden Menschen ist vorgezeichnet in seinem Odfeld. Doch, wie ihr ja bereits mehrmals durch mich erfahren habt, ist der Wille des Menschen weitgehendst frei. Er kann also sein Schicksal selbst schmieden. Der Führer des Zuges eines jeden Menschen hat jedoch seinen Plan ausgearbeitet mit dem Odfeld des betreffenden Kindes. Oder in anderen Worten ausgedrückt, ist ER der Baumeister, der ein Projekt ausgearbeitet hat für den Bau des betreffenden Menschenlebens.

Der Start für diese Lokomotive mit ihren Wagen oder für den Bau des betreffenden Lebenshauses ist gekennzeichnet, ist bestimmt. Auch das Endziel! Jedoch das, was sich zwischen diesen beiden Punkten abspielt, ist im Geschick eines jeden von euch verankert. Es hat demzufolge nichts direkt mit dieser Schicksalsführung zu tun. Es ist ein Produkt eures freien Willens. Sehr wohl sind einige wichtige Stationen vorgezeichnet, jedoch kann der Lokomotivführer oder der Baumeister immer wieder seinen Plan ändern, wenn er sieht, daß es für das Heil der betreffenden Seele nur von Vorteil ist. Ihr wißt ja, daß das Endziel eures Daseins die geistige Höherentwicklung ist, und daß ihr auf die Erde gekommen seid, um diese Lehre mit ihren Klausuren und Examen mit Erfolg abzuschließen.

Ich möchte euch nun erklären, wie diese Odkraft im ganzen Universum und All, in der Natur und Kreatur wirkt. Wenn ihr nun mit diesem Zug, den ich euch gegeben habe, durch das Leben fahrt, so bleiben Rückstände bestehen, weil in diesem Zug, der vielleicht in einem Abteil noch Sand mit sich trägt, eine kleine Ritze besteht und dieser Zug mit Dampf betrieben wird, und dieser Dampf nicht verdunstet, sondern auch seine Spur hinterläßt. Das ist diese Odkraft, dieser Kraftstrom! Was immer ihr berührt und mit wem ihr in Kontakt kommt in eurem Leben, hinterlaßt ihr eine Spur eurer Odkraft.
Viele von euch werden sich auch schon gefragt haben, was sich denn in den Lüften abspielt mit diesen Zugvögeln? Daß sie jedes Jahr immer wieder ihre Nistplätze finden und die Schwalben selbst die Dächer bestimmter Häuser? Jede Kreatur, was immer sie sei, hinterläßt diese Odkraftspuren. Und die Vögel, die dann zurückkehren, richten sich in ihrem Sinne nach diesem Odkraftfeld, nach diesen Odkraftfäden. Sie sind für sie leitend und führend. Selbstverständlich haben auch die Vögel ihren geistigen Führer. Jedoch auch dieser geistige Führer kann nur mit der Odkraft arbeiten. Selbst die Hunde, die eine Fährte aufnehmen, gehen dieser Odspur nach.
Stellt euch nun vor, diesen Zug, den ihr in den Händen haltet, möchtet ihr zum Fahren bringen. Alles ist vorhanden, jedoch ist Kraftstrom nötig, um ihn in Bewegung setzen zu können. Ihr seid der Zug selbst. Der Kraftstrom ist diese Odkraft und der Führer des Zuges ist der Geist. Demzufolge kann selbst ein Geistwesen, wie ich es vorher erwähnt habe, mit diesem Leitvogel, der im Geiste lebt, sich nur betätigen, wenn genügend Odkraft vorhanden ist. Es ist von eminenter Wichtigkeit für euch, alle diese Zusammenhänge zu kennen. In diesem Odfeld, das seit eurer geistigen Geburt existiert, ist auch alles eingraviert, eingezeichnet, was euer Leben betrifft. Es

geht gar nichts verloren. Im Leben vollziehen sich laufend Verwandlungen. Jedoch die Lebenssubstanz bleibt bestehen. Um euch diesen Zusammenhang noch klarer zu erläutern, möchte ich euch auf die Entwicklung einer Seidenraupe hinweisen. Sie legt um sich einen Kokon und wenn der Zeitpunkt gereift ist, schlüpft aus diesem Seidenkokon ein wunderschöner Schmetterling. Es ist noch immer die gleiche geistige Substanz, die sich jedoch verwandelt hat, d.h. die äußere Form hat sich verändert. Der geistige Gehalt aber bleibt bestehen. So ist es auch in eurem Leben. Wenn ihr Photographien betrachtet, aus eurer Kindheit, dann werdet ihr euch auch fragen: "Bin ich das einmal gewesen?" Auch in eurem ganzen Sein hat sich eine Verwandlung vollzogen. Fast so wie bei dieser Seidenraupe. Seht Gottes Schöpfung immer als Ganzes! Nehmt nie einen Teil davon heraus und versucht darauf euer Lebenshaus zu bauen. Alles greift ineinander, alles ist voneinander abhängig. Die vielen Atome und Elektronen, aus denen sich alles in der Natur und Kreatur bildet, sind zuständig für diesen Verwandlungsprozeß. Sie sind maßgebend für die äußere Form des Geistes. Wenn ihr eure Augen zum Himmel richtet und das Firmament in einer klaren Nacht betrachtet, dann werden sich viele Menschen sagen, wie gütig, wie lieb ist doch Gott, daß ER selbst während der Nacht noch Sternlein leuchten läßt. Könntet ihr dieses All ermessen, dann würdet ihr nicht mehr aus dem Staunen kommen. Wisset, daß manche Sterne am Himmel Milliarden von Lichtjahren von euch entfernt sind und, daß sie mit ungeheurer Geschwindigkeit um das Zentrum ihres Sonnensystems kreisen.

Alles ist bei Gott geordnet! Alles hat seinen tiefen Sinn!

Und so ist es auch mit allem, das mit euch in Berührung kommt. Ich habe euch schon wiederholt gebeten, mit dieser Liebeskraft zu wirken und wahrhaftig nach meinen geistigen Gesetzen zu leben. Nachdem ihr wißt, daß alles wie auf einer

Platte eingeprägt oder eingraviert bleibt, solltet ihr nie träge werden, in euren Bemühungen zu werden wie Gott euch haben will.
Die Liebe ist für den Menschen das höchste Geschenk. Und diese Odkraft ist das Höchste in der ganzen Schöpfung. Arbeitet daher mit dieser Gottesliebe; bei jedem, in allem und zu jeder Zeit. Ich will euch weitere göttliche Offenbarungen übermitteln im Zusammenhang mit dem Atem Gottes, mit diesem Kraftstrom, mit diesem Urgeist, dieser Urquelle allen Seins!
Gott hat als Hülle seiner Person einen Lichtmantel und dieser Lichtmantel strahlt das ganze, unendliche, heilige, lebende und belebende Licht aus! Alles ist in Bewegung. Es gibt kein Sterben, es gibt keinen Tod. Im Augenblick, wo sich ein Geistkind, das von Gott gezeugt wurde, von dieser Ursonne, von diesem Urlicht trennte, fiel es und als Folge dieses Falls verdichtete sich der Geist und bekam eine Hülle, die als Seelengewand bezeichnet werden kann. Die Seele ist also eine feinstoffliche Matrize, die formbestimmend ist für den Geist. Ich habe euch auch einmal erklärt, daß die Seele das Gefäß ist. Sie bestimmt also die Form. Wenn nun eine Seele in ihrem ganzen Gehalt beeinträchtigt ist, durch die Substanz des Geistes, die sie umgibt, dann reflektiert sich das auf den physischen Leib, sei dieser nun menschlicher, tierischer oder pflanzlicher Natur. Ja selbst im Mineralreich wirkt diese Geisteskraft. Die Seele ernährt sich von den geistigen Kraftpotenzen aus diesem Odfeld und dem Ätherreich. Und so, wie euer Körper Nahrung aufnimmt, die dann verwandelt wird in Wärme, Energie und in Organbestandteilchen, so muß eure Seele genährt werden. Wenn nun ein Mensch gänzlich ohne Nahrung lebt, dann vollzieht sich folgendes:
Die Engel oder Lichtwesen verwandeln, d.h. dematerialisieren Nahrung eurer Welt in geistige Nahrung und geben dann diese geistige Kraftsubstanz dem betreffenden Menschen ein.

Der Körper verwertet alsdann diese Odkräfte, auf die ihm gegebene Art und Weise, so wie ich es vorher erklärt habe. Aus diesem Grunde verlieren jene Menschen kein Gewicht, denn der Leib wird ernährt, wenn auch geistig. Ihr sollt euch bewußt sein, daß alles, was ihr über den Mund einnehmt, verwandelt wird, um euren Körperhaushalt in Ordnung zu halten. Alles beruht auf dieser immensen Geisteskraft, dieser Odkraft.

Nördlich und südlich des Äquators werden Billionen von Blättern, Blüten, Bäumen, Früchten, Insekten, Bakterien, Würmchen, Käferchen, Vögel und Tiere, nebst einer großen Anzahl von Menschen, durch diese Geisteskraft laufend neu erschaffen. Eure Wissenschaftler und Forscher staunen über den inneren Bau all dieser Gottesschöpfungen. Um euch nur einen ganz kleinen Begriff von dem göttlichen Wirken zu geben, möchte ich auf euer Kapillargefäßsystem zu sprechen kommen. Es ist das System der Durchblutung eures Körpers zwischen Arterien und Venen. In eurem Leibe befinden sich ca. fünf Milliarden Kapillarschlingen, durch die das Blut strömt. Eine jede Schlinge ist nur einen halben Millimeter groß. Würde man fünf Milliarden aneinanderreihen, dann würden sich 2500 Kilometer Kapillarröhrchen ergeben, die sich in eurem Körper befinden. Eure Blutkörperchen werden laufend neu erschaffen durch die Nahrungsaufnahme, sei diese nun materieller oder geistiger Form. Es werden täglich: 250 Milliarden rote Blutkörperchen in die Blutbahn gebracht.

Und dennoch, meine Kinder, bezweifeln so viele Menschen die Existenz Gottes! Sie zweifeln an dieser Geisteskraft, die in allem wirkt, die alles zum Wachsen, zum Blühen und zum Reifen bringt, die alles am Leben erhält. Um euch noch ein kleines Beispiel aus eurem Körper zu zitieren, möchte ich auf die Leberzellen hinweisen. Eine einzige Leberzelle hat in sich 230 Milliarden Moleküle und die Leber setzt sich aus unzähligen Leberzellen zusammen. Ich möchte euch damit vor Au-

gen führen, wie unendlich die Liebe GOTTES und seiner Kraft ist. Im ganzen Universum und All vollziehen sich laufend Verwandlungen und Veränderungen. Alles ist in Bewegung! Und so sollt auch ihr in Bewegung bleiben, meine Kinder, denn Stillstand ist Rückschritt.

Ich habe euch auch schon darauf aufmerksam gemacht, daß alles, was immer es sei, bereits in der geistigen Welt existiert. Demzufolge ist alles, was ihr auf eurer Erde, in eurer Welt vorfindet, nur der Abdruck einer Schablone, die sich in der geistigen Welt befindet. Die geistige Welt ist wie ein riesiger Ozean, aus dem alle Erkenntnisse, alle Weisheiten in den Geist und in die Seele eines Menschen oder irgend einer anderen Kreatur hineinströmen. Wie wertvoll wäre es für meine Erdenkinder, wenn sie sich dieser Tatsache bewußt würden. Denn dann würden sie alle winzig klein, dann würden sie demütig, dann stiegen sie von diesem hohen Podest des eigenen "Ichs" herunter und dann erst beginnt der Aufstieg. Solange meine Kinder noch ihr äußeres Spiegelbild lieben und nicht das Spieglein ihrer Seele und ihres Geistes, geht es nicht aufwärts.

Im Zusammenhang mit dieser Odkraft möchte ich euch noch auf einen sehr interessanten Punkt hinweisen. Auch die Farben und die Gerüche haben ihre eigene Odkraft. Es ist daher wichtig, daß ihr auch diese Punkte in eurem Leben beachtet. Es ist nicht ein Zufall, daß in der Gotteswelt die Farben Weiß, Silber und Gold vorherrschen, denn darin liegt die stärkste, die reinste Odkraft. Es liegt mir sehr am Herzen, euch noch einmal auf die Notwendigkeit eurer Ernährung hinzuweisen, die giftfrei sein soll.

Denn wie bereits erwähnt, nimmt eure Seele, die in diesem physischen Körper steckt, nicht nur die Substanz der Nahrung auf und verwandelt sie in Energie, Wärme und verschiedene Organteilchen, sondern gleichzeitig wird auch der geistige Gehalt der betreffenden Nahrung aufgenommen, die

dann, wenn sie nicht giftfrei ist, Störungen verursachen kann. Der Geist wird im Seelenkörper in Disharmonie gebracht und dadurch in seinem Bestreben, diesen Höhenweg zu begehen beeinträchtigt, ja sogar gehemmt. Es bestehen also sehr, sehr bedeutsame Zusammenhänge, die sich wie gesagt auf euren wichtigsten Lebensteil auswirken. Es hat seinen Sinn, daß ich von meinen Werkzeugen diese gänzlich giftfreie Lebensernährungsweise verlange. Je reiner ein Geist ist, desto lichtvoller sind seine Farben, und desto herrlicher ist sein Duft. Als Moses auf dem Berge Sinai das WORT GOTTES vernehmen durfte, wurde er angewiesen, alle Israeliten davon zurückzuhalten, auf diesen Berg zu steigen, da sie in großer Lebensgefahr schweben. Ich will euch auch diesen Zusammenhang erklären:
Wenn Gott mit seiner Odkraft arbeitet, dann könnt ihr das vergleichen mit einem Hochspannungsnetz, das voller Drähte ist, die unter Starkstrom stehen. Wenn dann ein Mensch dieses Feld betreten will, kommt er in dieses Hochspannungsfeld hinein und muß riskieren, daß sein Lebensstrom abgeklemmt wird.
So wie eure Erde ihre Odkraft in Form einer Verdunstung für eure Augen sichtbar macht, indem die Feuchtigkeit sich schleierartig in die Höhe bewegt und sich dann zu Wolken formiert, so ist es mit jeder Art von Od. Aus diesen Wolken entstehen später - wie bekannt ist - Regenfälle, Hagel oder sogar Schnee. Alles ist eine Verdichtung dieses Ods, das sich in der Erde befindet. Wenn im Winter eure Bäche, Teiche, Flüsse oder sogar Seen gefrieren, dann ist das alles nur verdichtetes Od.
In jedem Duft, liegt diese göttliche Odkraft. Es gibt wundervolle Duftströme, die - um nur ein Beispiel zu nennen - beim Moschus über Jahre für euren Geruchssinn wahrnehmbar sind. Um diese Düfte ausstrahlen zu können, braucht es Milliarden von Atomen, die in diesem Dufte liegen und sich dann

verbreiten, um euch Freude zu machen.
Alles von Gott Erschaffene hat den ihm eigenen Odcharakter, sei es nun in Form von Duft, Wärme, Kälte, Farbe, Klang oder Form. Einfach alles besteht aus dieser göttlichen Odkraft, die - wie gesagt - wiederum aus Milliarden von verschiedenen Atomverbindungen besteht. Je reiner ein Lebewesen in seinem Lebenswandel und in seiner Gesinnung ist, desto reiner ist auch seine Odausstrahlung. Es ist nicht umsonst, daß man von meinem Widersacher sagt, daß er mit einem fürchterlichen Gestank aufwartet. Dies mag für euch ein Maßstab sein, um festzustellen, mit was für einem Menschen ihr es zu tun habt, wenn ihr von gewissen Düften umgeben werdet oder von einer Ausstrahlung, die euch zurückschlägt.
Alles, meine lieben Kinder, das emporgezogen ist durch meine Liebeskraft, meine Reinheit, meinen Frieden und diese unendliche Harmonie wirkt angenehm, erquickend, belebend und so strahlend wie meine Sonne.
Es ist wichtig für euch, diese Gesetzmäßigkeiten zu kennen, denn das Od, das in einem Menschen liegt und das von Rasse zu Rasse, ja von Individuum zu Individuum verschieden ist, bleibt für die ganze Ewigkeit bestehen. In diesem Odfeld, das euch umgibt, wird auch alles registriert, denn in ihm liegt auch das geistige Gedächtnis. So wie in jedem Ton, in jeder Farbe etc. diese göttliche Odkraft liegt, so findet ihr sie auch in jedem Tier. Sie ist auch maßgebend für diese Anziehungskraft, die euch dann dorthin bringt, wohin ihr gehört, wenn ihr diesen physischen Leib abgelegt habt.
Der Geist währt ewiglich, und im Augenblick, wo dieser Geist den Körper verläßt, wird er von dieser Odkraft, welche die Schwingung bestimmt, getragen. Das Wunschdenken und der Eigenwille eines Menschen sind dann gänzlich wertlos. Die geistigen göttlichen Gesetze stehen über allem, und kein Wissenschaftler, Theologe, Theosoph, König oder Kaiser vermag diese Gesetze jemals zu ändern.

Mit dieser Odkraft sollt ihr auch in der Pflege eurer Pflanzen und Blumen arbeiten, denn über sie empfindet eine Pflanze eure Liebe, euer Besorgtsein um ihr Wohl. Alles wird ja aufgenommen. Auch wenn ihr es nicht wahrnehmen könnt, existiert dieser Odem GOTTES, dieser Lebensstrom. Auch in den Mineralien, im Sand, in Tonerde, in schwefelsaurer Erde, liegt eine ganz besondere Odkraft. Wenn ihr mit diesen Kräften arbeitet zum Heil der Menschen, dann werdet ihr staunen über die Resultate, die damit erzielt werden können. Es gibt Menschen, die so hoch sensitiv sind in ihrem Schwingungsbereich, daß sie all diese Odströme wahrnehmen können, die in den Energiefeldern um diese betreffenden Stoffe herum liegen. Durch die Einflüsse dieser verdichteten Odkräfte bringen sie dann gewisse äußere Merkmale zum Ausdruck. Auch in den Pflanzen liegen diese wundervollen Odkräfte. Es ist so bedauerlich, daß die heutige Menschheit nicht davon profitiert zum Vorteil ihrer Gesundheit!
Gar nichts wurde von Gott erschaffen, das den Erdenmenschen nicht dienlich wäre. Aber wieviel wird von ihnen zu anderen Zwecken verwendet als zu ihrem Heil! Auch im Tabakblatt liegen Heilkräfte Gottes und was geschieht damit?"

Zum Ende dieses Kapitels möchte ich, um keine Mißverständnisse entstehen zu lassen, die wichtigsten Punkte herausgreifen. Diese Odkraft, oder Odstrom oder auch Odfäden genannt wurde uns bei unserer geistigen Geburt von GOTTVATER eingehaucht. Da alles aus Gott entstanden ist, und es nichts gibt was nicht aus seinem Urlicht entstanden ist, so ist auch alles im Kosmos mit diesem Odlicht umgeben. Nicht nur innen in einem Lebewesen, sondern auch außen, man kann es wie eine Aura darstellen. In ihr ist auch im gewissen Maße unser Schicksal eingraviert. Jeder Planet und jedes Wesen trägt seine spezifische Odkraft in sich. Dieser Kraftstrom wird nie versiegen, selbst wenn wir gestorben sind, werden wir immer noch unsere Odkraft besitzen. Was einmal im Geistigen geboren wurde, bleibt für die Ewigkeit bestehen. So auch dieser Odstrom. In einer anderen Offenbarung sagte unser Weltenlehrer:

"Ihr wißt ja, daß es Milliarden von Sonnensystemen in ähnlicher Art wie das eurige gibt. In ihnen allen liegt eine unermeßliche Odkraft. Aus diesem Grunde kommt es nicht von ungefähr, wenn ein Kind das Licht der Welt erblickt. Nachdem jeder Planet den ihm eigenen Odmantel hat, ist es in Gottes Führung gelegen, jenen Zeitpunkt der Geburt eines Kindes festzulegen, der in das Odfeld des betreffenden Kindes paßt.

Ich habe euch auch schon darauf aufmerksam gemacht, daß ihr alle bei eurer geistigen Geburt diesen Gottesfunken erhalten habt, der ein Bestandteil Gottes ist. Er ist dieses ewige, unendliche, grenzenlose, unsterbliche Liebelicht in euch, denn ihr alle, seid ja aus Liebe von Gott gezeugt worden. Ihr seid das Besitztum Gottes! Es gibt kein Leben ohne diesen "Odem Gottes", der in alles eingehaucht wurde.

Alle Himmelskörper werden durch diesen Odem Gottes in Schwingung gehalten. Nun hängt es von der Konstellation eines Planeten ab, wie stark seine Odkraft auf eure Erde wirkt. Diese Strahlenkräfte treffen sich, entsprechend ihrer Aspektierung, dann intensiver oder gelockerter. Demzufolge wird ein Kind durch die Odkräfte in seiner Konstellation körperlicher Natur sowie in bezug auf seine charakterlichen Eigenschaften beeinflußt.

Selbstverständlich ist der freie Wille eines Menschen stärker als die Kraft dieser Odstrahlen der Weltenkörper. Jedoch zeigen sie eine bestimmte Tendenz an. Auf die gleiche Weise wirken auch all diese Odkräfte im ganzen Universum und All auf die Natur und Kreatur ein. Viele weise Völker kennen diese Gesetzmäßigkeit und beachten sie daher beim Aussäen von Körnern, beim Pfropfen von Zweigen auf Bäumen, sowie in der Zeugung, die von Menschen herbeigeführt wird".

Wir können schon anhand dieser Aussagen erkennen, daß die Odkräfte unserer Planeten - wenn man den freien Willen des Menschen unberücksichtigt läßt - auf unsere weltliche Geburt einen starken Einfluß haben können. Die Astrologie hat sich dieses Wissen schon lange zunutze gemacht, ist aber in ihrer Bedeutung noch nicht ausgereift. Sie sehen schon, daß alles im gesamten Kosmos seine Ordnung hat. Gott ist nicht nur die Ordnung und Gerechtigkeit, sondern auch die Vielfalt und Schönheit.

Die Schöpfung

In diesem Kapitel möchte ich nicht die ganze Schöpfung beschreiben, da sie ja in den vorherigen Kapiteln alles nachlesen können, sondern vielmehr möchte ich da weiter machen, wo die nächste Evolutionsstufe nach dem Natur- und Elementarreich beginnt. Sicher werden sich einige fragen, wie es denn mit den ersten Menschen auf unserer Erde war? Wer waren denn die ersten Quell-Urmütter und Quell-Urväter? Dazu hören wir wieder die Worte unseres Heilands:

"Die erste Urmutter und der erste Urvater waren - wie ihr ja wißt - Adam und Eva. Ich habe euch erklärt, daß sich im Paradies die Versuchung mit der Schlange vollzogen hat. Das war also noch im geistigen Zustand. Anschließend waren sie über Millionen von Jahren auf dieser Erde als Mineralien, Pflanzen und Tiere. Erst nach Jahrtausenden sind dann Adam und Eva, die im Himmel ein Dualpaar waren, in einen menschlichen Körper eingehaucht worden. Als der Zeitpunkt gereift war, wo Adam und Eva reuigen und demütigen Herzens GOTTVATER um Erbarmen anflehten, ihnen doch wieder einen menschlichen Körper zu geben, hat der HIMMLISCHE VATER Legionen von Engeln beauftragt, auf diese Erde - die dann während Äonen fruchtbar geworden ist - herunterzusteigen, um mit der Odkraft der Erde dem Geistkörper Adams eine Hülle zu geben.

Dieses physische Kleid löst sich nach dem Ableben auch wieder auf und wird erneut zu Erde. Es war also nicht in dem Sinne, wie es im Alten Testament niedergeschrieben ist, daß Gott aus Lehm einen Menschen geformt hat und seinen Odem in ihm einhauchte. Der Geistkörper von allen ehemaligen Engelwesen bleibt bestehen. Was immer die Hülle ist, sei es nun eine Rose, eine Palme, ein Baum, ein Stein, ein Mineral, ein Tier, ein Hund oder ein Pferd, der Geist bleibt in seiner Form erhalten! Es ist nur dieses äußere Kleid, das sich än-

dert. Weil dazumal noch kein Medium oder Werkzeug Gottes den Engeln zur Verfügung stand, um mit dessen Od zu arbeiten, haben die Engelwesen diese Lebenskraft aus der Erde genommen. So wie ich euch sagte, daß GOTTVATER vor meiner Geburt zu den Menschen durch eine Wolke oder ein Feuer gesprochen hat, so wurde auch bei der Erschaffung Adams diese Odkraft aus der Erde gezogen und diese hat sich dann kristallisiert.

Adam blieb 300 Jahre alleine auf dieser Erdkugel. Er war im engsten Kontakt mit GOTT, mit allen Engeln sowie mit den Natur- und Elementargeistwesen. Er konnte auch mit den Tieren sprechen. Auch alle Pflanzen haben auf Adams Regungen und Gedanken reagiert.

Nun kam der Zeitpunkt, wo sich Adam nach einer Gefährtin sehnte. GOTT hat ihm alsdann Pflanzen sowie Tiere aller Gattungen vorgeführt, um ihm die Möglichkeit einer Partnerwahl zu geben. Dies möge für euch ein ganz klarer Hinweis, eine deutliche Bestätigung für die Wahrheit dieser Evolutionslehre sein. Kein einziges Geistwesen, das dann noch in einem Tier verkörpert war, war jedoch bereits so reif, auf's Neue in eine menschliche Hülle einverleibt zu werden, mit Ausnahme des Duals von Adam, und das war Eva.

Ihr werdet euch fragen, warum dann Eva nicht gleichzeitig erschaffen worden ist? Eva hatte sich viel schwerer belastet als Adam, weil sie die Verführung war und daher hat es auch länger gedauert, bis sie ein physisches Kleid empfangen durfte. Eva hat sich nicht nur im Paradies, das wie ihr wißt, nur ein Zwischenreich in der geistigen Welt und nicht auf dieser Erde war, mehr versündigt als Adam, sondern schon zur Zeit des Engelsturzes. Ich habe euch einmal eingehend geschildert, wie mein Bruder Luzifer unter den Engeln, um sie auf seine Seite zu bringen, geworben hat. Er hat mit seiner List und Raffinesse u.a. auch die weiblichen Engel angefeuert, daß das keine Gerechtigkeit GOTTES sei, wenn sie

nur ihre Engelskinder betreuen müßten und ihre Männer hinausfliegen und sich mit allen anderen Schöpfungen GOTTES abgeben dürften.
Luzifer hat all diesen weiblichen Engeln vor Augen geführt, daß sie nachher genau das gleiche tun dürften wie ihre Duale. Und Eva war eine der ersten, die sich auf die Seite von Luzifer stellte, denn auch sie wollte etwas mehr als nur Mutter spielen. So hat Luzifer auch bei den Engelwesen, ob nun männlich oder weiblich, die niedere Dienste leisteten, geworben. Auch ihnen hat er versprochen, wenn er der König sei, dann hatten alle das gleiche Recht. Da gäbe es keine dienenden Engel, alle seien dann Fürsten, Eva hat sich dann, wie gesagt, schon damals viel mehr verschuldet als Adam.
Nun, dieser Schlaf, in den Adam alsdann versetzt wurde, ist zu vergleichen mit einem Tieftrance-Zustand. Sein Geist hat also den Körper verlassen und die Engel haben dann aus seinem Körper diese Odkraft gezogen, die notwendig war, um Eva eine Leibeshülle zu geben. Aber wie gesagt, ihr Geistkörper war gänzlich vorhanden. Nur dieses äußere Kleid wurde geschaffen, so wie sich auch ein Geistwesen über ein Materialisations-Werkzeug verkörpern kann. Dann wird diesem betreffenden Medium Lebenskraft entzogen, damit dieses Geistwesen für eure physischen Augen sichtbare Form annehmen kann. So war also auch das Vorgehen bei Adam, um Eva erschaffen zu können. Diese Rippe[6] *- von der im Alten Testament die Rede ist - ist diese Lücke im Lebenskraftstrom von Adam, die wieder geschlossen wurde. Das, geschah durch das Od der Erde, um dieses Odmanko dem Adam zu ersetzen. Die Schriftgelehrten haben daraus diese Rippe gemacht.*
Daher ist es nicht erstaunlich, warum heute so viele Menschen sich von der Hl. Schrift, ja von den meisten Religionen abwenden, weil sie immer wieder auf Widersprüche stoßen und weil sie sich ja dann fragen müssen. "Soll das das

WORT GOTTES sein?" GOTT ist doch nur die Wahrheit, bei IHM gibt es nur einen geraden, klaren, lauteren, reinen Weg. Doch überall finden wir diese unlogischen, unklaren und verwirrten Begebenheiten.
Dieses göttliche Gewebe wurde nicht vom Heiligen Geist gewoben, sondern von Menschenhand.
Nun, meine lieben Kinder, könnt ihr an diesem Beispiel wiederum sehen, wie falsch das Wort GOTTES ausgelegt wurde und wird. Adam und Eva waren nun die ersten Menschen auf eurer Welt und aus ihnen sind Dutzende von Kindern entstanden. Es wird für euch verständlich sein, daß darunter sich auch weibliche Wesen befunden haben, also nicht nur Kain und Abel. Auch Seth wurde z.B. von diesem Erstlingspaar gezeugt. Seth hat sich dann mit einer Schwester verehelicht und aus dieser Ehe sind wiederum Töchter entsprungen. Kain hat sich eine Gattin aus der Familie von Seth gewählt, mit welcher er dann nach der Ermordung seines Bruders Abel nach Afrika geflüchtet ist.
Seine Nachkommen sind auf diesem Kontinent zu finden. Zur Erklärung möchte ich euch vor Augen führen, daß Adam viele Hundert Jahre alt wurde und daß zwischen diesen einzelnen Kindern Hunderte von Jahren liegen. Ich meine damit, daß eine feste Familienzusammengehörigkeit, so wie ihr sie heute pflegt und erlebt, nicht bestanden hat. Das Gefühl der Inzucht ist in diesen Seelen nicht aufgekommen, denn sie standen alle unter dem Wort GOTTES und seiner Führung. Es war zu jenem Zeitpunkt unvermeidlich, daß sich Geschwister heirateten."

Viele werden sich nun fragen, wie ist es denn mit den Neandertalern gewesen, denn sie waren ja auch auf unserem Planet? Ihr habt da völlig Recht, daß diese Rasse auf unserem Planet gelebt hatte. Sie wurde aber nicht von Gott als Menschenrasse bezeichnet, sondern als Tiermenschen. Diese Rasse war die nächste Evolutionsstufe aus dem Affen. Auch hat sich diese Rasse nicht mit den Worten verständigen können, sondern mit Tierlauten. Dann, als Adam in diese menschliche Hülle einverleibt wurde, waren diese Urzeiten vorbei.

Die Zyklen

In den vorherigen Kapiteln, versuchte ich, so einfach wie möglich, die ganze Evolutionsgeschichte nicht nur der Menschen, sondern auch des Kosmos näher zu bringen. Sicher werden sich einige fragen, warum konnten wir bisher von diesen Lehren nichts erfahren? Ihr könnt es mit einer Firma vergleichen, in der ihr eure Lehrzeit, Gesellenzeit und Meisterzeit verbringt. Es wird ja auch nicht gleich das Wissen eines Gesellen vermittelt, wenn ihr euch gerade in der Lehrzeit befindet. Oder wenn ihr Gesellen seid, wird euch auch nicht gleich das Wissen eines Meisters vermittelt. Erst müssen die Menschen soweit sein, um alles mit ihrem Bewußtsein zu verstehen. Diese Lehren sind zu kostbar, um in falsche Hände zu kommen. Außerdem hat auf unserer Erde auch immer wieder der Widersacher seine Finger im Spiel. Es ist darum höchste Vorsicht geboten, damit diese Lehren nicht mißbraucht werden. Denn das würde den Menschen in seiner Entwicklung Hunderte ja sogar Tausende von Jahren zurückwerfen. Alles braucht seine Zeit und seinen Platz.

Doch bevor ich zu den einzelnen Zyklen und Stufen der Menschheit komme, möchte ich noch einige Anmerkungen machen. Die vorangegangenen Kapitel haben die Evolution des Kosmos und der Menschwerdung beschrieben. Auch wurde immer wieder das Ätherreich und das Astralreich angesprochen. Alles ist ein Bewußtseinszustand, das die nächsten Stufen, nach der Materie darstellt. Daher müßt ihr alles geistig sehen. Ihr werdet es mit euren Augen nicht sehen können, doch bedeutet das noch lange nicht, daß es nicht existiert. Denn so wie ihr eure Gedanken nicht seht oder hört, existieren sie dennoch und keiner bezweifelt ihre Existenz. So ist es auch mit den ätherischen oder geistigen Bereichen. Selbst wir Menschen haben außer unserem physischen Körper noch weitere. So gibt es einen Ätherkörper, einen Astralkörper, einen Mentalkörper, einen Kausalkörper, einen Seelenkörper und einen Geistkörper. Alle sieben Körper, mit dem physischen Körper zusammen, bilden die Grundlage für unser Dasein. Doch um euch die Menschwerdung und die einzelnen Zyklen zu erklären, lasse ich wieder Christus zu Worte kommen:

"Es gibt nichts auf eurer Welt, das nicht seine Entsprechung hat in der geistigen Welt. So ist es auch in dieser Menschwerdung. Um diesen Erdkörper sowie alle anderen Planeten im All bilden zu können, bedurfte es Kraft und göttliche Energie. Die Erde befindet sich im Augenblick in ihrer vierten Entwicklungsphase. Für jede sogenannte Epoche oder Runde bedarf es sieben Entwicklungsphasen, bis eine Planetenkette abgeschlossen ist. Die Zahl sieben geht durch die ganze göttliche Schöpfung.

Ich möchte euch nun erklären, was sich in diesen verschiedenen Zyklen abgespielt hat. Die erste Runde oder Epoche, wie immer ihr diese Periode bezeichnen mögt, spielte sich, wie vorher erwähnt, in der Ätherebene ab. Der Astralkörper wurde in den physischen Zustand gebracht. Diese Epoche wird als Marskette bezeichnet. Damit sollt ihr jedoch nicht den Trabanten Mars identifizieren. Während jener Zeit waren die Menschen körperlos, d.h. sie waren damals auf der Stufe des Mineralreichs. Der Körper, den sie besaßen, wurde der Planetenkette entsprechend als Marskörper bezeichnet.

Die nächste Epoche spielte sich in der Mentalebene ab und zwar in gasförmiger Form. Die Menschen bekamen einen Sonnenleib, weil sich die Erde in der Entwicklungsstufe der sogenannten Sonnenkette befand. Dieser Sonnenleib war empfänglich für die Sonnenkraft, um wachsen, gedeihen und sich auch vermehren zu können. Dazumal befand sich die Menschheit auf dem Pflanzenmilieu.

Die nächstfolgende Epoche, die dritte in der Entwicklung der Erde, wird als Mondkette bezeichnet. Die Menschen haben während jener Phase einen Mondkörper getragen. Von dieser Zeit her stammt auch das Wort "Mondkalb", das heute noch in euren Mystikschulen bekannt ist. Die Menschheit

hatte während dieser dritten Epoche einen Tierkörper. Der Intellekt war noch nicht ausgebildet. Dieser wurde erst im vierten Zyklus, in dem sich eure Erde nun befindet, herangebildet. Während der ganzen Entwicklung der Erde und Menschheit sind im Strahlenbereich sämtlicher Himmelskörper Niederschläge entstanden.
Wenn nun ein Kind gezeugt wird, dann schweben diese verschiedenen Körper über dem Embryo, das durch die Verbindung von Spermien mit dem Ei entsteht. Ich habe euch in einer früheren Botschaft dargelegt, daß ein Geistwesen, in dem alle diese genannten Körper enthalten sind, sich das Elternpaar selbst aussuchen kann, wenn es für eine Inkarnation bestimmt ist. Es werden ihm dann ca. 4-7 Vorschläge zur Wahl unterbreitet. Das wird für euch sehr schwer zu glauben sein, doch ist es wichtig, daß ich euch immer mehr in diese wunderbaren Zusammenhänge einführe. Bei einer früheren Gelegenheit habe ich euch auch darauf aufmerksam gemacht, daß der Mensch, neben seinem physischen Leib, Seele und Geist in sich trägt. Der Geist ist in der Seele und um die Seele herum liegt diese physische Hülle. Geist und Seele enthalten jedoch in sich weitere Körper, u.a. den Kausalkörper, der alle ursächlichen Begebenheiten in sich trägt, die sich während der Existenz eines Kindes seit seiner geistigen Geburt im Jenseits bis zum heutigen Zeitpunkt ereignet haben. Der Mentalkörper, der auch in dieser Zweiheit von Seele und Geist liegt, ist Träger all jener geistigen Zusammenhänge, die sich im Laufe der verschiedenen Erdenleben eines Menschen abgespielt haben.
Der Sonnenleib, der - wie gesagt - in der zweiten Epoche gebildet wurde, verbindet sich zum Zeitpunkt der Zeugung eines Kindes mit dem Marskörper. Der Fötus erlebt im Mutterleib die Entwicklung, welche er über Äonen genommen hat, nur abgekürzt auf diese neun Monate. Zuerst ist dieses Embryo wie ein Stein, dann bildet sich daraus eine Knospe

mit Wurzeln und zwei Keimblättern[7]. Das ist wiederum die Phase der Pflanze. Alsdann beginnt sich aus dieser Pflanze ein Tierkörper zu bilden. In der letzten Entwicklungszeit entsteht der Menschenkörper in seiner vollen Schönheit und Vollkommenheit. Im neunten Monat wird ganz besonders der Intellekt eines Kindes gebildet. Die Zeit der Geburt ist von ausschlaggebender Wichtigkeit, weil in jener Minute, in der das Kind den ersten Atemzug macht, die Strahlenkräfte der Planeten eures Sonnensystems ganz besonders intensiv wirken. Sehrwohl sind bereits Einflüsse während der Zeugung da und in der Entwicklungsphasen von neun Monaten. Jedoch das, was mit dem Geist in diesen Kinderleib eingehaucht wird, ist ausschlaggebend für die Entwicklung eines Kindes. Ich will euch nun erklären warum:

Die Sonne trägt die goldene Farbe und den Stoff des Goldes in sich. Wenn sie bei der Geburt eines Erdenkindes in einer günstigen Konstellation am Firmament steht, dann fließen ihre Strahlen mit ganz besonderer Intensität in dieses Kindlein hinein und wirken sich auch im physischen Bereich aus. Herz und Galle funktionieren dann wunderbar bei einem Kind. Ist die Sonne jedoch in einer schlechten Aspektierung, dann gibt es bei diesem Geschöpflein Störungen in den genannten Organen, auch im Blutdruck. In der Sonne liegt auch Eitelkeit und Hochmut. Alle diese Eigenschaften können sich dann im Kinde auswirken, selbstverständlich nicht nur im negativen, sondern auch im positiven Sinne, denn Hochmut kann in Demut verwandelt werden und Eitelkeit in Bescheidenheit.

Der Mond ist maßgebend für die Gefühle eines Menschen. Er trägt in sich das Silber und die silberne Farbe. Wenn die Mondstellung am Firmament ungünstig ist, dann entwickeln sich in diesem Kindchen Leidenschaften. Bei guter Konstellation wird ein sehr gefühlsbetonter, liebevoller Mensch heranwachsen.

Merkur trägt in sich den Stoff Quecksilber. Er überträgt die Sanftmut. Wenn er in einer vorteilhaften Aspektierung steht, dann wird dieses Erdenkind die guten Eigenschaften, die aus diesem Planeten strömen, annehmen. Es wird selbstlos, ja voller Opferfreude, dem Nächsten dienen. Ein Mensch aber, der von Merkur schlecht bestrahlt wird, ist in allem sehr bequem und dadurch entstehen auch gerne Lungenschäden.

Jupiter trägt den Stoff Zinn in sich. In ihm liegt die Willenskraft, die er übertragen kann auf ein Menschenkind. Auch hier hängt es wiederum davon ab, wie die Aspektierung zum Erdenball ist. Wenn diese Zinnteilchen, die in diesen Jupiterstrahlen liegen, negativ sind, dann wird der Wille dieses betreffenden Kindes schlecht gelenkt, d.h. er ist geschwächt und kann sich dann in Geisteskrankheiten auswirken. Wenn diese Jupiterstrahlen gut, bzw. positiv fließen, dann vermag sich dieser Mensch mit seinem massiven, starken Willen in den Dienst der Menschen zu stellen. Er wird ihnen Ratschläge zu einer besseren Lebensführung geben können.

Mars beinhaltet Eisen und das Eisen ist rot. In ihm liegt die kreatürliche Aggressivität, die umgepolt werden soll in Liebesdienste. Seine Einflüsse können bei einem Menschen im gesundheitlichen Bereich Störungen in der Haut verursachen. Auch die Allergien liegen in diesem Bereich. Ein Kind, das unter einer guten Einstrahlung von Mars ist, wird gar keine diesbezügliche Unannehmlichkeiten erleben müssen.

Venus trägt Kupfer in sich. Auch dieses Metall wirkt sich in einem Menschen aus. Die Sensibilisierung des Nervensystems ist von großer Bedeutung. Wenn die Einstrahlung im positiven Sinne ist, dann wird dieses Menschenkind einen ruhigen, gelassenen Charakter haben. Das Gegenteil davon ist eine Überreizung im ganzen Nervensystem.

Saturn trägt in sich Blei. Er ist der Planet des konkreten Denkens und wenn auch hier wiederum diese Einflüsse gün-

stig liegen, dann wird das werdende Kind logisch, klar und wahr denken können. Andernfalls mangelt es ihm am Denkvermögen.

Ich erkläre euch diese Zusammenhänge, damit ihr klar erkennen könnt, daß alles im göttlichen Plan einen Sinn hat. Wenn die Geburtsminute eines Kindes bestimmt ist von Gott, dann sollte es nie zugelassen werden, daß die Geburt eingeleitet wird, denn dadurch entsteht eine Mißbildung in der geistigen Substanz eines Kindes. Nur weil ein Arzt sein Wochenende ungestört verbringen will, werden werdende Mütter oft fast gezwungen, früher ihr Kindchen zu gebären. Das ist ein Eingriff in den göttlichen Plan.

Diese verschiedenen Strahlenkräfte der sieben erwähnten Planeten - Pluto und Neptun spielen keine so große Rolle - sind abgestimmt auf die Entwicklung des betreffenden Kindes während Äonen. Denn zur Bildung seines Körpers im Mutterleib werden laufend die Strahlen der betreffenden sieben Himmelskörper, die innerhalb eures Sonnensystem liegen, für den Aufbau verwendet. Eure Ärzte glauben, daß dieser Vorgang nur auf die Enzyme, Gene und Chromosomen zurückzuführen ist. Es gibt jedoch keine Enzyme, Gene und Chromosomen ohne diese Strahlen, die für euch nicht wahrnehmbar und daher kausal auch nicht meßbar sind. Die verschiedenen Körper, worunter ich jene zählen möchte, die mit der Entwicklung des Menschen zusammenhängen - diese Mars-, Sonnen-, und Mondkörper - bleiben unausgelöscht. In ihnen liegen alle Gefühle, Gedanken, Worte und Handlungen eines Menschen, der vormals nur Geist war. Ihr wißt ja, daß ihr in der geistigen Welt erschaffen worden seid als Engel. Durch den Sturz Luzifers mit seinen Anhängern aus dem Lichte ist dann über Milliarden von Jahren diese Erde entstanden. So ist diese Entwicklung zu verstehen vom Stein zur Pflanze, dann zum Tier und zum Menschen. Wenn diese Erdenkette abgeschlossen ist, was erst der Fall sein wird, wenn drei

weitere Phasen durchlaufen worden sind, dann ist dieser Planet, auf dem ihr lebt, verfeinstofflicht. Die Rotationsgeschwindigkeit der Erde hat sich im Laufe ihrer Entwicklung schon mehrmals geändert, auch ihre Größe.
Ich habe euch erklärt, daß sieben Prinzipien in der physischen Welt ausschlaggebend sind für die Entwicklung eines Menschen in seiner ganzen Substanz. Diese sieben Stoffe sind verbunden mit Sonne, Mond, Mars, Jupiter, Venus, Saturn und Merkur. Ein jeder dieser Himmelskörper trägt Stoffe in sich, die sich auf euch auswirken.
Die Zahl sieben spielt in der göttlichen Schöpfung eine entscheidende Rolle!
Nun will ich euch in groben Zügen schildern, was vor sich geht, wenn ein Embryo gezeugt wird und sich nachher zu einem Kinde entwickelt. Ein jeder von euch weiß, daß jeder Mensch wiedergeboren wird, d.h., daß er so oft wieder auf der Erde inkarniert wird, bis er in seinem ganzen Sein so rein, lieb, edel, lauter, fein, vornehm und gut geworden ist, daß er in himmlischen Schwingung leben kann. Alles, was ein Mensch an Empfindungen, an Gefühlen, an Gedanken, an Worten und Taten erlebt, schlägt sich im sogenannten Kausalkörper nieder. Das, was sich ein Mensch zu eigen macht im Laufe eines Erdenlebens, wird zu seiner Eigenschaft. Und diese Eigenschaften sind im Kausalkörper manifestiert.
Der Kausalkörper schickt nun einen Kraftstrahl in die Mentalwelt. Dort bildet sich der Brennpunkt, der alle Stoffteilchen mentaler Natur, die in dieser Mentalebene herumschweben, anzieht. Daraus entsteht dann der Mentalkörper, in dem jene Substanzen liegen, die mit dem Denken eines Menschen verbunden waren. Demzufolge könnte man diesen Mentalkörper auch als Denkkörper bezeichnen. Es wird euch verständlich sein, daß der Kausalkörper mit seiner Strahlenkraft nur jene Teilchen mentaler Natur anziehen kann, die seiner persönlichen Substanz entsprechen.

Eine Eigenschaft entwickelt sich durch das Fühlen, Empfinden, Denken, Sprechen und Handeln eines Menschen. Es ist somit ein Reflex entstanden vom Kausalkörper zum Mentalkörper. Diese beiden bilden zusammen eine Kraft, die sich wiederum im Schöpfungsplan Gottes auswirkt. Alles was in ihnen an Gehalt liegt, projeziert sich nun auf den Astralleib. Es ist der dritte, der über euch geschwebt ist. Wenn nun ein Embryo im Mutterleib zu wachsen beginnt, dann bildet sich zuerst noch ein weiterer Körper und zwar ist es der Ätherleib, der aus dem Sonnenkörper entstanden ist, den ihr vor Äonen einmal getragen habt. Er schwebt dann über diesem Fötus und strahlt seine ganze Substanz in ihn hinein. Wenn im Mutterleib der Zeitpunkt gereift ist, dann erfolgt die Verbindung vom Sonnenleib, der als Ätherkörper über dieser Leibesfrucht schwebt, mit dem Marskörper. Das ist jener Evolutionszyklus, wo aus dem Stein - wenn ihr eure Gedanken viele Äonen zurückschweifen laßt - eine Pflanze geworden ist, wie ich es schon erwähnt habe, mit den Würzelchen und Keimblättern. Neben diesen fünf Körpern trägt ein jeder von euch den Seelen- und Geistkörper in sich. Der Geistkörper hat sich zum ersten Mal in eurem Marskörper manifestiert, als sich die Erde im ersten Entwicklungszyklus befand. Er ist der Gottesfunke in euch.

Der Seelenkörper schließt dann, wenn ihr diese physische Leibeshülle verlaßt, alle anderen fünf Körper in sich ein. Der Marskörper verbindet sich mit dem Sonnenkörper zum Zeitpunkt der Geburt und bleibt mit ihm bis zum siebten Lebensjahr eines Kindes verbunden.

Wenn Menschen vom Astralleib sprechen, dann ist damit immer die Verbindung von allen Körpern in einem gemeint.

Selbstverständlich wird bei jeder neuen Einverleibung eines Menschen auf dieser Erde ein neuer Astral-, sowie ein neuer Mentalkörper gebildet. Seele, Geist, Marskörper und der Kausalkörper bleiben stets erhalten. Von den weiteren Kör-

pern habe ich euch erklärt, daß die aus den anderen entstehen.
Ihr werdet euch fragen, was Eltern denn beitragen können, um ein Kind in eine geistige Bahn zu lenken. Liebe Kinder! Wenn ein Elternpaar von diesen Zusammenhängen, die ich euch nun geschildert habe, Kenntnisse hat, dann werden sie schon sehr frühzeitig darauf achten, daß in einem Kind keine Mängel an den Mineralstoffen und Spurenelementen entstehen, die in diesen sieben Himmelskörpern liegen.
Wenn z.B. die Konstellation des einen oder anderen Planeten ungünstig war, dann wird ein Kind mit einem Mangel an Eisen, Kupfer oder einem anderen Stoff geboren. Dies wirkt sich aus auf die ganze Konstitution eines Menschen, auch auf sein Denken, wobei ich jetzt nicht an Eisen oder Kupfer denke, sondern an viele andere Stoffe, die dafür maßgebend sind. Das ist nur ein Beispiel von vielen. Es ist auch die Aufgabe der Eltern, ein Kind genau zu beobachten und gewisse Gesten und Gewohnheiten, die es schon sehr früh an den Tag legt, zu korrigieren, es anzuhalten, dies oder jenes zu lassen oder zu tun.
Es ist die Aufgabe der Erzieher, daß ein neu auf die Erde gebrachtes Menschenkind lernt, sich von all diesen Untugenden, die es aus früheren Leben mitgebracht hat, zu lösen.
Wir in der Gotteswelt, meine Kinder, damit meine ich GOTTVATER, die Engel und auch mich, sind nur von einen Wunsche beseelt, euch alle wieder in eurer wahren Heimat zu sehen. Diese ganze Entwicklung ist zurückzuführen auf den Fall Luzifers.
Über die Eigenschaften, die von den verschiedenen Himmelskörpern in einen Menschen hineingestrahlt werden, habe ich euch berichtet. Ich möchte nur noch erwähnen, daß der Mentalkörper, dieser Denkkörper, der aus dem Kausalkörper sozusagen durch seine Strahlenkraft entstanden ist, ausschlaggebend ist für die geistige Substanz eines Menschen.

Es können nur jene Stoffteilchen aus dieser Mentalwelt angezogen werden, die wiederum der Substanz des ehemaligen Mentalkörpers entsprechen. Wenn sie ungut und unrein sind, dann besteht die Gefahr, daß ein solches Kind unter Epilepsie, Schwachsinn und anderen Geisteskrankheiten leiden könnte. Auch das Nerven- und Gemütssystem eines Menschen wird dadurch beeinflußt.
Es liegt mir sehr am Herzen, daß ihr alle meine Hinweise verarbeitet, daß ihr euch bewußt werdet, was ihr für eine Verantwortung tragt, daß alles, was ihr im jetzigen Leben an Unschönem, Unreinem und Ungutem ablegen könnt, euch in eurer Entwicklung weiterbringt.
Ich habe euch einmal gesagt, daß alles auf Schwingung beruht, gar nichts verloren geht und sich alles niederschlägt in der geistigen Welt. Diese Strahlenkräfte, die dann jedes Teilchen in sich tragen, reflektieren sich bei der Bildung eines neuen menschlichen Körpers.
Das ist das Gesetz der Entsprechung, wie oben so unten.
Und mit dem Oben ist die geistige Welt und mit dem Unten ist eure Erde, auf der meine Erdenkinder leben, gemeint. Diese Wechselbeziehung von Geist und Materie ist ein unumstößliches, ewiges Gesetz. Unermüdlich sollt ihr an euch arbeiten und alle schwachen Punkte in euch eliminieren. Sie werden euch verfolgen, bis ihr sie überwunden habt, selbst wenn ihr noch Dutzende Male wiedergeboren werden müßtet. Seht stets das Leitbild, GOTT, vor euch, dann wißt ihr, was gut und was böse ist! Solange ein Gewissen, das die Stimme Gottes ist, nicht im göttlichen Sinne gepflegt wird, ist darauf kein Verlaß, denn es ist eine Messerschneide. Die eine Fläche ist gut und die andere ist böse.
Mein Widersacher arbeitet auch über die Gewissensstimme, nicht nur Gott. Und nur jene Menschen, die einen erleuchteten Geist haben, weil sie voller Weisheit, Liebe und Hingabe sind, können diese Stimmen unterscheiden. Ja, es ist ein wei-

ter Weg, doch wird er abgekürzt durch eure tiefe Liebe zu Gott und zum Nächsten." Soweit die Aussagen unseres Meisters.

Die Reinkarnation

Von vielen Seiten, selbst von der sog. intellektuellen Seite, werde ich immer wieder befragt, ob es eine Wiedergeburt des Menschen gibt, oder ob der Mensch nur einmal lebt. Ich möchte das mit einem eindeutigen "Ja" beantworten: Es gibt das Phänomen der Reinkarnation, d.h. Wiuedergeburt. Mittlerweile gibt es Tausende von Protokollen, die eindeutig belegen, daß der Mensch nicht nur einmal, sondern mehrere Malegelebt hat. Auch die Heilige Schrift hat einige Hinweise in ihrem Buch, die eindeutig auf diese These hinweisen. Doch bevor ich zum eigentlichen Thema komme, möchte ich die Worte zitieren, die uns der Heiland selbst über den Koran berichtete:

> *"Die Wahrheit, die Erzengel Gabriel, Mohamed übermittelt hatte, wurde nach seinem Tode revidiert. Er war ein Prophet im sechsten Jahrhundert und starb im Jahre 632. Bereits 18 Jahre nach seinem Tode wurden seine Niederschriften, die nicht nur wichtige Bestandteile aus der christlichen, sondern auch aus der israelitischen Religionssubstanz enthielten, geändert. Dieser Othmann, der sich damit verschuldet hat, ist in der Finsternis. Ja, so ist es auch mit der Heiligen Schrift geschehen. Jene, die sich berufen fühlten und glaubten, vom Heiligen Geiste erleuchtet zu sein, haben wissentlich, ja willentlich, meine Wahrheit verstümmelt, um sich dadurch eigene Lorbeeren aufzustecken."*

Es ist für viele Menschen unverständlich, daß es eine Wiedergeburt geben soll. Doch zuerst möchte ich ihnen noch stärker vor Augen führen, daß es ein göttliches Gesetz ist, daß erst der Mensch gereinigt werden muß, bevor er in das Himmelreich eingehen kann und damit war die Wiederverkörperung als Reinigung gemeint. In vielen Schriften, selbst in unserer westlichen "Heiligen Schrift", steht nicht die absolute Wahrheit. Ich habe Ihnen eingangs erklärt, daß viele bewußte Manipulationen und auch Übersetzungesfehler gemacht wurden. Die wahren Schriften, dazu zählen auch das 6. und 7. Buch Mose, sind noch nicht gefunden und werden auch in absehbarer Zeit nicht auffindbar sein, denn die heutige Menschheit ist noch nicht soweit, daß sie diese Weisheiten in sich aufnehmen kann, geschweige denn überhaupt versteht. Sehrwohl gibt es verschiedene Schriften die niedergeschrieben sind, sie wurden jedoch alle durch Medien übermittelt. Doch die wahren Schriften, die das Leben Jesu von der Geburt bis zum Tod darstellen, sind noch nicht gefunden.

Selbst in der Bergpredigt, die Jesus gehalten hatte, wurden einige Übersetzungsfehler gemacht, auf die ich hinweisen möchte. Wie Ihr wißt heißt es: "Selig, die arm im Geiste, denn Ihrer ist das Himmelreich." Das ist eine völlige Unwahrheit. Jesus sagte: "Selig die um des Geistes Willen arm sind, denn ihrer ist das Himmelreich." Seht Ihr, wie es einen anderen Sinn ergibt. Wir können die Schriften nicht mehr als Alibi benutzen. Denn durch die Manipulationen, werden sie nie die ganze Wahrheit widerspiegeln.

Das Herz allein, und damit meine ich auch das geistige Herz, kann die Wahrheit erfassen. Mit diesen Worten wollte ich auch bekunden, daß wir nicht nur aus dem Gelesenen eine Wahrheit machen können, sondern wir sollten immer unser Herz befragen, ob wir es glauben können oder ob es uns nur der Verstand einflüstert. Der Verstand ist begrenzt und kann uns immer wieder in die Irre führen. Unser Herz steht in konstanter Verbindung mit dem Himmel. Darum sagte Jesus: "Haltet mir meine Wohnung rein." Damit meinte er unser Herz. Die Reinkarnation wurde selbst von den höchsten Lehrern und von den erleuchteten Wesen, die auf unserer Welt gelebt haben, immer wieder gelehrt.

Sicher werden mir einige entgegen halten, daß nirgendwo steht, daß es eine Wiedergeburt gibt. Darauf möchte ich antworten, daß es nicht nur die zehn Gebote gibt, die Moses bekommen hatte, sondern zwölf. In den beiden anderen waren die Hinweise enthalten, die eine Wiedergeburt beinhalten. Ich habe euch gesagt, daß ihr nur mit dem Herzen reden und denken sollt. In der Bibel der westlichen

Lehre als auch im Koran in der östlichen Lehre wurde es immer wieder festgehalten.

Ich möchte mich zunächst auf die westliche Lehre beschränken und die Bibel durchstöbern, ob es nicht doch einige Hinweise darauf gibt. Als Lazarus gestorben war, wurde Jesus gerufen und man sagte zu ihm: "Herr, wenn du hier gewesen wärst, würde Lazarus noch leben und wäre nicht gestorben". Darauf antwortete er den Seinen: "Er ist nicht gestorben; er schläft nur." Sie verstanden seine Worte nicht und belächelten ihm. Wieso konnte Jesus sagen, daß er schläft? Denn wer schläft, kann ja wieder aufstehen und erwachen! Könnt ihr hier schon einige Hinweise entnehmen? Das Sterben und Wiedergeborenwerden ist wie ein Einschlafen und Erwachen, dazwischen liegt ein Traum. Dieser Traum läßt sich nicht mit physischen Geräten oder Apparaturen beweisen und doch können sich viele an diesen Traum erinnern. Ich möchte damit bekunden, daß nicht alles mit Geräten gemessen oder erklärt werden kann und doch ist es Wirklichkeit.

Es würde im Gegensatz zu Gottes Gerechtigkeit stehen, wenn es keine Wiedergeburt geben würde. Jeder könnte ja sonst tun und lassen was er möchte und müßte für seine Taten keine Rechenschaft ablegen. Kennt ihr den Satz: "Was du säst, wirst du ernten!" Wenn jemand in seinem ganzen Leben böse und ungute Taten vollbringt und stetig wissentlich oder auch unwissentlich die geistigen Gesetze verletzt und ständig Menschen mißhandelt oder ermordet und nie gefangen wird, wie soll ihm Gerechtigkeit widerfahren, wenn man glaubt, daß nach dem Tod alles vorbei ist?

Es besteht auch sehr viel Verwirrung in bezug auf das Jüngste Gericht. Viele behaupten, daß der Mensch, wenn er gestorben ist schläft, und nur am Jüngsten Gericht auferstehen wird. Das Jüngste Gericht, liebe Leser, findet dann statt, wenn ihr die physische Hülle verlassen habt und euch in der geistigen Sphäre nach dem Tode befindet. Dort wird durch die 24 Ältesten am Throne Gottes gerichtet, welche Verdienste sich der Mensch in seinem Leben erworben hat und wo er eingegliedert wird. Diese Eingliederung wird aber nur dann erfolgen, wenn er an Gott geglaubt hatte. Ansonsten wird er im Zwischenreich noch an der Materie hängen. Der freie Wille des Menschen ist von ausschlaggebender Bedeutung und wird selbst vom Himmel nicht angetastet. Kennt ihr den Ausdruck: "Wo dein Herz ist, dort wirst du sein." Ich sage euch, das ist ebenfalls ein Kriterium für den freien Willen. Selbst wenn ihr die grobstoffliche Hülle nach eurem Tod verlaßt, liegt es ganz bei euch, wo ihr eingegliedert werdet.

Weil es gut zum Thema Tod und Wiedergeburt paßt, möchte ich auf die Unsitte die Verbrennung hinweisen. Es stellt für den einzelnen Verstorbenen eine seelische Qual dar, wenn er zwar gestorben ist, aber trotzdem noch sehr an der Materie hängt. Wenn derjenige stark erdgebunden ist, wird sich der Loslöseprozeß von seinem physischen Körper über Wochen, ja sogar über Monate hinziehen. Wenn dann die Menschen hergehen und mit Gewalt, d.h. mit Verbrennen der Leiche, zur Loslösung zwingen und der Betreffende jedoch noch nicht bereit dazu ist, wird es eine seelische Narbe geben.

Es wird vielen verwunderlich vorkommen, wie ich über die Reinkarnation schreibe, doch ist in den Schriften das Beispiel erwähnt, vom Armen und vom Reichen, die gestorben sind. Der eine kam in dem Himmel und der andere in die Läuterung. Ich möchte jedoch nicht das Wort Hölle gebrauchen, denn die existiert, so wie es den Gläubigen beigebracht und erläutert wird, nicht. Dem Jüngsten Gericht kann niemand entgehen und jeder wird nach seinen Verdiensten gerichtet. Doch nicht die eigenen Verdienste, sondern die Verdienste am Nächsten sind der Maßstab.

Ein starkes Mitglied unserer "Universellen weißen Bruderschaft", das auf dieser Erde gelebt hat, und erst vor kurzen gestorben ist, war Omraan Mikhael Aivanhov. Aus seinen Büchern, möchte ich nun die folgende Geschichte entnehmen.

Wenn man in den Evangelien weiterliest, so wird man unweigerlich auf ein Kapitel stoßen, in dem Jesus seine Jünger fragte: "Wer, sagt man, daß ich sei?" Darauf antworteten die Jünger: "Die einen sagen, Du bist Johannes der Täufer, andere sagen, Du bist Elias, wieder andere meinen, Du bist Jeremias oder einer der Propheten." Seht ihr hier schon die Hinweise, die auf eine Wiedergeburt hinweisen? Wieso konnten die Jünger sagen, daß Jesus jemand sei, wenn die genannten Personen alle schon gestorben waren, wenn sie nicht an die Wiedergeburt geglaubt hätten?

Eine andere Geschichte handelt von Johannes dem Täufer. Jesus wurde zugetragen, daß einer seiner Jünger, Johannes, von Herodes gefangen genommen wurde. Jeder wunderte sich, daß er nichts unternahm um Johannes Beistand zu leisten und nach Galiläa zog. Kurze Zeit später wurde dann Johannes auf Befehl von Herodes geköpft.

Die Jünger Jesus fragten auch: "Warum heißt es in den Schriften, daß Elias zuerst kommen soll?" Er antwortete: "Es ist wahr, daß er der Erstgeborene ist. Elias war unter uns und sie haben ihn nicht erkannt. Er war der Wegbereiter für das Licht und sie machten mit ihm was sie wollten. Unter allen die vom Weibe geboren sind, ist keiner *auferstanden* der größer ist als Johannes". Nach diesen Worten erkannten sie, daß Johannes Elias war.

Selbst als der Erzengel Gabriel Zacharias, dem Vater von Johannes, erschien sagte er: "Deine Frau Elisabeth wird einen Sohn gebären und er wird gehen vor Gott mit dem Geist und der Macht von Elias"[8]

Wenn wir die Geschichte noch weiter zurück verfolgen, so können wir das Leben des Propheten Elias betrachten.

Elias lebte zur Zeit des Königs Ahab. Ahab hatte Isebel, die Tochter des Königs von Sidon, geheiratet und folgte ihretwegen dem Kult des Gottes Baal. Elias trat vor den König Ahab, warf ihm Untreue gegen den Gott Israels vor und sagte: "Es soll dieses Jahr weder Tau noch Regen kommen, ich sage es denn". Daraufhin ging er und verbarg sich auf Gottes Anweisung in den Bergen, um den Häschern des Königs zu entkommen. Nach drei Jahren Trockenheit hatte das ganze Land großen Schaden erlitten und Hungersnot quälte das ganze Volk. Nun schickte Gott Elias wiederum zum

König Ahab. Als dieser ihn erblickte, beschimpfte er ihn und warf ihm vor, die Ursache dieser Dürre zu sein. "Nein!" entgegnete der Prophet, "Du selbst bist schuld daran. Du hast den Allmächtigen verlassen, um Gott Baal zu verehren. Wir wollen jetzt einmal sehen, wer der wahre Gott ist. Befehle alle Propheten auf den Berg Karmel und ich werde dir beweisen, daß unser Gott der wahre ist." So geschah es und Elias sprach: "Jetzt hole man zwei Stiere, wir werden zwei Altäre herrichten, einen für Baal und einen für den ewigen Herrn. Die Propheten sollen Baal anrufen und ich werde den Namen des Herrn anrufen. Der Gott, der mit dem Feuer antwortet, ist der einzig wahre!"

Die Propheten riefen von morgens bis mittags ihre Beschwörungen: "Baal... Baal... Baal... antworte uns!" Aber es kam kein Zeichen und Elias machte sich über sie lustig: "Schreit ein bißchen lauter, damit er euch hört, er mag anderweitig beschäftigt sein, gerade auf Reisen sein oder vielleicht schläft er!" Die Propheten verstärkten ihre Rufe und da sie der Magie kundig waren, schnitten sie sich ins Fleisch und hofften, daß durch das fließende Blut Wesenheiten und Elementargeister angezogen werden könnten, die das Feuer auf dem Altar entzünden würden. Aber nichts geschah. Danach nahm Elias 12 Steine und errichtete damit einen Altar, um den ein Graben geschaufelt wurde, dann legte er Holz und den in Stükke geschnittenen Stier darauf, ließ alles mit Wasser übergießen und auch den Graben vollaufen. Dann war alles bereit und Elias rief zum Herrn: "Herr, Gott Abrahams, Isaaks und Israels, lasse heute kund werden, daß Du Gott in Israel bist und ich Dein Knecht, und daß ich solches alles nach Deinem Wort getan habe!" Da brach ein so starkes Feuer vom Himmel herab, daß nichts übrig blieb, weder Opfer, Holz, Steine noch Wasser. Das furchterstarrte Volk erkannte den Gott von Elias als den wahren Allmächtigen an. Darauf hin ließ Elias, der vermutlich ein wenig zu stolz auf seinen Erfolg war, die 450 Propheten Baals zu einem reißenden Bergstrom führen, wo er sie alle köpfen ließ.[9]

Elias wurde später vom Himmel in einem Flammenwagen abgeholt, so daß niemand seine Leiche finden konnte. Später, als Elias wieder auf der Erde inkarnierte, wußte er, daß er als Johannes die Schuld büßen mußte. Selbst Jesus hat nicht eingegriffen und hat Johannes nicht aus dem Kerker des Herodes befreit, denn er wußte, daß selbst himmlische Wesen an das Gesetz gebunden sind und es nicht umgehen können. Er wurde als Johannes geköpft, da er als Elias selbst die Hinrichtung der Propheten Baals veranlaßt hatte. Das Gesetz bleibt das Gesetz. Selbst Jesus sagte über Johannes zu seinen Jüngern, daß bisher keiner größer war als er. Seht ihr jetzt, wie das Gesetz von Ursache und Wirkung arbeitet.

Noch einige Dinge möchte ich euch offenbaren, die mit der Reinkarnation oder Wiedergeburt zusammen hängen. Wie ihr aus der Geschichte erfahren konntet, mußte Johannes wiederkommen, weil er als Elias eine Sünde begangen hat. Er mußte sie tilgen auf der Ebene, auf der er sie verursacht hatte. Dazu noch eine Geschichte, die sich in der damaligen Zeit, jedoch schon vor der Geburt Jesu, abgespielt hatte.

Wie ihr wißt, gab es zur damaligen Zeit viele Propheten. Aber nicht nur Propheten aus der lichten Welt, sondern auch Propheten die mit der dunklen Seite, der Dämonenwelt, arbeiteten. Für die Bevölkerung war es sehr schwer, den Unterschied herauszufinden, wer die richtige Lehre verkündete. Die Propheten, die mit der dunklen Seite arbeiteten, waren von mehr Menschen umlagert als die anderen, denn bei ihnen gab es keine Richtlinien. Die Antworten, die diese auf Fragen gaben, waren so ausgerichtet, daß jeder zufrieden war. Zufrieden ist jener Mensch, der das gesagt bekommt, was er gerne zu hören wünscht, auch wenn es nicht der Wahrheit entspricht. Die Propheten, die mit der Dämonenwelt arbeiteten, brachten Tieropfer dar, die dann unter den Menschen verteilt wurden. Dieses Opferfleisch hatte dann eine verheerende Wirkung auf den menschlichen Körper. So wurden die Menschen immer wieder von den Aposteln gewarnt, kein Götzenfleisch zu sich zu nehmen. Deshalb hat Jesus immer wieder vor dem Genuß von Fleisch gewarnt. Selbst zu der beschriebenen Zeit des Elias war es üblich, daß solch eine Zeremonie mit dem Götzenfleisch von vielen falschen Propheten praktiziert wurde. Ich kann es gar nicht genug bekunden, daß alles Fleisch an das Gesetz von Ursache und Wirkung angebunden ist.

Vielerorts werde ich immer wieder gefragt, wie es denn mit den Kindern sei, die mit Krankheiten oder gar einem Gebrechen auf diese Welt kommen. Sie haben doch niemanden etwas getan?

Es gibt drei verschiedene Ursachen, warum ein Kind behindert oder mit Krankheiten auf unsere Welt kommt. Zum einen sind es Wesen, die sich im vorherigen Leben verschuldet haben, und nun dadurch die Qual erleben, die sie ehemals an anderen ausgeübt haben.

Zum anderen können es die Eltern verursachen, wenn sie nicht nach den Naturgesetzen gelebt haben und dadurch das Erbgut der Eltern verändert wurde.

Zum letzten können es Kinder sein, die einen erleuchteten Geist haben und nicht an die Wiedergeburt gebunden sind und freiwillig Krankheiten und Behinderungen auf sich nehmen, um dadurch Sühne von anderen mitzutragen.

Selbst in den Evangelien gab es einen blinden Mann, der von Jesus geheilt wurde, um dadurch den Menschen die Allmacht Gottes zu zeigen. Ich habe eingangs erklärt, daß Jesus immer wieder, als er auf dieser Erde lebte, nicht nur von der fleischlichen Wiedergeburt sprach, sondern auch von der geistigen. Von den Übersetzern der Bibel wurde das Thema absichtlich herausgenommen, weil man den Menschen Angst machen wollte, daß wenn man nicht in einem einzigen Leben heilig wird, die Hölle die Folge sei. Auch versuchte man die Wiedergeburt nicht zu erwähnen, weil durch das Wiederkommen selbst der Führer sich auf irgend eine Weise verschuldet haben mußte. Dadurch würde seine Autorität leiden. Man versuchte dann durch Angst die Menschen zu kontrollieren. Ich werde in einem späteren Kapitel das Thema ↓Urkirche→ beschreiben, damit der Irrtum gezeigt wird, wie die Lehre Jesu, in der heutigen Zeit falsch verstanden wird. Die Folge der Irrlehre war, daß man dann im Mittelalter an Hölle, Feuer und ewige Verdammnis glaubte. Die Kirche hat sich sehr viel Schuld aufgeladen, als sie die Hexenverbrennung oder Inquisition einführte, weil man glaubte, daß der Teufel in diesen Menschen sei. Für all diese Verfehlungen muß die Kirche jetzt Sorge tragen, damit die Schuld wieder gelöscht wird.

Die Wiedergeburt ist ein sehr wichtiges Thema, das nicht genug erörtert werden kann. Es ist völlig gleich, ob ein Mensch daran glaubt oder nicht, denn es ist ein göttliches Gesetz, daß jeder erst durch eine Reinigung des Geistes in das Himmelreich eingehen kann und diese Reinigung wird durch Not, Leid und Sorgen ausgeführt. Die Wiedergeburt stellt das moralische Gesetz Gottes dar. Das Karma lädt man sich auf, indem man gegen die Gesetze Gottes d.h. gegen die Naturgesetze verstößt. Es spielt überhaupt keine Rolle ob man das Gesetz bewußt oder unbewußt verletzt, man wird immer wieder nach seinen Taten gerichtet und das für die Ewigkeit. "Was du säst, wirst du ernten." Hier spielt das Sittlichkeitsgesetz eine wichtige Rolle, welches ich euch im nächsten Kapitel näher bringen möchte.

Das Sittlichkeitsgesetz

Wie bereits im Kapitel Reinkarnation erwähnt wurde, möchte ich euch ein Gesetz näher bringen, das bis in die Mystik hineinreicht, das Sittlichkeitsgesetz. Hierzu hören wir die Worte Christi:

"Heute möchte ich über die Mystik zu euch sprechen. Was versteht man unter mystischem Leben, haben sich schon viele Menschenkinder gefragt? Alles, was ihr nicht messen, wiegen und sehen, was ihr nicht mit eueren Sinnen wahrnehmen könnt, liegt im Bereich der Mystik. Euere Wissenschaftler haben sehr wohl physikalische Gesetze erforscht, jedoch jene, die sie kausal nicht erklären können, existieren für sie nicht.

Es gibt jedoch auch ein Gesetz der Gefühle, ein Gesetz der Gedanken, ein Gesetz der Worte und der Taten. Das Gesetz, welches sich rein auf euer Empfindungsvermögen und eure Gefühle bezieht, wird von Gott als 'Sittlichkeitsgesetz der Mystik' bezeichnet, denn - wie Ihr wißt - geht im geistigen Reich gar nichts verloren. Ich habe euch schon eingehend über die Wechselwirkung zwischen Geist und Materie berichtet. Und so ist es auch mit diesem Sittlichkeitsgesetz.

Wenn ein Mensch nicht im Einklang ist mit meinem Kosmos und All, dann setzt er sich Strahleneinflüssen aus, die seinem Körper schaden. Wenn jedoch ein Erdenkind gelernt hat, sein "Ich-Ego" abzubauen, um nur noch zum Wohle des Nächsten zu wirken, arbeitet auch diese kosmische Kraft in ihm im positiven Sinne.

Dieses Sittlichkeitsgesetz ist ein Teil der geistigen Gesetze Gottes. Wie viele Menschen sind oft hoffnungslos, verzweifelt, so am Ende ihrer physischen Kraft, daß sie sich gehen lassen. Sie wollen sich nicht mehr bemühen, geschweige denn anstrengen, etwas Gutes zu tun. Sie fühlen sich als die Betrogenen, als die Getäuschten und Enttäuschten.

Ich sage euch jedoch, daß das Leid, welches über einen Menschen kommt, zum größten Teil von ihm selbst verursacht wurde, weil das Denken und Fühlen dieses betreffenden Menschen nicht im Einklang ist mit meiner Schöpfung.
In diesem Sittlichkeitsgesetz liegt als Kernpunkt der Odem Gottes. In jedem Gefühl, in jedem Empfinden, in jedem Gedanken, in jedem Wort und in jeder Tat liegen Odkräfte, die aus dem Atem Gottes strömen. Wenn sie nicht in Einheit sind mit meiner ganzen Schöpfung, dann werden dadurch Rückschläge erzeugt. Wenn nun also ein Mensch sich mit all diesen Alltagssorgen und Widrigkeiten herumschlägt und sich damit belastet, gibt es diese Reflexion, denn die Gedanken haben sich fortbewegt, sie haben Schwingen, und alles Negative, was immer es sei, wartet auf Befreiung, auf Erlösung. Alles sehnt sich nach Licht, selbst ein Stein und eine Pflanze.
Wenn ihr diesen Tiefpunkt erreicht habt, wo - wie Ich vorher kurz geschildert habe - für euch alles zu viel ist, dann befindet ihr euch auf des Messers Schneide, d.h. daß von nun an eure Höherentwicklung ihren Anfang nimmt. Ihr dürft dann nicht ermüden, sondern müßt streiten gegen all diese negativen, lähmenden Erscheinungen in euch, denn ich habe einmal gesagt, daß das Leben ein Kampf ist, eine Schulung, die mit einem Examen abgeschlossen werden muß, das ihr bestehen solltet. Wenn dies nicht der Fall ist, muß diese Lehre, dieser Kursus, noch einmal wiederholt werden. Es gibt keine Befreiung, keine Erlösung von jeglicher Schwere und Belastung in euch, wenn ihr diese nicht überwindet und auch annehmt.
Jegliche Flucht ist ein Zeichen von Schwäche. Ja, sogar von Feigheit.
Wenn ein Mensch lebensmüde und kraftlos geworden ist und nicht mehr kämpfen will und sich daher selbst entleibt, wird er überrascht sein bei seinem Übertritt in die geistige Welt, weil alles, was ihn zu seinen Lebzeiten befangen hat, noch

immer vorhanden ist. Es steht vor ihm wie eine eiserne Wand, die er nicht durchbrechen kann. Diese betreffende Seele muß von neuem einverleibt werden, bis sie diesen Kampf gegen alle Widerwärtigkeiten, Unbilden und Sorgen bestanden hat.

Das ist der Sinn des Lebens! Nicht nur die Einswerdung mit mir, die ihr erst erleben könnt, wenn ihr all diese Erdenprüfungen bestanden habt, sondern das Ablegen dieser schweren Gewänder, die euch herunterdrücken: In diesen Gewändern sehe ich - wie vorher dargelegt - alle diese erdgebundenen Prüfungen, die ihr zu bestehen habt. Wenn ein Mensch aus lauter Bequemlichkeit sich nicht zum Kampfe stellt, dann wird ihm das Schicksal immer wieder die gleichen Hindernisse in seinen Lebensweg stellen, bis er die Hürde endlich genommen hat. Das kann oft lange dauern, nicht nur ein oder zwei, sondern viele Menschenleben! Daher sporne ich euch immer wieder an, mit eisernem Durchhaltevermögen zu kämpfen gegen euer Ich, in dem alle diese Triebe, Laster, Süchte und Leidenschaften liegen.

Wenn von den Kanzeln gepredigt wird, daß ich euch die Erlösung gebracht habe, dann ist dies nicht im richtigen Sinne interpretiert worden. Die Erlösung eines jeden Menschenkindes besteht in dieser Einheit mit dem Atem der ganzen Kreatur. Ein Mensch, der nur an sich selber denkt, an seine Vorteile und nicht an das Wohl, an das Gute und an die Liebe zum Nächsten, steht nie in dieser Verbindung mit meiner Schöpfung, geschweige denn mit mir. Lernt daher alles Unschöne und Ungute von euch abzuschirmen. Das ist nur möglich, wenn ihr im Unguten das Gute seht und im Unschönen das Schöne. Wenn ihr alles umpolt in euren Gedanken, dann werden die Kräfte, die aus diesen betreffenden Schwingungsbereichen negativer Natur zu euch strömen, umgewandelt.

In diesen Offenbarungen liegt göttliche Weisheit, die für euer Leben von ausschlaggebender Bedeutung ist. Der Profane sucht nach Dingen, die dem Mystiker oder dem geistig ausgerichteten Menschen nichts bedeuten. Der Weltmensch sucht seine Befriedigung auf andere Weise als der Geistmensch. Das, was für den Profanen eine Täuschung ist, ist für den Mystiker ein Glück, weil er weiß, daß das, was ihm an Enttäuschungen bereitet wurde, zum Glück, zur Vervollkommnung, zur Einswerdung aller Wesenheiten im göttlichen Schöpfungsplane dient.

Ein Geistmensch denkt nie für sich, er denkt nur an den Nächsten und an das Nächste. Er sieht darin sein Glück. Er weiß, daß in allem der Atem Gottes liegt. Daher liebt er das, was aus diesem göttlichen Atem entstanden ist mit jeder Faser, jeder Zelle, jedem Atom und jedem Elektron seines ganzen Seins.

Dann sind die Strahlen, die aus diesem Geistmenschen hinausströmen, voller Licht, Glückseligkeit, Harmonie und Frieden. Denn in diesen wunderbaren Gedanken liegt die kosmische Einheit und die Himmelskörper strahlen dieses Licht zurück. Dieser Mensch ist nie krank, er kann den schwächsten Körper haben. Er wird jedoch gespeist, getränkt und genährt von meinen göttlichen Strahlen, die in der Schöpfung liegen.

Dieses Sittlichkeitsgesetz ist eine große und weise Führung Gottes. In ihr liegt die Gerechtigkeit Gottes. Wie einfach wäre es doch für die Menschen, wenn sich alles, was sich in ihrem eigenen Willen formt und bildet, erfüllen würde. Dann würde es aber überhaupt keinen Fortschritt geben. Nur wer nach meinem Sittlichkeitsgesetz lebt, vermag zu dieser Einswerdung, zur Verwirklichung und Vervollkommnung des Menschengeschlechts beizutragen.

Ich habe euch einmal gesagt, daß ihr alle Leuchttürme seid in der Finsternis dieser Welt, die mit einem dunklen Meer verglichen werden kann. Ihr zeigt den nach Hilfe suchenden

den Weg mit eurem Licht, welches ihr von mir empfangt und weiterstrahlen laßt. Ein wichtiger Punkt in diesem Sittlichkeitsgesetz besteht darin, daß ihr lernt, alle Enttäuschungen zu vergessen. Es genügt nicht, wenn ihr einem Menschen, der euch Unrecht bereitet hat, verzeiht. Ihr sollt auch das Geschehene völlig vergessen. Stellt euch einmal Säuglinge vor, die während vieler Monate ihre Windeln beschmutzen. Würde je einmal ein solches Baby dem anderen Vorwürfe machen, daß es die Windeln beschmutzt hat, oder auch die Mutter gegenüber ihrem eigenen Kind? Ein jeder Mensch strauchelt, ein jeder macht Fehler.
Erst dann, wenn ein Menschenkind so vollkommen geworden ist wie Gott selbst, darf es urteilen und als Richter amtieren!
Die Mystik ist die Handfläche, aus der Finger strahlen. Die Finger sind die Facetten. Diese Facetten haben die Wissenschaftler erforscht, jedoch die Hand, aus der die Finger wachsen, ist ihnen noch gänzlich fremd und unbekannt. Allerdings gibt es nichts ohne diese Hand.
Alles ist Geist. Auch ihr! Denkt immer wieder an meine Worte, daß im Schweigen eine große göttliche Tugend liegt. Die Allgegenwart Gottes, das Bewußtsein Gottes wird nur vertieft und vergrößert durch Befolgen meiner geistigen Gesetze und göttlichen Gebote!"

Zusätzlich möchte ich noch einige Worte über diese Offenbarung schreiben. Wie wir in diesen Kapiteln gelesen haben, ist das Sittlichkeitsgesetz von zentraler Bedeutung. Wenn ich etwas falsch gemacht, jemanden verletzt oder Probleme hatte, sind mir in der geistigen Schau, bevor ich die Anhöhe besteigen konnte Steine entgegen gestellt worden. Als dies zum ersten Male passierte, wollte ich umkehren und wieder ins Wachbewußtsein zurückkommen. Doch ich besann mich eines Besseren und habe mir einen Weg gesucht, auf dem mich kein Stein treffen konnte und ich die Anhöhe mühelos erreichte.

Als mich des öfteren die Steine behinderten, ja mich sogar wie ein Steinschlag entgegenkamen und mich massiv an meinem Aufstieg behinderten, stellte ich mich darauf ein und es war überhaupt kein Problem mehr den Aufstieg durch die Steine zu bewältigen. Je öfter sich mir diese Schwierigkeiten stellten, desto weniger machten mir die Steine etwas aus. Das war für mich das Zeichen. Je mehr ich das Sittlichkeitsgesetz lebte und beachtete, desto öfter mußte ich mit Schwierigkeiten rechnen. Doch je mehr ich diese Aufgaben anging und löste, desto stärker und stabiler wurde ich in meinem Leben. Selbst die größten Verletzungen und Beschimpfungen berührten mich nicht mehr, weil die größte Belastung, das egoistische "Ich" an mir bekämpft wurde.

Je mehr wir das egoistische "Ich" dirigieren, ja sogar ausschalten können, desto mehr kann sich das göttliche "Du", in uns entfalten und so stärker zur Geltung kommen. Wenn wir, wie eingangs erwähnt, im Unguten das Gute und im Unschönen das Schöne sehen, wird uns das Äußere, das die meisten Menschen als etwas Schreckliches ansehen, nicht mehr berühren können, weil wir wissen, daß alles aus dem Geist gekommen ist und alles was daraus entsteht, gut und liebevoll ist. Es wird immer unser "Ich" sein, das sich zu Wort meldet und uns zur darauffolgenden Handlung zwingt. Doch wenn wir das Sittlichkeitsgesetz befolgen, werden wir handeln und damit werden wir die positive Ursache setzen.

Seid daher immer bedacht, dem anderen den ersten Platz einzuräumen, den dadurch werdet ihr vom Himmel belohnt, auch wenn es im ersten Moment nicht danach aussieht. Selbst Jesus sagte: "Die ersten werden die letzten sein und die letzten werden die ersten sein." Dies ist ein göttliches Gesetz.

Die geistigen Gesetze

Wie bereits in dem Kapitel "Sittlichkeitsgesetz" ein göttliches Gesetz näher beschrieben wurde, möchte ich noch eine weitere Grundlage dazu liefern. Dazu hören wir wieder die Worte unseres Lehrers:

"Ein göttliches Gesetz ist für die ganze Ewigkeit erschaffen worden.
Ein göttliches Gesetz hält allen Anfechtungen meines Widersachers stand.
Ein göttliches Gesetz kann nur von GOTTVATER geändert werden.
Ein göttliches Gesetz umfaßt die zehn Gebote Gottes.
Ein göttliches Gesetz umschließt die geistige Gesetzmäßigkeit wozu all diese Odverbindungen, Odstrahlen und Odkräfte gehören.
Zu einem göttlichen Gesetz gehört auch diese Wechselbeziehung zwischen Geist und Materie.
Alles ist göttlichen Gesetzen unterworfen, auch das was sich im Kosmos und All abspielt.
Wie sollt ihr diese Gesetze völlig begreifen oder sogar erfassen können, wenn ihr mit dem Verstand lebt und arbeitet? Ich habe euch einmal gesagt, daß nur das, was ihr im Geiste empfindet und durchlebt, euch vorwärts bringt und euch diese wunderbare Kraft der Erkenntnis und Erleuchtung bringen kann. Sehr wohl ist den Menschen der Verstand gegeben worden, um dieses Dasein fristen zu können. Jedoch was für Gott zählt, ist dieses Geistherz in euch, das voller Licht, Liebe, Demut, Barmherzigkeit und voller Selbstlosigkeit sein soll. Das Wissen zählt für die Ewigkeit gar nichts! Um die göttlichen Gesetze erkennen zu können, braucht es auch Weisheit, nebst Erleuchtung! Beides sind Geschenke Gottes an die Menschen, die ihr jedoch nur empfangen könnt, wenn ihr euch immer mehr von eurem "Ich" löst. Das "Ich" ist an

euer Fleisch gebunden und im Fleische liegt in erster Linie dieses Gesetz des Karmas, das Ursache und Wirkung umschließt."

Noch weiter möchte ich euch in die geistigen Gesetzmäßigkeiten einführen, damit ihr die Wahrheit und die unbeschreibliche Schönheit des Kosmos mitverfolgen könnt. Diese geistigen Gesetze, an denen die Naturgesetze angeschlossen sind, kann man vergleichen mit einer Firma.

Wenn wir eine Firma eröffnen wollen, so muß zuerst eine Struktur entstehen, die festlegt was die Firma herstellt und welche Betriebsgesetze dort existieren. Es muß einen Vorstand geben, einen Abteilungsleiter, einen Meister, sowie die dazu gehörigen Angestellten und Arbeiter. Erst wenn dies alles geplant und vollzogen ist, kann die Firma entstehen und arbeiten. Wird aber das Produkt auf dem Markt nicht gebraucht, geht die Firma bankrott, weil der Führer die Übersicht verloren hat.

Ein anderes Beispiel: Verstößt ein Angestellter der Firma gegen die Betriebsgesetze, so wird die Folge seine Entlassung sein. Selbst wenn ein Angestellter die Gesetze nicht kennt, wird er trotzdem zur Rechenschaft gezogen, wenn er "Gesetze" übertreten hat.

Ein jeder hat aber seine Fürsprecher. Die Arbeiter den Betriebsrat, die Angestellten die Gewerkschaft usw. Doch jeder muß bei einer Übertretung damit rechnen, daß er entlassen wird, wenn er gegen die Betriebsgesetze verstößt. Dabei spielt es keine Rolle, ob wissentlich oder unwissentlich. Er muß die Folgen seiner Tat selbst tragen.

Auch die Struktur der Firma muß vorher vorhanden sein und vom Vorstand bis zum Arbeiter muß jeder seine Aufgabe haben. Alles muß ineinander fließen, sonst wird es nie zur Produktion kommen. Die Pläne muß der Vorstand beschließen, danach können die Angestellten die Konstruktionspläne zeichnen, um sie den Arbeitern geben zu können, die das Produkt produzieren. Alles hat seine Reihenfolge, Ordnung und seine Gesetzmäßigkeit. Doch jeder Angestellte hat die Möglichkeiten sich fortzubilden, indem er Kurse und

Lehrgänge besucht. Diese werden von Menschen gelehrt, welche den Aufbau der Firma kennen und den Fortzubildenden ihre Kenntnisse übermitteln. Damit können sie in der nächsten Stufe mit einer höheren Aufgabe betraut werden.

So wird es Stufe für Stufe einen Lehrer, in immer höhere Positionen geben, der den entsprechenden Schüler unterrichten kann. Eine Firma kann nicht existieren wenn die Befugnis nicht von einer Person geleitet wird. Alles muß auf Gesetzmäßigkeiten aufgebaut sein, ansonsten wird es zwangsläufig zum Zusammenbruch kommen. Alle Kraft muß von einer Person ausgehen, ansonsten wird es zum Zerfall kommen, weil die Menschen noch nicht bereit sind Verantwortung für ihr Tun und Handel zu übernehmen. So wie ich es mit der Firma dargestellt habe, ist es auch im Universum.

Kennt ihr das göttliche Gesetz: "Wie oben, so unten?" Alles hat seine Entsprechung im Geistigen. Ich möchte in diesem Kapitel von den geistigen Gesetzen sprechen, die für alle Ewigkeit Gültigkeit haben. In den geistigen Gesetzen liegt der ganze Aufbau und die Organisation des gesamten Kosmos.

Man kann das Universum wie die beschriebene Firma sehen. Der Besitzer dieser Firma ist Gott. Ihm gehört die Firma und alles was in dieser produziert und hergestellt wird. Aus ihm ist die Struktur und Form der Firma entstanden. Er hat seine Gesetze gemacht, damit alles weitere seine Aufgabe und Entsprechung hat. Die Firma ist der Kosmos mit all seinen Planeten in den verschiedenen Universen. Der einzige Vorsitzende des Vorstands ist Jesus, der die Leitung der Firma übernommen hat. Er bespricht bei großen Entscheidungen alles mit dem Besitzer. Weitere sieben Abteilungen werden von eigenen Vorständen besetzt, welche unsere sieben Erzengel* sind. Diese haben verschiedene Aufgaben und Fähigkeiten übertragen bekommen. Des weiteren werden dann aus den sieben Abteilungen weitere Unterabteilungen kreiert, die mit Engeln be-

---

* siehe nebenstehende Grafik

setzt sind. Und so werden aus den Abteilungen weitere Abteilungen entstehen, bis wir die sichtbare Materie haben.

Nun hat jeder die Möglichkeit vom Arbeiter bis zum Abteilungsleiter emporzusteigen. Denn jeder hat dieselben Möglichkeiten in eine höhere Abteilung zu gelangen, doch dazu muß zuerst die Voraussetzung geleistet werden. Zuerst muß der Arbeiter seine Aufgabe gut lösen können, damit er beim Chef den Eindruck erweckt, daß er für größere Aufgaben bereit ist, da er seine Verantwortung schon im Kleinen tragen konnte. Wie soll ein Chef jemandem eine größere Aufgabe geben, wenn er schon im Kleinsten versagt? Wie soll Gott einem eine größere Verantwortung geben, wenn er das Fleisch noch über den Geist setzt und seinen Trieben freien Lauf läßt? Der Geist muß gänzlich über die Materie herrschen, denn alles ist eine Verwirklichung der geistigen Kraft. Jeder kann sie benutzen. Wer an seine Triebe und Leidenschaften gebunden ist, wird immer wieder an die Materie gebunden sein und nie einen Aufstieg erleben. Wenn jedoch ein Mensch das Prinzip der Firma verstanden hat und auch danach lebt, so kann der Vorgesetzte erkennen, daß der Arbeiter sich mit der Firma identifizieren kann und die Gesetze achtet. Somit hat er seine Berechtigung in der Firma und wird selbst in höheren Aufgaben immer mehr Lohn bekommen.

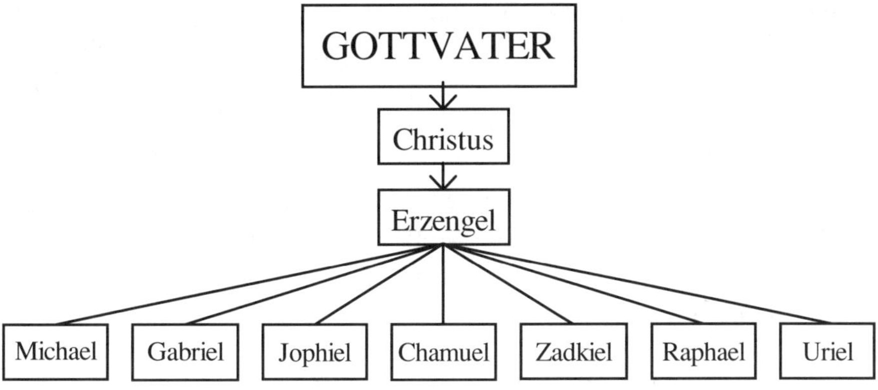

Doch wehe einer ruht sich aus, so wird es bei seiner Arbeit zum Stillstand kommen und andere werden seinen Platz einnehmen. Denn Stillstand bedeutet Rückschritt.

Jeder muß sich immer wieder fortbilden, damit er auf dem neuesten Stand ist und sich so der Marktlage anzupassen vermag. Denn jeder, der sein eigenes Süppchen kocht, wird automatisch ins Abseits gedrängt. Damit ist die Zusammenarbeit gemeint, von der ich eingangs erzählt habe. Jeder muß in einer Firma mit jedem zusammenarbeiten, damit es nicht zur Blockade kommt. Denn das Gesetz der Solidarität ist im Gesetz der Liebe inbegriffen.

Das erste Urgesetz, das Gott festgelegt hat, ist die *Vernunft*. Damit meine ich nicht den Verstand, denn der macht nur einen geringen Teil unserer Persönlichkeit aus und hat mit dieser Vernunft nichts zu tun. Die Vernunft geht über unser Herz, diesen Gottesfunken in uns, der, wie in dem Kapitel *Entstehung* beschrieben wurde, nur über das Herz wahrgenommen werden kann. Diese Vernunft oder der Gottesfunke in unserem Herzen, sollten unser ganzes Wesen erfassen. Um es mit der Firma zu vergleichen, es sollte eine gänzliche Identifizierung mit der Firma, d.h. mit seinen Gedanken für das Universum und seinen Gesetzen sein. Der Gottesfunke sollte in uns so brennen, daß aus der kleinen Flamme ein Flächenbrand wird. Auch in der Vernunft liegt der freie Wille. Ich habe es immer wieder betont, daß wir frei erschaffene Wesen Gottes sind. Es ist für euch doch verständlich, daß Gott durch seine Liebe uns den freien Willen gegeben hat, ansonsten wäre es nie zum Abfall Luzifers gekommen. Wenn auf unseren freien Willen irgend ein Druck ausgeübt würde, wo wäre dann der gerechte Maßstab der Verdienste eines Menschen? Es wäre nicht mit der Liebe Gottes zu seinen Geschöpfen zu vereinbaren. Welchen Maßstab soll denn Gott zugrunde legen, wenn der freie Wille eines Menschen unterdrückt würde? Jesus sagte dazu:

"Wenn dieser freie Wille zum Eigenwillen wird, in dem er nicht mehr mit dem göttlichen Willen eins ist, kommt es zum Fall. Auch das erste Gesetz ist, Zeuge zu sein von der Urkraft

Gottes, die sich in der Natur und den Elementen manifestiert; von seiner Existenz, die sich im gesamten Kosmos zeigt; von seiner Allgegenwart und Allmacht, die sich in jedem Lebewesen widerspiegelt. Dies setzt jedoch voraus, daß jedes Geistwesen auch eine Vernunft erhalten hat, die erforderlich ist, um das 2. und 3. Gesetz erfüllen zu können."

Das zweite Urgesetz ist die Dualität. Es ist ein Prinzip der Gleichschwingung. Auch im Himmel gibt es Paare, und aus diesen entstehen über den Herzstrahl weitere Engelkinder. Ich habe in diesem Kapitel erklärt, daß einer ohne den anderen nichts produzieren kann. Daß jeder den anderen unterstützen soll, damit alles ineinander greifen kann. Es ist das Prinzip des Mitfühlens, des Mithandelns, des Mitdenkens, des Mitleidens im göttlichen Sinne. Jeder soll sich als gleichberechtigt in der Firma fühlen, damit nicht Hochs oder Tiefs entstehen können. Jeder soll des anderen Last mittragen. Was wäre das für eine Firma! Sie würde im göttlichen Sinne wachsen und gedeihen. Wir sind doch auch glücklich, wenn uns jemand aus einer Not hilft.

Zu diesem Thema möchte ich eine Geschichte erzählen, die ich in meinem Heiligtum erleben durfte. Ich fragte meinen Freund Javathi: "Wie kann ich den Gedanken Gottes erfassen, in bezug auf seine Kinder?" Als ich ihm die Frage stellte, ging er auf mich zu, legte seine Hand auf meine Augen, die ich gleich darauf schließen mußte. Ich war eine Person, die sich als Mutter darstellte. Nichts existierte um mich herum. Ich konnte aber mit meiner Kraft Kinder zeugen. Diese wiederum konnten weitere Kinder zeugen. Ich gab jedem Kind die gleiche Information und Gestalt. Damit meine ich nicht das Aussehen, nein, das konnte sich jeder selbst aussuchen. Ich meine die Form als Mensch. Es waren unzählige Kinder, welche wiederum weitere Kinder zeugen konnten. Es war eine Zahl, die niemand zählen konnte. Was jedoch immer wieder mein Herz stark berührte, war, daß sich einige an anderen vergingen. Sie raubten den anderen ihren Besitz, schändeten ihren Namen, mordeten und plünderten usw. Ich bin daraufhin zu jenen hingegangen und habe ihnen klargemacht, daß das nicht in meinem Sinne ist. Da sie alle aus mir geboren wurden, wollte ich ihnen erklären, daß sie ihre Taten gegen die eigenen Brüder und Schwestern richteten. Doch sie erkannten meine Worte nicht an und sagten: "Unsere leiblichen Eltern haben uns gezeugt und nicht Du. Wir sind nur uns selbst etwas schuldig und nicht Dir. Denn wir können tun und lassen, was wir wollen." Da ich wußte, daß alles aus mir erschaffen wurde, war ich sehr traurig über diese Worte und mein Herz hat mir wehgetan, als ich diese Antwort bekommen hatte. Doch ich sagte zu meinen Gerechten, die mich hörten, daß sie ein Auge auf diese Kinder werfen sollten, damit sie, wenn sie ins Straucheln kommen und in Bedrängnis sind, Hilfe von ihnen bekommen, denn ich liebte sie alle. Und sie hörten mir zu und gingen meinen Anweisungen nach. Es war Freude in meinem Herzen, als ich sah, daß meine Gerechten erkannten, daß sie von mir ihr Geburtsrecht bekommen hatten und sich in den Dienst der anderen stellten, um zu helfen. So muß es auch bei Gott sein, wenn er sieht, daß jeder des anderen Last mitträgt und seine Gesetze achtet. Soweit meine geistige Schau.

Doch ich will noch einmal darauf hinweisen, daß Liebe ohne Tat nutzlos ist. Es gibt sowohl ein Geben ohne Liebe, doch gibt es keine Liebe ohne Geben.

Begebt euch mit eurem ganzen Empfinden doch nur in die Lage der Mutter, die ich geschildert habe. Welch ein Jubilieren, welch eine Freude würde es doch für eine Mutter bedeuten, wenn sie sieht, daß sich ihre Milliarden von Kindern gegenseitig stützen und helfen. Versetzt euch nur in diese Lage und ihr werdet sehen, daß jeder Gedanke Gottes in seiner Schöpfung Früchte tragen wird. Ihr werdet dadurch die geistigen Gesetze besser verstehen können, die alle aus Liebe, Barmherzigkeit und Gerechtigkeit entstanden sind. Christus sagte über die Dualität:

"Das zweite Gesetz besteht in der Dualkraft, die in der Liebe zum Ausdruck kommt. Um in der Liebe wachsen und reifen zu können, braucht es die Dualität. Im göttlichen Reich gab es

nie Absplitterungen von dieser Dualität, so wie ihr es auf eurer Welt kennt. Gott ist das männliche und weibliche Prinzip, das ich auch bei meiner Geburt in der Urwelt übernommen habe.
Das dritte göttliche Gesetz ist die Rotation. Alles muß bei Gott in Rotation sein und in dieser Bewegung liegt die göttliche Kraft. Das sind diese drei wichtigen Punkte, die ein jeder Engel in sich trägt und die auch heute noch in den Menschen auf dieser Welt vorhanden sind, wenn auch zum größten Teil in latenter Form. Es bleibt jedem selbst überlassen, diese Urkräfte zu entfalten, zu entwickeln und zu nutzen. Es geht darum, der ROTIERENDEN KRAFT *zu folgen. Damit will ich sagen, daß alles in Bewegung sein soll, ja, sich weiter vorwärts, sowie aufwärts entwickeln muß. Dazu hat Gott einem jeden erschaffenen Geist den freien Willen gegeben. Es wäre nicht zu vereinbaren gewesen mit der Urintelligenz* GOTTES, *Kinder zu zeugen, die nicht frei und intelligent sind. Zudem kann sich kein einziges Geistwesen ohne den freien Willen aufwärts entwickeln, weil die Verdienste, die ein jedes ja erwerben soll, ausschlaggebend sind."*

Denkt wieder an die Firma. Wenn es einen Stillstand in der Arbeit oder Entwicklung geben würde, so wird ein Rückschritt eintreten. Selbst in unserer Firma sollte sich keiner auf seinen Lorbeeren ausruhen, denn dann würde er in seiner Entwicklung stehen bleiben. Die Materie ist nur der Abdruck eines geistigen Musters. Es muß immer wieder eine Weiterentwicklung in jedem Menschen erfolgen, ansonsten wird es zum Stillstand und Rückschritt kommen. Jeder Engel, jeder Mensch sollte sich nicht mit seiner geistigen Erkenntnis zufrieden geben. Ein Ende der Entwicklung wird erst dann erreicht sein, wenn er gottgleich ist, wenn er in seinen Himmel eingetreten ist. Das kann ein sehr kurzer, aber auch ein sehr, sehr langer Weg sein. Es liegt an jedem selbst, wie er sich entwickelt. Alles liegt in unserer Hand, welchen Aufstieg wir in unserer Firma machen.

Seht euch doch einmal um im Universum! Die Erde kreist um die Sonne, die Elektronen kreisen um den Atomkern, alles im gesamten Kosmos hat dieses Gesetz der Rotation in sich. So ist es auch im Geistigen. Ihr könnt durch eure Gedankenkraft den Äther in Schwingung versetzen, gebt ihm mit euren Gedanken die Form und alles wird sich im Materiellen verwirklichen. Doch die Rotation muß immer vorhanden sein.

Soweit die drei Urgesetze, die *Vernunft*, die *Dualität* und die *Rotation*. Es existieren noch weitere Gesetze, die im gesamten Kosmos ihre Gültigkeit haben. Doch über allen thront das *Gesetz der Nächstenliebe*, darin enthalten ist das *Gesetz der Solidarität* und das *Gesetz der Entsprechung*. Alles wird überthront von der Liebe. Nur durch die praktizierende Nächstenliebe schreitet ein Mensch voran. Erinnert euch immer wieder an die Geschichte mit der Mutter, dann könnt ihr einen kleinen Einblick bekommen, wie Gott es mit der Nächstenliebe gemeint hat. Alle Naturgesetze binden sich an diese Gesetze an. Selbst die chemischen, physikalischen und kosmischen Gesetze bauen auf dieser Grundlage auf. Nur so, über diese praktizierende Nächstenliebe, können wir karmische Schuld löschen und unser Himmelreich aufbauen. Es ist auch ein geistiges Gesetz, daß alles an Schwingung gebunden ist.

Jetzt hören wir die Worte eines Freundes, der über das geistige Gesetz gesprochen hat:

"Bedenken wir doch einmal, jeder lieblose Gedanke, jedes negative, dunkle Empfinden, Fühlen, Sprechen und Tun wirkt sich im ganzen All aus. Alles kehrt wie ein Bumerang zurück, denn es besteht eine Wechselwirkung zwischen Materie und Geist. Die wahren geistigen Gesetze und Gebote Gottes gelten sowohl auf dieser Erde, als auch im ganzen All. Sie bleiben immer gleich und sind daher von Ewigkeitsbestand. Alles zusammen bildet erst das Ganze und bringt uns in die Schwingung, die notwendig ist, um recht bald auf der Jakobsleiter[10] höher hinauf zu gelangen.

Es ist ein göttliches Gesetz, daß die Gerechtigkeit über der Barmherzigkeit steht. Darum muß auch jeder das Schicksal erleben, das er sich selbst geschaffen hat." Soweit die Worte eines Freundes. Jesus sagte einmal zu mir:

"Es ist besser, du gibst dein Leben hin, als wenn du jemandem sein Leben nimmst. Doch die größte Belohnung wirst du erfahren, wenn du dein Leben für deine Freunde hingibst."

Mir wurde klar, was er damit meinte. Ich kannte das Gesetz von Ursache und Wirkung und machte euch selbst im Kapitel *"Die Lehre"* in allen Details damit vertraut. Doch mit Freunden meinte er nicht nur die Menschen, sondern auch die Mineralien, Pflanzen und Tiere, sowie die Natur- und Elementargeister. Alles sind unsere Brüder und Schwestern, wie ich euch in dem Kapitel *"Die Evolution"* beschrieben habe. Wir waren alle inkarniert in ein Mineral, eine Pflanze und ein Tier. Wenn wir für diese streiten und selbst unser Leben hingeben, wird uns das, aus dem Prinzip der Nächstenliebe heraus vom Himmel belohnt. Selbst eine Pflanze gibt ihr Leben hin, um andere am Leben zu erhalten. Damit ist die nächste Inkarnation zum Tier gewährleistet. Wir würden gut daran tun, wenn wir unsere Nahrung aus der Pflanzenwelt zu uns nehmen, denn dadurch können wir nicht nur der Pflanzenseele helfen, sondern wir würden auch uns selbst mit der Odkraft der Pflanze aufladen.

Der siebenköpfige Drache

Eines Tages, als ich mich zur Ruhe begeben hatte, wurde mir eine Vision gezeigt. Diese Geschichte hat, wie auch die übrigen Unterweisungen, immer wieder einen sehr hohen geistigen Hintergrund und deshalb hat sie auch einen sehr ernstzunehmenden Charakter und kann auch auf die heutige Menschheit übertragen werden. Man könnte diese Vision anfangen: "Es war einmal.....", doch das würden viele Leser in den Bereich der Märchen oder Fabeln stecken, und hier hat es weiß Gott nichts zu suchen.

"Es lebte eine Dorfgemeinde in einer schönen Gegend, umgeben von grünen Wiesen und Wäldern. Auf den ersten Blick meinte ich, daß alle glücklich und zufrieden wären. Doch als ich die Gesichter der Menschen näher betrachtete, stellte ich fest, daß in ihren Augen kein Glück und keine Zufriedenheit zu erkennen waren. Als ich längere Zeit in dieser Gemeinschaft lebte, bemerkte ich, daß alle Monate eine Feier abgehalten wurde und danach eine Person dieser Gemeinde verschwunden war. Es war schon sehr verwunderlich, daß kein Fremder eine Antwort auf das Fehlen eines Gemeindemitglieds bekam. Das Geheimnis war aber bald gelüftet. In der Nähe dieser Gemeinde lebte in einer Höhle ein Drache mit sieben Hälsen und Köpfen. Dieser Drache wurde jeden Monat mit einem Menschenopfer besänftigt, da man Angst hatte, daß er vor Hunger aus seiner Höhle herauskommen und das ganze Dorf überfallen könnte. Es hatten sich schon viele Kämpfer bereit erklärt, dieses Tier zu bekämpfen, doch jedesmal, als einer der Kämpfer den Kopf des Drachen abgetrennt hatte, wuchs dieser gleich wieder nach. Als die Dorfbewohner sahen, daß keine Macht der Welt dieses Tier besiegen konnte, gaben sie sich mit ihrem Schicksal zufrieden. Gefürchtet vom Zorn des Drachen gaben sie die Menschenopfer hin, um den Drachen zu besänftigen. Als sie ihre Ausweglosigkeit erkannten, errichteten sie eine Kirche, um darin zu beten und Gottes Hilfe zu erflehen. Eines Tages kam ein großer Sturm über die Gemeinde und es regnete Feuer und Wasser vom Himmel. Selbst der

Wald wurde durch das Feuer in Brand gesetzt, doch der Drache blieb von alledem gänzlich unbeeindruckt. Als dann noch eine Dürrekatastrophe einsetzte, waren sie noch mehr enttäuscht, daß ihre Gebete nicht erhört wurden.

Eines Tages kam ein lustiger und fideler Mann vorbei und fragte die Menschen, warum sie denn alle so traurige Augen hatten und kein Glück in ihren Augen zu sehen wäre. Darauf berichtete man dem Vagabunden, was alles vorgefallen war. Daß man Angst vor dem Drachen habe, daß selbst ihre Gebete von Gott nicht erhört worden sind und daß die Folge eine Dürrekatastrophe gewesen sei. Danach fragte er, ob schon jemand versucht hätte, diesen Drachen zu töten. "Ja!" sagte man: "Immer wenn jemand dem Drachen einen Kopf abgetrennt hatte, ist er sofort wieder nachgewachsen." Da überlegte der Mann und sagte zu der Gemeinde: "Ich werde es wagen, den Drachen zu töten." Man versuchte den waghalsigen Jüngling umzustimmen, da die Gefahr viel zu groß sei und es schon so viele versucht hatten und mit ihrem Leben bezahlen mußten. Er war jedoch nicht umzustimmen und verlangte ein Schwert und eine brennende Fackel. Als die Gemeinde ihm gab was er verlangte, getraute sich niemand, ihn zu begleiten, weil sie Angst vor dem Drachen hatten. Als dieser mutige Mann auf die Höhle zuging, vernahm er schon von weitem den Gestank und den Lärm, den der Drache verursachte. Sogleich kam er aus seiner Höhle heraus und versuchte, den Kämpfer zu töten, doch der Mutige erwies sich ihm als ebenbürtig. Als der Fremde den ersten Kopf des Drachen vom Hals abtrennte, nahm er die Fackel und brannte damit den Hals aus, so daß kein Kopf mehr nachwachsen konnte. Dieser Kampf dauerte über Stunden und man wußte nicht, ob dieser mutige Mann ihn bestehen würde. Immer wenn er dem Drachen einen seiner sieben Köpfe abgetrennt hatte, brannte er den Hals aus. Als der Kampf vorüber und der Drache getötet war, fiel der Kämpfer erschöpft zu Boden und erlag seinen Verletzungen.

Als die Gemeinde nachsehen wollte, wo der tapfere Mann geblieben war, sahen sie alle beide, den getöteten Drachen und den tapferen Mann, tot daliegen. Als sie weiter den Drachen betrachteten, sahen sie, daß alle Köpfe abgeschnitten und alle Hälse ausgebrannt waren. Daraufhin stellte sich der Dorfälteste auf ein Podest und sagte: "Liebe Freunde, jetzt wissen wir, daß uns Gott erhört hat. In unserer Unwissenheit haben wir zu Gott gebetet und glaubten, daß uns Gott durch das Unwetter verdammt hatte, doch das Gegenteil war passiert. Das Feuer, daß er uns vom Himmel geschickt hatte, war ein Zeichen, daß wir den Drachen nur mit Feuer besiegen können und wir haben es nicht erkannt. Selbst die Dürre war nicht von Gott gewollt, wir waren es, die an ihm gezweifelt haben. Darum hat sich ein Himmelwesen bereit erklärt, auf die Erde zu kommen, um uns den Weg zu zeigen. Nie mehr wollen wir an Gottes Hilfe zweifeln, denn ER wird uns immer zur Seite stehen, wenn wir Ihm die Treue halten. Laßt uns jetzt ein Dankgebet sprechen".

Diese Geschichte werden viele als ein Märchen abtun und den geistigen Hintergrund nicht erkennen. Sie hat aber eine sehr große Bedeutung, die ich euch näherbringen möchte.

Den Drachen mit seinen sieben Köpfen stellen in unserer Zeit die Wissenschaft, die Technik, die Rüstung, die Raumfahrt, die Politik, der Sport und die Medien, d.h. Zeitschriften, Radio und Fernsehen dar. Mit der Höhle wurde dargestellt, welche Erdverbundenheit diese sieben Häupter haben. Alles wird von den Menschen angebetet, damit wurden die Menschenopfer dargestellt, Alles wird vom Verstand gemacht. Alles dreht sich nur um das Geld, den Ruhm, den Ehrgeiz, den Stolz, einfach alles, was mit dem "Ich" zu tun hat.

Wenn jedoch die Not am größten ist, erinnern sich die Menschen an ihre Herkunft und wollen dann sofort vom Himmel Hilfe bekommen. Doch wenn sie Hilfe bekommen, sehen sie sie nicht, weil ihr Denken und Sprechen noch zu sehr mit der Materie zusammenhängt. Die Menschheit braucht noch ihre Geißel, weil sie die Naturgesetze nicht kennt oder sie mißbraucht. Das Feuer, welches die sieben Häupter besiegte, ist ein Zeichen für Reinheit, Reinigung und Liebe. Nur die Liebe wird der Sieger sein, so wie es in der Vision war. Nichts kann ohne Liebe entstehen, denn Liebe ist Licht.

Ohne Licht kann nichts entstehen, geschweige denn existieren, denn Licht ist Gott und ohne ihn würde sich kein Zahnrad drehen, kein Mensch könnte atmen und kein Baum könnte wachsen. Die Trägersubstanz allen Lebens muß Licht sein, sonst könnte das ganze Universum nicht existieren. Es haben sich viele himmlische Wesen bereit erklärt, den Menschen zu helfen, denn der Planet Erde ist einer der dunkelsten im Universum. Es wird für viele Menschen etwas sonderbar klingen, daß der Planet Erde einer der dunkelsten sein soll, doch es entspricht der Wahrheit. Denn ich durfte schon andere Planeten besuchen und dort waren die Bewohner uns teilweise 15.000 bis 25.000 Jahre voraus.

Noch ganz genau erinnere ich mich an den Planeten Metharia, der im Alpha Centauri Sonnensystem besteht, oder die Plejaden oder Mentoria, alle Bewohner dieser Planeten wohnen in einer halbmateriellen Welt. Wir Erdenbewohner leben aber in einer derbmateriellen Welt und es wird noch lange dauern, bis diese Menschheit geläutert ist. Denn selbst Gottes Geduld wird einmal erschöpft sein, wenn die Menschen den Raubbau an Gottes Natur und Kreatur weiter voran treiben und nicht aufhören.

Folge für die Gemeinde, die die Hilfe vom Himmel nicht erkannt hatte, war die Dürre. Auch unsere Erde ist von vielen Katastrophen betroffen, aber wir dürfen Gott nicht dafür verantwortlich machen, denn die Verletzung der Naturgesetze haben die Unwetter und Katastrophen heraufbeschworen. Wenn wir offenen Geistes sind, so werden wir bemerken, daß die Katastrophen nur dort entstehen, wo Habgier, Prostitution, Geiz, Rachsucht und Neid gesät werden. Selbst die früheren Heuschreckenplagen sind dort entstanden, wo Kolonisten die Ureinwohner überfallen hatten und Rachsucht, Kampf und Gier verbreiteten. Jedes Leid wartet auf seine Erlösung.

Alles Leid, das jemandem angetan wurde und wird, wartet auf seine Erlösung. Im Geistigen wird alles registriert. Darum diese Katastrophen, denn sie sind nur eine Entladung der aufgebrachten negativen Emotionen. Der Absender wird auch der Empfänger sein. Nicht Gott ist es, der diese Katastrophen auslöst, denn er versucht immer wieder, durch himmlische Wesen den Menschen zur Umkehr zu bewegen, damit keine größeren Unglücke entstehen. Doch die Menschen haben Ohren und hören nicht, sie haben Augen und sehen nicht. Auch in der Erzählung haben sie erst durch den Tod des tapferen Jünglings erkannt, daß Gott sie nie verlassen hat. Ihr könnt euch vorstellen, daß solche Erlebnisse einen tiefen Eindruck hinterlassen, aber gleichzeitig sind sie mit einem Dank verbunden.

Die Urkirche

Mit dem nun folgenden Kapitel möchte ich die Entstehung unserer christlichen Kirche etwas näher beschreiben, wie es zu solch einer Gemeinde gekommen ist und welche Überreste noch vorhanden sind. Hierzu hören wir zuerst wieder die Worte unseres Heilands:

"Wie ihr wißt, waren die Gemeinden, die sich nach meinem Kreuzestod gebildet hatten, noch sehr, sehr klein. Sie setzten sich aus verschiedenen Familien an diversen Orten zusammen. Wenn sich dann diese Gottesgläubigen, auf das innigste mit mir verbundenen Menschen, zusammenfanden, dann haben sie Gott gedient. Sie haben aus tiefstem Herzen für das Heil ihrer Angehörigen und der anderen Menschen gebetet. Sie pflegten einen engen Kontakt mit den Engeln Gottes, die als Mittler dienten, so wie es auch zur Zeit von Atlantis war. Es lag nun im Willen des allmächtigen Vaters, daß in jeder Gemeinde ein Oberhaupt bestimmt wurde, das sich um das Wohl der Gemeinde kümmerte, und zwar nicht nur um das geistige und seelische, sondern auch um das körperliche Wohl.

Dieses Oberhaupt wurde als Presbyter bezeichnet. Presbyter bedeutet in eurer Sprache der Älteste, womit selbstverständlich nicht das Alter dieses Oberhaupts, sondern der Entwicklungsgrad seines Geistes, die Reife seines geistigen Zustandes, gemeint war. Dieser Älteste wurde durch einen Engel Gottes bestimmt. Es hat zu meiner Erdenzeit viele Medien gegeben und so ist in jeder Gemeinde stets ein Kanal benutzt worden, um eine Botschaft, Kundgebung oder Offenbarung eines Engelwesens an die übrigen Gottesdienstteilnehmer zu übermitteln. Es sind also nicht Menschen gewesen, die diesen Presbyter auserwählt haben, sondern es war Gott selbst!*

* ein Mensch der in tranceähnlichen Zustand verfällt und Botschaften übermittelt

Diese Gemeinden haben sich im Laufe der Jahre vergrößert und der Zeitpunkt kam, als ein Oberhaupt über die Presbyter auserkoren werden mußte. Dieser Älteste hatte wiederum die Aufgabe, die Gemeinden anzuweisen, was Gottes Wille ist. Dieser Aufseher wurde Episkopus genannt. Aus diesem Wort hat sich dann später in der römisch-katholischen Kirche, sowie auch in anderen Glaubensrichtungen, das Wort Bischof herauskristallisiert.
Der Unterschied zwischen einem Episkopus und einem Bischof besteht jedoch darin, daß dieser Episkopus in tiefem Kontakt mit Gott und seinen Boten stand. Gar nichts wurde mit seinem Willen bestimmt. So wie es in den Anfangszeiten auch bei den Presbytern der Fall war, aus denen sich dann die späteren Priester bildeten. Auch hier bestand wieder der große Unterschied, daß diese Ältesten seinerzeit von Gott auserkoren wurden und nicht durch einen Bischof.
Im Guten liegt Freiheit und im Bösen liegt Zwang!
Das, was heute auf dieser Erde in diesen Glaubensgemeinschaften geschieht, hat mit Freiheit nichts mehr zu tun. Es sind die eigenen Gedanken, das Wunschdenken, die Ichsucht, der Drang nach Ruhm, Ansehen, Geltung, ja, nach Herrschsucht, die heute in all diesen geistlichen Kreisen dominieren. Ihr werdet euch nun fragen: "Wie konnte es denn soweit kommen?" Im Augenblick, wo sich ein Mensch, wer immer es sein wird, auf das Podest Gottes stellt und sagt, daß er Stellvertreter Gottes ist oder Gott selbst ist und die geistigen Gesetze nicht kennt, kommt er zu Fall. So wie es vor Äonen geschah, als Luzifer, mein Bruder, mit seinen Legionen von Anhängern aus dem Lichte gestürzt wurde, weil er nicht mehr Gott die Ehre gegeben hat, sondern seinem "Ich". Ihr wißt ja, daß dieses "Ich" überwunden werden muß, um in den Genuß der göttlichen Kraft zu kommen. Wenn ihr euch von der Ursonne, dieser Urglut trennt, dann werden eure Strahlen, die einen Teil dieser Sonne darstellen, hohl und leblos. Die En-

gelsboten ziehen sich dann zurück, denn sie fühlen sich nur dort wohl, wo der Heilige Geist ist, und der weht nur dort, wo ER sich angezogen fühlt. Alles ist Geist."

Als ich mich wieder in meine geistige Schau vertiefen konnte, zeigte man mir eine solche Gemeinde. Sie hat mit der bekannten Essener Gemeinschaft zu tun. Wie bereits beschrieben, haben sich anfänglich kleine Gemeinden gebildet, doch sie standen in ständigem Kontakt mit den Engelsboten. Ihr werdet euch bestimmt fragen, wie sich so etwas vollziehen konnte. Diese Gemeinschaft hat sich alltäglich zu früher Stunde zum Gebet versammelt. Der Presbyter war dann in einem tranceähnlichen Zustand, und jeder in dieser Gemeinde konnte erspüren, daß ein anderer durch diese Person spricht. So war es auch der Fall, als Erzengel Gabriel beim alltäglichen Gebet der jüdischen Gemeinde Besitz von Josef ergriffen hat und seiner Verlobten Maria die Botschaft übermittelte, daß sie schwanger sei. Wie heißt es doch so schön: "Bei Gott ist nichts unmöglich." Werdet wie ein Mystiker, überschreitet die kausale Grenze und seht alles geistig. Denn ohne die geistige Information als Grundlage kann kein Mensch leben, kann keine Natur existieren, geschweige denn Früchte hervorbringen. Ohne geistiges Fluidum kann nichts bestehen. Daher ist es wichtig, daß ihr die geistigen Gesetze kennt, in die Tat umsetzt und anderen weitergebt, die bereit sind, sie anzunehmen. Verstreut nicht wertvollen Samen auf einem Acker voller Unkraut, er wird erstickt.

Die Essener Gemeinschaften hatten nur den einzigen Wunsch, den Nächsten zu dienen, denn ihnen wurde immer wieder geoffenbart, daß im Glück des Nächsten das Weiterkommen liegt. Später wurden sie verfolgt und gekreuzigt, weil sie ihre Treue zum Kreuz bekundeten. Es war fürchterlich, mit anzusehen, wie Christen seinerzeit den Löwen zum Fraß vorgeworfen wurden, damit sie ihren Gott verleugneten. Es gehört schon viel dazu, zu wissen, daß, wenn man seinem Gott die Treue hält, es den sicheren Tod bedeutet. Doch sie wurden auf das Reichste belohnt.

Wie ihr bereits gelesen habt, war es zuerst der Presbyter, der anfänglich die Gemeinde inspirierte. Doch mit zunehmender Zeit wurde die Gemeinschaft größer. Seine Aufgabe überstieg sein Fassungsvermögen. Er war nicht nur mit dem Gottesdienst beauftragt, sondern er sorgte auch dafür, daß keinem ein Leid widerfuhr und jeder genug zum Essen hatte. Selbst die Reichen gaben ihren Überschuß an die Armen. So lebte in dieser Gemeinde jeder glücklich und zufrieden, da es ihnen an nichts fehlte. Durch diese Überlastung wurde später der Episkopus erkoren, welcher auch von Gott bestimmt wurde. Beide, sowohl der Presbyter als auch der Episkopus, waren in ständigem Kontakt mit den Engelwesen und wurden auch stetig inspiriert. Doch weiter mit den Worten unseres Schöpfers:

"Die ganze Schöpfung, der ganze Kosmos, das ganze Universum und All, alles ist Geist, selbst euer Körper. Diese physische Hülle ist selbst eine Verdichtung dieses ewigen unsterblichen Geistes und dieser Geist ist ein Teil des SEINS GOTTES!

Der Heilige Geist ist diese Urkraft Gottes, die aber nur dann wirken kann, wenn ihr euer "Ich" überwunden habt. Wenn ihr euer Leben auf meinen Opferaltar gelegt habt. Als Überwinder wird kein Mensch geboren. Ihr müßt euch selbst zum Überwinder machen, um in dieses wundervolle göttliche Fluidum eingehüllt zu werden. Wer in der Kraft des Heiligen Geistes steht, vermag Unmögliches möglich zu machen. Er ist dann ein Teil Gottes. Nicht Gott selbst, jedoch sein Ebenbild in seinem ganzen Wirken. Ich habe zu meinen Lebzeiten gesagt: "Ihr werdet noch größere Dinge vollbringen, als ich vollbracht habe." Damit habe ich jedoch nur jene Kinder gemeint, die mit dieser URKRAFT arbeiten. Ein jeder von euch hat die Möglichkeit dazu. Ich habe keine Wunder vollbracht. Ich war nur der Kanal dieser Urkraft Gottes, aus der alles Leben entstanden ist und die alles am Leben erhält.

Um nun auf die URKIRCHE zurückzukommen, möchte ich noch auf die verschiedenen Sakramente hinweisen, die im Laufe der Jahrhunderte geschaffen wurden.
Ein Presbyter oder ein Episkopus hat sich mit ganzer Hingabe Gott und den Mitmenschen zur Verfügung gestellt. Nachdem all diese Christen, die sich immer wieder zu den Gottesdiensten eingefunden hatten, wußten, daß dieser betreffende Presbyter oder Episkopus von Gott auserwählt war, hatten sie auch Vertrauen zu diesen Menschen. Sie schütteten ihnen daher ihr Herz aus, unterbreiteten ihnen ihre Probleme und sie erhielten stets eine Antwort, die ihrem Seelenheil dienlich war, weil dieser Älteste oder Aufseher vom Heiligen Geiste inspiriert war. Aus diesen Kontakten, die mit den einzelnen Oberhäuptern gepflegt wurden, entstand dann die Beichte als Sakrament. Es ist für euch wichtig zu wissen, daß die heutige Menschheit in keiner Beziehung reif genug ist, dieses wahre Christentum - so wie es in jenen Urkirchen gepflegt wurde - heute noch auszuüben. Ein jeder Gläubige in dieser Urkirche hatte an erste Stelle die Liebe zu Gott, das Befolgen der göttlichen Gebote und der geistigen Gesetze gestellt. Die wohlhabenden Menschen haben von ihren Gütern, die sie selbst nicht benötigten, an die Armen abgetreten. Unter ihnen herrschte der Geist der Solidarität, so wie es in den höheren geistigen Welten der Fall ist.
Im Laufe der Jahrzehnte und Jahrhunderte hat sich jedoch auch unter diesen Menschen der Widersacher ans Werk gemacht und, wie ich vorher kurz darauf hinwies, seinen Samen ins "Ich" der betreffenden Menschen gestreut. Die Episkopiner hatten Sorge getragen, daß kein Mensch Leid, Not und Hunger erdulden mußte. Wie sieht es heute aus? Traurig, tragisch, erschütternd, ja empörend! Daher ist eure Welt in diesem Kosmos wie eine dunkle Kugel sichtbar. Sie ist verfinstert! Das Licht wurde den Menschen durch ihre Lebensweise entzogen! Sie haben noch den Geist Gottes in sich, weil

sie aus dem Odem Gottes entstanden sind, jedoch dieser Heilige Geist kann nicht mehr wirken. Die Türen wurden IHM zugemacht. Auch mit den Sakramenten, die vor allem in der römisch katholischen Kirche gepflegt werden, ist zum größten Teil leider Mißbrauch getrieben worden. Durch die vielen Übersetzungen, die aus den Urschriften gewonnen wurden, sind gänzlich Mißverständnisse und falsche Auslegungen der einzelnen Wörter entstanden".

Einige Sakramente der Kirche möchte ich aufgreifen und euch etwas näherbringen. Nehmen wir das *Sakrament der Beichte*. Es ist falsch, wenn jemand, der nicht gottgleich ist, einem anderen die Beichte abnimmt und sagt: "Ich spreche Dich los von Deinen Sünden." Denn nur Gott selbst kann den Menschen die Schuld erlassen, ansonsten würde es im Gegensatz zu seinem Gesetz der Gerechtigkeit - was du säst wirst du ernten - stehen. Jeder einzelne von uns muß für seine Verfehlungen, die er selbst verursacht hat, aufkommen. Es würde von Gott toleriert werden, wenn gesagt wird: "Wenn es im Willen Gottes liegt, gebe ich dir meine Lossprechung." Jedoch fehlen die Worte! In den Augen der Gläubigen werden sie vom Priester losgesprochen und nicht von Gott. Jesus berichtete in einer anderen Offenbarung über die Sündenvergebung:

"Wie einfach wäre es für die Menschen, wenn ich durch meinen Kreuzestod alle Sünden getilgt hätte. Ich habe nur die Brücke gebaut ins Vaterhaus. Das, was ihr euch selbst aufladet durch euer schlechtes Denken, Wollen und Handeln, weil ihr nicht diesen reinen Geist aus dem Licht empfangt, das hat jeder einzelne von euch alleine zu sühnen. Gar nichts geht verloren, alles wird projiziert wie auf einem Filmstreifen. Und dann, wenn ihr herüberkommt, dann wird euch euer Leben noch einmal vorgespielt in Bildern und ihr werdet alles noch einmal erleben.

Das ist das Gericht, meine Kinder!

Die Sündenvergebung kann sehr wohl vollzogen werden, wenn sich ein Kind in tiefster Reue vor Gott beugt und auch die Bereitschaft zeigt, sich nicht mehr auf die gleiche Art und Weise zu versündigen, indem es diese Gelegenheit meidet, wo es immer wieder zu Fall kam und bestrebt ist, wahrhaftig meinen Weg zu gehen.
Dieses Karma wird geschaffen durch die verschiedenen Reinkarnationen, denn ihr wißt ja, daß ihr alle mehrmals wieder in einen Körper einverleibt werdet mit dem gleichen Geist von Ursache und Wirkung, was als Karma bezeichnet wird. Sonst wäre ja keine Gerechtigkeit Gottes da. Wie einfach wird doch die Sündenvergebung und Erlösung von den Kanzeln gepredigt. Nein! Alles, jeder Gedanke, schlägt sich nieder, denn er lebt! Dieser Gedanke schwingt sich fort, er vervielfacht sich in seiner Wirksamkeit ums tausendfache. Er wirkt sich nicht nur aus bei dem betreffenden Menschen, sondern in der ganzen Kreatur und Schöpfung Gottes. Und daher ist diese Erdkugel wie ein finsterer Ball im Universum, weil so viel gesündigt wird durch die Menschen, auch in Gedanken. Liebt daher meine Schöpfung! Jedes Blütelein, jedes Blatt, jedes Tierchen, jedes Sein, was immer es sei. Das ist wahre Gottesliebe!"

Die jetzige Beichte hat mit der ursprünglichen nichts mehr zu tun, deshalb ist sie dem Fall preisgegeben, weil die Lehre und die geistigen Gesetze völlig außer acht gelassen werden und der Untergrund, auf dem sich aufbauen ließe, fehlt. Daher steht alles auf wackligen Beinen.

Da mir in der geistigen Schau eine solche ursprüngliche Gemeinde gezeigt wurde, kann ich einiges darüber berichten. Diese Gemeinde bestand zuerst aus Familien, die sich zu einer Gruppe zusammen geschlossen hatten. Man nannte diese auch die Essener. Danach wurde sie, wie bereits erwähnt, immer größer.

Auf was ich weiter anspielen möchte, sind die heutigen Sakramente. Sie haben mit den ursprünglichen überhaupt nichts mehr zu tun. Das erste Sakrament, die Beichte wurde bereits ausführlich erörtert. *Doch noch ein Sakrament möchte ich beschreiben, die Ehe.* Es war in dieser Gemeinde Sitte, daß auch die jungen Menschen sich ab einem bestimmten Alter verehelichten. Doch auch hier wurde der Episkopus oder Presbyter befragt, welche Frau ein Mann zu sich nehmen sollte. Es wurden fast ausschließlich Ehen geführt, die unzertrennlich waren, denn sie hatten eine sehr tiefe Liebe zu Gott und seinen geistigen Gesetzen. Hier konnte man sehen, daß Gott sie zusammengeführt hatte. Die Ehen, die in der heutigen Zeit geschlossen werden, sind fast ausschließlich durch unseren Widersacher zusammengeführt. Das "Ich" ist so stark in den Menschen, daß sie überhaupt nicht mehr den geistigen Hintergrund der Ehe verstehen. Der Sexus hat die Oberhand in der heutigen Gemeinschaft übernommen und dadurch ist kein Platz mehr für die geistigen Werte. Von einem Sakrament kann nur dann die Rede sein, wenn zwei Menschen sich im göttlichen Sinne gefunden haben, alle geistigen Gesetzen sowie Gebote achten und nach ihnen leben.

Das nächste Sakrament ist die Taufe. Die Taufe hat einen tiefen religiösen Charakter und sollte nicht, wie es praktiziert wird, in jungen Jahren erfolgen. Die Taufe sollte ursprünglich eine Übergabe bzw. ein Bekenntnis vor Gott und seinen Gesetzen sein. Die Taufe soll erst vorgenommen werden, wenn die entsprechende Person reif ist, ihren freien Willen unter den Willen Gottes zu stellen und nicht schon im Kleinkindalter.

Das nächste Sakrament ist die Firmung. In der heutigen Zeit hat das Wort Firmung gänzlich seinen Charakter verloren. Diese Firmung ist darauf zurückzuführen, daß die ehemals 3000 Jünger am Pfingstfest das Brausen des Windes und die Erleuchtung durch die Feuerzungen erlebten. In diesen Feuerzungen, die auf jeden der Anwesenden herabkamen, waren Engelwesen inkorporiert, so daß jeder der Anwesenden in den verschiedensten Sprachen redete. Ich sagte bereits, daß der Heilige Geist nur dort wehen wird, wo er sich angezogen fühlt. Nur dort wird er seine Weisheit ausschütten, wo Menschen zusammentreffen und die Gesetze beachten und der Geist geläutert ist. Also kann kein Mensch einem anderen die Erleuchtung geben, wenn er sich diese nicht selber erworben hat. Alles wurde im Laufe der Zeit verändert.

Das nächste ist das Sakrament der Buße. Buße heißt im griechischen Gesinnungswandel und Umkehr. Nun können wir wieder die Worte unseres Herrn vernehmen:

"Buße tun heißt, daß der betreffende Mensch seine Gesinnung, die er bis dahin hatte, ändert und auch die entsprechenden Gelegenheiten meidet, um diese Änderung in seiner Gesinnung auch wirklich vornehmen zu können. Wie soll ein Priester wissen, ob sich in einem gläubigen, vor ihm knienden Menschen wahrhaftig dieser Gesinnungswandel vollzogen hat? Daß er reuigen Herzens bereit ist, alles in seiner Kraft und Macht zu tun, um weitere Verfehlungen, Versündigungen oder ein Straucheln zu verhüten? Die Lossprechung, die von einem Priester erteilt wird, ist oft in Frage gestellt. Wenn ein Gläubiger vor Gott niederkniet und ihn um Verzeihung, Barmherzigkeit, Gnade, Segen und Kraft bittet und auch Gott verspricht, zu seiner Ehre und nach seinen geistigen Gesetzen und Geboten zu leben, dann wird er von Gott die Lossprechung bekommen. Es sind nur äußere Zeichen, die viele Menschen, die in ihrer Entwicklung noch tief stehen, nötig haben. Wie viele sind fähig, mit Gott ein Gespräch zu führen, mit Gott wahrhaftig einen tiefen Kontakt zu pflegen? Die Menschenmasse braucht ein sichtbares Zeichen. Sie will getäuscht werden. Sie ist noch nicht so weit entwickelt, daß sie ein Urteils- und Unterscheidungsvermögen hat, um zu wissen, was wahr und was falsch ist, was lichtvoll und was dunkel ist. Sie muß ein sichtbares Vorbild haben. Und wenn dieses Vorbild, selbst wenn es keines ist, ihm sagt: "Ich spreche dich los von deinen Sünden," dann fühlt sich dieser

Mensch von seiner Schuld befreit, ohne vorher Gott selbst um Verzeihung angefleht zu haben.
Buße tun heißt, seine Gesinnung umzukehren und die Gesetze Gottes zu achten und die Verfehlungen zu bereuen. Das muß aber jeder selbst tun. Es nützt nichts, wenn sich jemand zu der Verfehlung bekennt. Er sollte auch ein sichtbares Zeichen geben, daß er es ernst meint. Er kann in die Stille gehen und seine Gesinnung auf Gott konzentrieren."

Ebenfalls möchte ich aber noch ein Sakrament hinzufügen, eines das noch nicht bekannt ist, *das Sakrament der Liebe*. Sicher werden einige sagen: "Das kennen wir." Doch ich meine nicht die weltliche Liebe, die vielerorts mit der Sexualität verwechselt wird. Ich meine die Herzensliebe. Die göttliche Liebe ist das größte, was ihr jemals auf dieser Erde erwerben könnt. Die Liebe hält nämlich das ganze Universum in Harmonie. Ich möchte euch mit den göttlichen Worten unseres Heilands die Liebe näherbringen.

"Lieben heißt Gott verehren. Lieben heißt auch verstehen, verzeihen, alles Leid vergessen, mit jedem Tag neu anfangen, alles tun, was dem Nächsten Freude bereitet, sich selbst vergessen, ununterbrochen Gott danken. Wer liebt verzeiht alles Leid, das ihm angetan wurde. Wer liebt, fängt mit jedem Tag neu an und vergißt die Vergangenheit. Wer liebt, lebt in der Gegenwart, im Hier und Jetzt. Nicht das Wissen führt euch in meinen Himmel, sondern die Nächstenliebe. Dann empfangt ihr die Weisheiten Gottes in euch. Nur was ein Mensch in Liebe empfindet, in Liebe fühlt, in Liebe denkt, in Liebe spricht und tut, ist für Gott der ausschlaggebende Wertmesser! Ihr sollt Liebe geben in reichster Fülle, nach links, nach rechts, nach vorn, überall hin soll mein Strom fließen, denn die Menschen lechzen nach Liebe.
Die Liebe ist die Krone meiner Schöpfung!
Wenn ihr wahrhaftig liebt, dann nehmt ihr auch Anteil an den Sorgen, dem Kummer, der Not und der Pein, die andere Menschen haben. Ihr seid dann Mitlastenträger für sie. Dann

lebt ihr in meiner Einheit, weil ihr euch selbst mit den Menschen identifiziert und wißt, daß Gott, euer Himmlischer Vater, auch im Nächsten seinen Thron aufgeschlagen hat und nicht nur in euch. Die Liebe Gottes ist unermeßlich! Sie ist so groß, daß selbst ein Sünder, der in den tiefsten Schlünden von Schlamm und Schutt steht, wieder in die göttlichen Arme genommen wird. Wer einem anderen Menschen willentlich Leid, Tränen und Schmerz zufügt, macht sich auf´s Schwerste schuldig. Ich habe die Liebe wahrhaftig gelebt. In ihr liegt auch die Härte, die ihr euch anerziehen sollt gegenüber eurem großen "Ich".

Gott lieben heißt: Das Leid eines anderen Menschen mitzuleiden und im Glück des anderen Menschen selbst glücklich zu sein. Mit seinem Geschick zufrieden zu sein, weil man weiß, daß das Los der anderen noch viel schlimmer ist.

Andere Menschen nicht ihrer Güter zu berauben, um sich selbst damit zu helfen, sondern Verzicht zu üben um damit anderen zu helfen. Sich selbst zu vergessen, nur für Gott zu leben und für Gott zu sterben. Nicht in den anderen die Fehler zu suchen, sondern in sich selbst hineinzuschauen und mit sich selbst zu beginnen.

Ihr könnt durch eure Liebesbezeugungen so viel Freude bereiten! Nicht nur Gott, sondern auch dem Nächsten, liebt einander! Bereitet einander ein wenig Glück! Mit so vielen Kleinigkeiten ist es möglich, die Augen eines Menschen zum Leuchten zu bringen!"

Von diesem Sakrament kann die ganze Welt leben. Doch ich möchte noch einen Schritt weiter gehen und euch *das letzte Sakrament erklären, die Gnade*. Jetzt wieder die Worte unseres Meisters:

"Wenn ihr nach der Invokation strebt, die auf Bitten um den Heiligen Geist Gottes beruht, in der Integration eurer Seele mit dem Gottesbewußtsein, dann seid ihr meinem göttlichen Gnadenstrom geöffnet und aufnahmebereit, den Heiligen

Geist Gottes zu empfangen, damit aus dieser Invokation die Evokation[11] *entsteht.*
Es ist ein hohes göttliches Gesetz, daß die Gnade über jeden Menschen ausgeschüttet wird, wenn er Gott mit reinem Herzen darum bittet.
Gnade ist: "Daß ihr in eurem Geist erleuchtet werdet, daß ihr dies alles umfassende Verständnis bekommt für den Nächsten, daß ihr Frieden in euren Herzen verspüren könnt, daß ihr die Ruhe behaltet, trotz der Stürme um euch herum, daß ihr nach diesem großen "Du" strebt, daß ihr die Liebe Gottes in euch brennen spürt, daß ihr alles Weltliche und alles Irdische um euch herum vergeßt, daß ihr auch mein Wort an vielen Stellen der Heiligen Schrift, die von den meisten Menschen gänzlich falsch interpretiert werden, verstehen könnt, daß ihr auch von einem Leiden befreit werdet, das kein Arzt imstande ist zu heilen.
Kein einziges meiner Kinder, das unter meinem Gnadenzelt steht und im Zustand der heiligen Gnade lebt, weil es nach meinen göttlichen Geboten und Gesetzen lebt, braucht Angst zu haben. Gnade ist immer ein Geschenk des Himmels. Kein einziger Mensch kann sie erwerben, geschweige denn erkaufen."

Um nochmals auf die anfänglich erwähnten Presbyter zurückzukommen, wurde aus dem Wort Presbyter später das Wort Priester. Selbst in der Evolution wurden aus den anfänglichen kleinen Gemeinden größere, so daß vom Himmel ein Episkopus eingesetzt wurde. Aus Episkopus wurde später das Wort Bischof. Beide, sowohl der Presbyter, als auch der Episkopus, wurden von den Engeln inspiriert und geleitet. Später wurden daraus auch die Tempelpriester. Überall im ganzen Lande wurden die Priester eingesetzt und das Land blühte und gedeihte. Selbst die Regenten, Weisen, Ärzte, Kaiser, Könige und Staatsmänner haben bei Entscheidungen immer wieder die Tempelpriester um Rat gefragt und jeder wunderte sich, mit welcher Weisheit der Regent Entscheidungen getroffen hatte. Doch weiter mit den Worten von Christus:

"Die hohen Fähigkeiten, die dann zutage traten bei diesen Oberhäuptern, versetzten die Menschen in Verzückung und Staunen. Sie fragten sich oft: "Wie ist es möglich, daß so viel Weisheit aus unserem Landesoberhaupt strömt?" Diese Staatsmänner, welcher Stufe sie auch immer angehörten, standen in konstantem Kontakt mit diesen Tempelpriestern, die alle Heiler waren und alleine Gott dienten. Es wurde von ihnen angeordnet, daß die Menschen zu jener Zeit sich nur mit Nahrungsmitteln ernährten, die leicht verdaulich waren, die in erster Linie aus Getreide, Obst, Nüssen, Salaten und Gemüsen bestanden. Man hatte das alles schon dazumal gekannt. Fleisch wurde verpönt, ebenso alle Arten von Rauschgift und Drogen.

So war es möglich, diese Menschenrasse in einen höheren Schwingungsbereich zu bringen, denn ihr wißt, daß alles, was ihr dem Körper zuführt, seinen Niederschlag findet in Seele und Geist, daß ihr also nicht nur das Fleisch als solches von einem Tier aufnehmt, sondern auch Seele und Geist, die in diesem Tier wohnen. Diese Geistseele kreist in eurem Blut, euren Venen und Arterien. Sie zirkulieren auch im Rükkenmark, in den Drüsen und in den Zellen eures Körpers. Es ist also in erster Linie die ganze geistige Kraft, die ihr aufnehmt mit einer Mahlzeit. Für viele mag es seltsam klingen, doch kann ich euch nicht genug auf diese wichtigen Punkte hinweisen. Die Verunreinigung eures Körpers verursacht dann Krankheiten in euch. Wenn ein Mensch sich so ernährt, wie ich es euch empfohlen habe, von Getreide, Obst, Nüssen, Salaten und Gemüsen, wird er nicht einmal wissen, wo sich ein Organ in seinem Körper befindet, weil er nie einen Schmerz empfindet.

Die Drüsen in eurem Körper spielen eine ganz wichtige Rolle. Sie sondern ein Sekret ab, das wiederum Gifte erzeugt, wenn ein Mensch mit Gefühlen von Haß, Groll, Mißgunst, Habgier, Eitelkeit und anderem mehr Nahrung zu sich nimmt. Alles ist miteinander verbunden. Es ist daher so wichtig, daß ihr vor jeder Mahlzeit Einkehr haltet, daß ihr dann ein Gebet sprecht und Gott dankt für Speise und Trank, denn nichts ist selbstverständlich. Befreit euch stets von allem Unbehagen, das in euch ist, bevor ihr eine Mahlzeit feiert. Denn diese negativen Gefühle vermögen über die Drüsensekretion in euch Krankheiten hervorzurufen. Ihr sollt euren Körper auch stoffwechselstörungsfrei halten, denn auch Schlacken verursachen Krankheiten und dies ist, wie ihr wißt, ganz beim Fleisch und Wurstwarengenuß der Fall. Gott hat euch nicht als fleischfressende Geschöpfe erschaffen, sonst wäre euer Darm viel kürzer. Es ist wichtig, daß ihr alle diese Ratschläge befolgt, wenn ihr voranschreiten wollt.

Es kann keinen Aufstieg geben, solange ihr euch immer noch mit all euren Sinnesorganen beschäftigt, die mit den Trieben zusammenhängen. Wenn ihr nur für das Genießen, das Vergnügen und für die Befriedigung eurer Leidenschaften und Süchte lebt, dann gehört ihr zu jenen auf der Bühne, die in gekauerter und sitzender Stellung sind. Sie bleiben an die Erde gehaftet; auch dann, wenn sie Abschied genommen haben von dieser Welt, sind sie unfähig aufzusteigen. Das magnetische Feld, dieses Globalgitter, das die Erde umgibt und das seine Ausstrahlungen hat im ganzen Kosmos und im All, zieht diese Seelen herunter. Es kann nie zu einer Befreiung kommen, solange sie sich nicht gebeugt haben. Es ist für euch alle so enorm wichtig, daß ihr euch übt, euer Ich zu überwinden, damit ihr höhere Werte empfangen könnt, Schätze, die von Ewigkeitsbestand sind."

Die Presbyter, Priester oder später Tempelpriester, hatten nur einen Wunsch: den Ratsuchenden eine weise Antwort zu geben, damit keiner Schaden leidet, sowohl in der Ernährung als auch in der Lebensführung. Es war für die Tempelpriester eine Leichtigkeit, es regnen zu lassen, da sie alle die Naturgesetze kannten. In der heutigen Zeit ist das ganze Wissen verloren gegangen, weil man sich wieder dem "Ich" zugewandt hat, und darum haben sich die Engelwesen nicht mehr wohlgefühlt und haben sich zurückgezogen. Der Heilige Geist weht nur da, wo er sich angezogen fühlt. Hier ist das Wort "wo" von Wichtigkeit.

Ich hoffe sehr, daß es einmal ein Zeitalter geben wird, in dem die geistigen Gesetze von allen Menschen geachtet und gelebt werden. Glaubt mir, daß es Gott nicht mehr länger mit ansieht, daß alle seine Geschöpfe, d.h. Menschen, Tiere, Vögel und die Natur, so geschändet werden. Ihr habt von IHM den freien Willen bekommen, doch was macht ihr mit ihm? Alles dreht sich nur um das eine "Ich". Wenn ihr wüßtet, daß im Geben das Heil liegt und wenn ihr die geistigen Gesetze achtet und mit dem Herzen betet, so würdet ihr alles bekommen, was ihr euch wünscht. Ich glaube, dann würden viele nicht so leben, wie sie es im Moment machen. Im Schlußkapitel werde ich euch eine Vision geben, die das neue Zeitalter zeigt.

Man kann die Menschheit nicht genug warnen, eine Umkehr zu tätigen, denn das Strafgericht wurde auf Fürsprache unserer Himmlischen Mutter schon zweimal verschoben. Selbst die höchsten Engel haben bei Gottvater Fürsprache gehalten, damit kein Strafgericht über uns hereinbricht. Doch es liegt nur bei Gott selbst, wann er seine Engel zurückzieht und den Natur- und Elementargeistern freien Lauf läßt. Dann werden wir dieselbe Umwälzung unserer Erde erleben, wie sie früher die Atlanter und davor die Lemurier[12] erlebt hatten. Doch ich möchte euch keine Angst machen, denn das Leben wird immer stärker sein als der Tod, und das Licht wird immer stärker sein als die Finsternis. Doch möchte ich nicht versäumen, euch die Tragweite eurer Verfehlungen vor Augen zu führen. Es wird nie ein vollständiges Verschwinden der Erde geben, doch kann es zu großen Katastrophen kommen. Es ist schon Vorsorge getroffen worden, daß die mit Gott verbundenen Menschen bei Eintreten der Katastrophen evakuiert werden. Glaubt mir, es ist keine Horrorvision, wie sie in den Medien verkündet wird. Der Tag wird kommen, wo sich die Sonne drei Tage verdunkeln wird. Wer einmal den Kontakt mit den Santinern aufnehmen konnte, der weiß von der großen Bruderschaft unter uns Geistgeschwistern. Nicht umsonst wurden vom Himmel viele Kanäle erkoren, die auf der geistigen Seite einen Mentor haben und vielen die geistigen Gesetzmäßigkeiten erklären. Es liegt im göttlichen Willen, daß der Erde im letzten Viertel dieses Jahrhunderts eine größere Rotationsgeschwindigkeit gegeben wird. Damit verbunden ist eine gleichzeitige Erhöhung des Bewußtseins der Erdatmosphäre.

Doch auch hier, auf unserer Erde, haben sich die falschen Propheten eingenistet und treiben ihr Unwesen. Schärft euren Verstand, damit ihr nicht den Löwen zum Fraß vorgeworfen werdet. Seht alles mit offenen Augen und laßt euch nicht verführen, denn der Antichrist lebt unter uns.

Was ich unter Antichrist verstehe, ist die Verleugnung der Tatsachen, daß Christus geboren wurde und am Kreuz gestorben ist und es eine geistige Empfängnis gegeben hat durch Maria, seine Mutter.

Jesus ist nicht auf unsere Welt gekommen, daß er unsere Sünden auf sich nimmt und tilgt. Nein, er kam, um die Brücke zu seinem und unserem Vater wieder begehbar zu machen, weil diese seit dem Abfall Luzifers versperrt war. Ich habe mich entschlossen, ein Extrakapitel zu schreiben von der wahren Mission Jesu. Warum er auf unsere Erde gekommen ist und warum er den Kreuzestod gewählt hat. Auch wäre es mein Wunsch, daß unsere Gesellschaft wieder die Form der Urkirche annehmen würde.

Das Gebet

Sicher werden sich einige fragen, wie kann ich ein Gebet sprechen, wenn ich einen Wunsch habe, der sich erfüllen sollte. Dazu möchte ich einige Anmerkungen machen. Ihr solltet bei eurem Gebet von Gott nichts erbitten, was mit euren persönlichen Bedürfnissen zu tun hat, denn er allein weiß, was für euch gut ist. Dazu die Worte unseres Weltenlehrers:

"Im Loben, Preisen und Danken liegt eine immense Kraft, weil ihr in diesem Augenblick nichts von Gott fordert, sondern Gott die Ehre erweist. Wenn ihr Gott ein Geschenk gebt, dann werdet ihr im gleichen Augenblick auch von Gott beschenkt. Das, was sich in eurem tiefsten, innerlichen Sein abspielt, was ein Teil eurer Sehnsüchte sein könnte, ein Teil eines Herzenswunsches, geht dann automatisch in Erfüllung. Es ist ein hohes geistiges Gesetz, diese Wechselwirkung zu erkennen, ebenso die Beziehung zwischen Geist und Materie."

Es stimmt zwar, daß die stärkste Kraft das Gebet ist, doch es soll kein Lippengebet sein, das einfach aus der Gewohnheit heraus gesprochen wird, denn das ist für Gott zwecklos. Es soll ein reines Herzensgebet sein, das ihr sprecht. Denn es gibt so viele Heuchler auf unserer Erde, die vor den Menschen beten, doch nur um Eindruck zu machen, weil sie ihre gesellschaftliche Stellung festigen wollen. Betet wie ein Kind, das noch in seinem Gebet mit Herz und Seele spricht. Euer Vater weiß, selbst in der dunkelsten Zeit, was für euch am besten ist. Nicht umsonst hat Jesus vom Gebet der Stille gesprochen. Wenn ihr beten wollt, dann begebt euch in einen Raum, wo ihr allein seid. Stellt ein Kreuz auf, das unseren Heiland darstellt oder ein Bild, das ihn darstellt, zündet eine Kerze an, kniet nieder und sprecht euer Herzensgebet. Begebt euch in die Stille und betet. Sprecht aus euren Herzen heraus und schließt das Gebet mit den Worten: "Vater, nicht mein Wille, sondern Dein Wille geschehe und in Deine Hände lege ich meinen Geist".

Der Mensch lebt bis zu neun Zehnteln aus dem Unterbewußtsein und ein Zehntel vermag er mit seinem Willen zu steuern. Wie gesagt, neun Zehntel gehören schon Gott, aber wir haben seit unserer Urgeburt den freien Willen erhalten, und der wurde und ist unser Untergang. Doch wenn ihr die Kraft habt, so übergebt Gott dieses Zehntel, damit er durch euch wirken kann.

Denn aus dem freien Willen wurde unser Ego geboren. Ihr könnt mir glauben, daß Gott das Ego nicht kennt, denn es ist für ihn völlig unbekannt, denn er gibt nur. Das "Ego" jedoch fordert.

Er gibt uns die Sonne zum Wärmen, die Luft zum Atmen, die Nahrung zum Essen, die Häuser zum Wohnen und verlangt von uns nichts zurück.

Wenn ihr die englische Sprache betrachtet, so gibt es kein "Sie". Das egoistische "Ich" sollte auch in unserer Sprache gänzlich verschwinden und sollte in das "Du" umgewandelt werden. In den himmlischen Hierarchien wird nur das göttliche "Du" gepflegt. Wenn ihr euren Willen Gott übergebt, so werden Legionen von Engel euch begleiten. Sehr wohl werden diese Menschen immer wieder geprüft, wie weit sie ihren Willen Gott übergeben haben, oder ob es nur ein Lippenbekenntnis war. Ich sage euch, wenn ihr das Mantram "Gott" sprecht, das die höchste Schwingung im Universum trägt, so wird sich jeder angesprochen fühlen, der ihm dient. So wird das göttliche Gesetz erfüllt, das da heißt: "Wie oben, so unten".

Wenn ihr betet und um kein persönliches Bedürfnis bittet, so werden euch eure Aufgaben im Leben stärker vor Augen geführt, denn jeder ist mit einer Aufgabe auf diese Welt gekommen. Nur der freie Wille kann diese Aufgabe überschatten und das Licht, das er tragen soll, verdunkeln. Wenn ihr betet: "Vater, in Deine Hände lege ich meinen Geist," so werdet ihr Großes erschaffen können, wenn ihr es ernst meint. Alsbald werdet ihr noch stärker von eurem Schutzengel und Schutzgeist geführt und Legionen von Engeln werden euch zur Seite stehen. Doch der Weg wird steinig und hart sein, aber der Sieg ist euch gewiß, weil ihr noch stärker an das Liebelicht Gottes geführt werdet. Jesus sagte immer:

"Wenn ihr erkennt, wer ich bin, meine Gesetze achtet und meines Glaubens seid, so werdet ihr Größeres tun als ich getan habe."

Es ist aber immer wieder das Herzensgebet, das Gott von uns erwartet. Denn er gibt nur und würde euch mit Geschenken überschütten, wenn ihr ihm die Ehre gebt und seinen Namen heilig haltet. Selbst Jesus betete zu seinem und unserem Vater, in der Zeit, als er auf Erden lebte. Er schloß seine Gebete immer wieder mit den Sätzen: "Nicht mein Wille geschehe, o Vater, sondern Dein Wille soll geschehen und in Deine Hände lege ich meinen Geist."

Wenn auch ihr die Kraft habt, so zu beten, schafft ihr Ewigkeitswerte und werdet Schätze sammeln, die von ewiger Dauer sind. Ihr kennt bestimmt den Satz: "Gebt dem Kaiser was des Kaisers ist und gebt Gott was Gottes ist."

Neun Zehntel haben wir treuhänderisch auf dieser Erde zu verwalten und ein Zehntel beträgt unser freier Wille, doch auch er sollte Gott übergeben werden, ihm zur Ehre. Das Gebet ist die wirksamste Verbindung zu meinem und eurem Vater. Wir haben in diesem Kapitel das Gebet angesprochen. Jesus lehrte seinen Jüngern das uns allen bekannte *"Unser Vater"*. Sie haben richtig gelesen, denn es wurde später verfälscht und daraus wurde "Vaterunser." Ich möchte euch auf einige Fehler aufmerksam machen, die sich in das Gebet eingeschlichen haben. Die Urform sollte immer gewahrt bleiben, weil es sonst zu Unstimmigkeiten und falschen Interpretationen kommen kann. Den Übersetzern ist viel anzulasten, ebenso den bewußten Verfälschungen, die das heilige Gebet des *"Unser Vater"* erlebt hat. Doch ich möchte euch auch den geistigen Aspekt, den Jesus in sein Gebet gelegt hat, erläutern. Wie ihr wißt, beginnt das Gebet mit:

Unser Vater, der Du bist im Himmel,

Damit wollte Jesus ausdrücken, daß Gott unser aller Vater ist und wie ein Vater, der für seine Kinder sorgt, auch für uns sorgt. Damit hat er nicht nur uns Menschen gemeint, sondern auch die Tiere, die Gesteine, die Natur und alles, was im Kosmos ist. Alles ist aus seiner Liebe entstanden, denn so wie ein Vater seine Kinder liebt, so liebt auch Gott seine Kinder. Mit *"der Du bist im Himmel"* wollte Jesus ausdrücken, daß Gott wahrhaftig existiert. Daß es nicht, wie es die meisten Menschen glauben, keinen Gott gibt, sondern daß es ohne seinen Thron im Himmel kein Leben geben würde. Denn wenn der Vater seine Familie verläßt, würde diese zusammenbrechen und sie könnte nicht mehr existieren. Darum wollte Jesus die Existenz Gottes in den Vordergrund stellen und sagen, daß ohne Ihn kein Leben entstehen kann.

Dein Name sei uns heilig,

Hier wurde ausgedrückt, daß der Name Gottes immer heilig gehalten werden sollte. Auch im Wort "heilig" steht das Heil. Ich kann euch versichern, daß es eine Sünde gegen den Geist ist, wenn dieses Wort in vielen Gemeinschaften bestritten und überhaupt nicht beachtet wird, ja sogar manchmal auf´s Schändlichste mißbraucht wird. Ich kann gar nicht genug darauf hinweisen, daß unsere Geburt aus seinem Liebelicht entstanden ist. Ähnlich wie ein Kind seine Eltern achtet, so sollten auch wir den Namen Gottes achten. Wenn ihr im Namen Gottes arbeitet, können Heilungen durchgeführt werden, die viele als Wunder ansehen würden. So ist der Satz gemeint: *"Dein Name sei uns heilig."*

Dein Reich komme zu uns

Damit ist das Gottesreich gemeint, in dem Gott seinen Sitz hat. Damit möchte ich aber nicht ein Reich ansprechen, das außerhalb unseres Körpers ist. Nein, es ist das Geistherz und der Gottesfunke, der in jedem von uns ist. Gott läßt sich nicht in eine Schablone pressen, sondern er ist die Liebe und Gerechtigkeit, raum- und grenzenlos. Aber Gott ist auch in jedem von uns und in allem. Sein

Reich ist die höchste Reinheit, das höchste Wissen und die höchste Liebe. Damit wollte Jesus ausdrücken, daß wir ihn bitten sollen, alle diese göttlichen Tugenden, die sein Reich erfüllen, in unserem Herzen stärker zum Ausdruck kommen zu lassen.

Dein Wille geschehe auf Erden, wie im Himmel

In diesem Satz erkennen wir, daß wir Gott unseren Willen übergeben sollten und sein Wille soll zu unserem Willen werden. Ich habe eingangs dieses Kapitels geschrieben, daß wir beten sollen: "Nicht mein Wille soll geschehen, sondern Dein Wille." Wie oft haben die Menschen durch ihren Willen Katastrophen und Unheil heraufbeschworen. Wieviele Orkane haben die Menschen schon verursacht und haben Gott die Schuld gegeben für ihre Misere. Wenn wir beten: "Dein Wille geschehe" und es ernst meinen, so können wir sicher sein, daß wir die göttlichen Gaben auch bekommen. Auch im Himmel hat jedes Wesen seinen freien Willen und kann ihn gebrauchen. Gott erschuf uns als freie Kinder und nicht als Sklaven. Gegen diesen freien Willen wird auch Gott nicht einschreiten. Aber denkt nicht, daß der Himmel außerhalb unseres Körpers existiert, nein, alles ist in uns selbst. Damit wurde das Himmelreich beschrieben, das wir in unserem Körper aufbauen können. In diesem Satz: "Dein Wille geschehe" wird uns unsere Knechtschaft völlig genommen.

Gib uns heute unser täglich Brot,

In diesem Satz des Gebets bitten wir nicht nur um unsere tägliche Nahrung, sondern auch um die Wahrheit, die durch den Menschensohn übermittelt wurde. Jesus sagte: "Der Mensch lebt nicht nur vom Brot allein, sondern von jedem Wort, das vom Vater gesprochen worden ist." Wenn wir erkennen, daß ohne Gottes Licht kein Leben möglich wäre, so würden wir nicht achtlos die Speisen in uns aufnehmen, die uns vom Himmel geschenkt wurden. Nehmt nichts als selbstverständlich an, denn alles kommt aus seinem Licht. Auch das Wort "heute" in diesem Satz hat eine wichtige Bedeutung. Denn wer im Heute lebt, hat die Vergangenheit und alles

Leid vergessen, welches ihm zugefügt wurde und er anderen zugeführt hat. Die Zukunft jedoch wird in der Gegenwart gemacht. Wer im göttlichen Bewußtsein lebt, wird das Heute erleben. Heute heißt auch, mit jedem Tag neu anfangen.

Das Danken ist eine göttliche Tugend, die stärker gepflegt werden sollte. Denn in welchem Maße ihr Gott gebt, in dem Maße wird er euch beschenken. Das Brot soll nicht nur unsere Bitte um unsere tägliche Nahrung sein, sondern auch unsere Bitte um seine Worte, die er durch unser Geistherz sprechen soll.

Vergib uns unsere Schulden,
wie auch wir vergeben unseren Schuldnern.

Viele werden sich jetzt fragen, welche Schuld soll Gott uns denn vergeben? Ich habe gesagt, daß alles Gott ist und Gott in allem ist. Wieviele Menschen leben nach diesem göttlichen Prinzip? Viele sind so schnell beleidigt, so schnell betroffen von irgendeiner kleinen Brise Wind, während sie selbst Orkane verursachen. Kein einziger Mensch auf dieser Erde hat das Recht, über andere zu urteilen. Wir müssen uns nicht nur für unsere Taten oder Worte verantworten, sondern auch für unser Denken. Wie oft klagen wir andere an oder beschimpfen andere oder fügen Lebewesen ein Leid zu! Glaubt nicht, daß wir Gerechtigkeit ausüben, wenn wir nicht die göttlichen Gesetze kennen. Wir üben stündlich, ja sogar minütlich Ungerechtigkeiten aus. Meßt nicht mit dem Maßstab des irdischen Gesetzes, das ist für Gott gänzlich unwichtig, sondern sein Maßstab ist seine göttliche Liebe, selbst nach unserem Ableben von dieser Erde. Doch Gott vergibt uns in dem Maße unsere Schuld, wie auch wir unseren Mitmenschen vergeben, die gegen uns etwas Ungerechtes getan haben. Deshalb sollten wir jedem verzeihen, der uns etwas schuldet. So wie wir auf Erden verzeihen, so wird uns auch der Himmel verzeihen, das ist ein göttliches Gesetz.

Und führe uns in der Versuchung.

Es ist völlig falsch, wie es in dem heutigen Gebet steht: "und führe uns nicht in Versuchung." Gott wird nie jemanden in Versuchung führen, ganz im Gegenteil, er will uns noch näher an sein Herz führen, damit wir überhaupt keine Versuchung erleiden. Doch der freie Wille des Menschen wird ihn immer wieder in die Versuchung führen. Auch der Widersacher, nicht nur Gott, arbeitet über das Gewissen und mit dem freien Willen, der den Menschen schon einmal zum großen Verhängnis geworden ist. In diesem Satz beten wir, daß, wenn wir durch unser Verschulden in der Versuchung sind, wir um seine Führung bitten, um wieder die Wahrheit zu erkennen. Seht ihr, wie sich alles im Laufe der Zeit verändert und dadurch einen völlig falschen Sinn bekommt. Vieles ist auch bewußt verfälscht worden, damit die Autorität einiger Personen erhalten blieb. Doch jeder muß sich selbst dafür verantworten.

Und erlöse uns von dem Übel.

Damit sind unsere Schwächen und das Negative gemeint, die uns in die Sünde führen. Selbst die steten Verletzungen gegenüber anderen wurden damit angesprochen. So erzeugt Gewalt wieder Gewalt, Gleiches zieht Gleiches an und Gleiches wird durch Gleiches geheilt. Das Übel erzeugt wieder das Übel. Wie oft stehen wir im Vordergrund und haben andere vergessen, ohne deren Hilfe es überhaupt nicht zustande gekommen wäre. Wie oft rühmen sich andere in ihrem Reichtum und vergessen die Menschen, die an Hungersnot und Elend leiden. Das Übel, sollte es verübt sein, wird wieder ein neues Übel heraufbeschwören. Das Ungute, das gesprochen oder getan wurde, wartet auf seine Erlösung und kann nur durch die Person getilgt werden, die es verursacht hat. In diesem Satz: *"Und erlöse uns von dem Übel"* ist auch die Erlösung von der Unwissenheit gemeint, die alles Negative verursacht hat. Es ist die Bitte, daß uns der Schleier der sogenannten "Maya"[13] genommen wird. Tief in unserem Herzen kennen wir die Naturgesetze, doch wir haben sie verdrängt und wollen sie nicht wissen, weil wir unsere Gewohnheiten anders eingerichtet haben. Würden wir die Gesetze befolgen, müßten wir unsere Dogmen ändern und das wäre ein harter Schritt für die meisten von uns. Es gibt zwei Hauptübel in unserer Welt: Zum einen unsere *Unwissenheit,* darin enthalten ist das Gesetz von Ursache und Wirkung; und zum anderen unsere *Gewohnheit.* Keine Gewohnheit läßt neue Erkenntnisse zu und wird sich an das Alte klammern. Gewohnheit und Bequemlichkeit sind die Gegenspieler der Wahrheit. Das sind unsere wahren Übel.

Denn Dein ist das Reich, die Kraft
und die Herrlichkeit in Ewigkeit. Amen.

Damit bekunden wir, daß alles aus seinem Reich entsteht und alles wieder in seine Herrlichkeit eingehen wird in Ewigkeit. Wir sind an die Ewigkeit angeschlossen, denn wir kommen aus ihr. Darum sind wir auch für die Ewigkeit verantwortlich. Gott hat alle Macht im Himmel und auf Erden, darum laßt uns danken für die Gewißheit, daß wir aus seiner Liebe geboren sind und wieder in seine Heimat zurückkehren werden. Die Ewigkeit ist wie ein Kreis, niemand kann sagen, wo das Ende oder der Anfang ist, denn die Unendlichkeit zeigt sich in seiner Schöpfung, an der wir angeschlossen sind.

Das alles hat Jesus seine Jünger gelehrt. Ich gebe es euch, weil ihr die Wahrheit erkennen und stark werden sollt. Im Gebet liegt die größte Kraft und wer mit dem Herzen betet, der kann sicher sein, daß seine Gebete auch erhört werden. Denn wie ihr dem Himmel gebt, so wird auch euch gegeben. Das ist ein göttliches Gesetz. Dieses Kapitel möchte ich mit den Worten von Christus schließen:

"DAS GEBET IST DIE STÄRKSTE MACHT DER WELT, WENN ES AUS EINEM DEMÜTIGEN, SELBSTLOSEN, HINGEBUNGSVOLLEN UND REINEN HERZEN KOMMT, DAS NUR EINE SEHNSUCHT KENNT, LIEBE ZU SCHENKEN UND ZU MEINER EHRE ZU LEBEN! DAS IST DAS HÖCHSTE GEBOT!
DAS ZWEITGRÖSSTE GEBOT IST DIE NÄCHSTENLIEBE!"

Atlantis

Es hat bis zur heutigen Zeit viele Epochen und Zeitalter auf unserer Erde gegeben, vor allem möchte ich in diesem Kapitel auf eine ganz spezifische Zeitepoche hinweisen. Sicher können sich viele an Lemurien und an den Kontinent Mu erinnern, die allesamt auf unserer Erde existiert hatten. Selbst die jetzige Wüste Sahara war einmal ein großer See, mit viel Kultur und Leben um ihn herum. Doch in diesem Kapitel möchte ich einmal eine Hochburg der Menschenrasse beschreiben, den immer noch sagenumwobenen Kontinent Atlantis. Viele Schriftgelehrte, Forscher und Wissenschaftler zerbrechen sich den Kopf, wann und wo dieser Kontinent Atlantis auf unserer Erde existiert haben sollte? Auch in bezug auf die Zeitrechnung bestehen noch sehr viele unterschiedliche Meinungen. Viele meinen, vor 10.000 Jahren, andere, vor 15.000 Jahren soll es den Kontinent gegeben haben. Doch auch hier irren sich die Wissenschaftler. Es ist ziemlich exakt 6.000 Jahre her, seit Atlantis oder Atlanta genannt, seinen Untergang hatte. Die Epoche der Atlanter dauerte ca. 2 Millionen Jahre. Selbst Plato hatte in seinen Schriften noch einige Hinweise auf seine Existenz beschrieben. Doch hören wir die Worte unseres Heilands:

"Die Wissenschaftler sind sich auch in bezug auf die Lage gänzlich uneinig. Die einen glauben, daß Spanien oder Skandinavien, der Nordpol oder Helgoland, ja sogar Brasilien der ehemalige Ort dieses paradiesischen Inselreiches war. Und doch irren sich alle miteinander, denn Atlantis, das ehemals schönste Land auf dieser Erdkugel, befand sich im Westmeer, im heutigen Karibischen Meer.

Ich werde euch ganz genau erklären, warum es den Wissenschaftlern bis heute nicht gelang, Spuren in den Meeren zu finden. Vorerst möchte ich euch hinführen in dieses Paradies. So große Trauben und große Äpfel, so große Mandarinen, Orangen und Birnen, alles war von unbeschreiblicher Pracht. Auch die Blumen waren zehnmal größer als bei euch.

Die Größe eurer heutigen Blüten waren für uns wie Knospen. Es war ein Überfluß von unbeschreiblichem Ausmaß vorhanden. Alles gehörte jedem! Es gab hier keinen Unterschied im gesellschaftlichen Stand. Ein jeder Atlanter war voller Reichtum. Daher mußte auch nicht, wie bei euch, gearbeitet werden. Die schönsten Beschäftigungen waren die Musik und die Malerei, womit die Atlanter ihre Zeit verbrachten. Sie sangen von morgens bis abends die schönsten Lieder. Die Harfe, die Zither, die Zimbel usw., alles war dazumal schon bekannt und wurde gebraucht. Dieses Geschlecht war von GOTT mit Gaben ausgestattet worden, die für euch wie ein Märchen klingen. Sie waren die größten Erfinder und Architekten, die größten Geologen und Zoologen, auch die größten Maler. Denn alles, was die Menschen produzierten, wurde ihnen auch eingegeben von den Engeln, die in ihren Häusern - die wie Paläste aussahen - aus- und eingingen.
Die Engel zeigten sich den Atlantern, die alle hellsehend waren, in ihren Geistkörpern, oder sie nahmen einen physischen, fleischlichen Körper an. Das war dazumal für sie eine Leichtigkeit, denn es war so viel an Kraft in dieser wunderbaren göttlichen Schwingung vorhanden, daß sie sich sehr schnell materialisieren konnten. Die Engel waren für dieses Volk die Unterhalter, die Priester, die Inspiratoren und auch die Kraftspender. Die Bauten wurden alle im schönsten Marmor erstellt und zwar in quadratförmigen Platten. Um diese Marmorplatten aneinanderschieben zu können, wurden Glasröhren verwendet, die mit Wasser gefüllt waren, was durch das Sonnenlicht ein wunderbares Spiegellicht produzierte, so, wie ihr es euch vielleicht in einer Fata Morgana vorstellen könnt. Nicht nur die Paläste waren aus Marmor gebaut, auch die Straßen.
Wenn eine Familie Besuch erwartete, von einer anderen Stadt, dann wurde er mit Blüten empfangen. Der Weg wurde übersät mit den schönsten Blumen. Die Tiere waren dazumal

noch so zahm und so menschenliebend, daß sie Spielgefährten der Kinder waren. Die Pferde stießen mit ihren Nüstern die Kinder in den Rücken oder an die Seite, um ihnen zu zeigen, daß sie von ihnen gekrault und liebkost sein möchten. Die Töchter hielten vor allem Pfaue als Haustiere, auch wundervolle Goldvögel mit goldigem Gefieder. Auch Schlangen wurden als Haustiere gehalten, denn die Atlanter sahen darin ihr eigenes Ich, das auch so ein bewunderungswürdiger Akrobat und Turner ist. Es war also ein Land, in dem nur Glück, Friede, Gottverbundenheit und Liebe herrschten. In jedem Garten war eine Laube hergerichtet, wo diese Atlanter GOTT dienten.

Es dauerte Jahrhunderte, bis mein Widersacher auch in dieses Volk seinen Samen setzte. Ich habe euch ja gesagt, daß alles in reichster Fülle vorhanden war. Und nun stichelte der Widersacher die einen oder anderen Atlanter an, sich dieser Früchte in einem Maße zu bedienen, die sie überhaupt nicht mehr mit ihrem Körper verkraften konnten. Durch diese Hamsterei wurde nun einigen der Genuß unmöglich gemacht. So begannen sich Mißgunst, Neid, ja sogar Haß unter den Menschen zu bilden. Dort, wo jeder Mensch genug zu essen, genug zu trinken und sein Obdach hat, jeder also das gleiche genießen darf, herrscht immer Friede. Aber sobald diese Uneinigkeit, diese Ungleichheit und Zwietracht beginnt, fängt auch Neid in einem Menschenherzen zu wuchern an.

Die Engel haben die Atlanter gemahnt, sich nicht mehr anzueignen als sie wahrhaft essen können und daß ein jeder mit dem zufrieden sein soll, was er erhält. Die meisten hatten jedoch dafür kein Gehör. Sie schlemmten, sie schwelgten in Trink- und Eßsucht, denn der Atlanter liebte schwere Weine. Er war nicht zufrieden mit dem köstlichen Naß, das aus den Quellen strömte. Er verwendete das Wasser nur dann, wenn er zum Ausdruck bringen wollte, daß das, was man ihm vorher oder gleich erzählte, von ihm als unrein, unlauter und unwahr betrachtet wird. Dann hat er das Wasser in den Mund genommen und es wieder ausgespuckt. Der große Durst wurde also nur mit Wein gelöscht. Die Perlen lagen am Strand wie bei euch Sand am Meer. Atlantis war auf der einen Seite auf Klippen gebaut. Dort befand sich die Hauptstadt "Wada". Dieses Volk ging so weit, daß die Kinder mit den Kulturperlen spielten. Für den Schmuck der Frauen formten die Atlanter künstliche Perlen. Sie wollten damit zum Ausdruck bringen, daß ihre Fähigkeiten selbst die Schöpfung überboten.

Auf den Wegen waren Springbrunnen erstellt, die alle mit Quellwasser beheizt waren. Die Menschen tummelten sich darin mehrmals am Tage, denn das Klima war mild. Sie hatten keine Krankheiten und wenn einmal ein Mensch ein kleines Leiden hatte, war das in Schnelligkeit wieder weggefegt. Sie hatten ja weder Hunger noch Durst zu leiden.

Die Frauen kleideten sich am Tage dreimal um. Alle trugen die schönsten seidenen Gewänder. Es war eine unbeschreibliche Pracht und Schönheit auf diesem Kontinent. Die Türen waren so hoch und so breit wie eine Wand. Am Boden befand sich eine ganz kleine Erhöhung, die man mit den Fußspitzen bedienen konnte. Durch eine eingebaute Mechanik öffnete sich dann die Türe oder sie schloß sich wieder. Die Paläste waren alle umgeben von wundervollen Gärten. Man konnte also - durch Bedienung dieser Fußleisten - direkt vom Haus in den Park hinaustreten. Alles war in Silber und Gold gefaßt und wie gesagt, im edelsten und schönsten Marmor erbaut. Diese wunderbaren Häuser dienten für große Empfänge. Man war gastfreundlich eingestellt. Alles wurde geteilt. Die Bildschirme, die ihr heute in diesem Holzkasten habt, existierten schon zur Zeit der Atlanter, nur in anderer Form. Das waren Spiegelwände, vor die sich die betreffenden Menschen setzten. Durch die elektrischen Kraftfelder, die die Atlanter zu nutzen verstanden, vermochten sie in dieses Spie-

gelbild hinein, nachdem sie es vorher berührt hatten, Bilder zu projizieren. Kugeln, die wunderbare Musik ausströmten, waren dazumal für die Atlanter die Tonbandgeräte, die ihr heute verwendet. Es waren Glaskugeln, die nach dem Sonnenstand ausgerichtet wurden. Durch die Sonnenenergie war es möglich, die Worte, die auf diese Kugeln gesprochen wurden, für mindestens 10-12 Tage festzuhalten. Das gleiche war auch mit der Musik möglich. Die Gedankenkonzentration und Kraftentwicklung im geistigen Sektor waren bei dieser Menschenrasse hoch entwickelt. Sie arbeiteten auch mit Atomkräften. Nichts war ihnen verborgen.

Mittels ihrer Gedankenkräfte waren die Atlanter fähig, Menschen einer anderen Stadt herzuziehen. Dies praktizierten vor allem die Jünglinge. Sie holten sich Jungfrauen, die von ganz besonderer Schönheit waren, nach Wada und vergingen sich an ihnen. Der Sittlichkeitsverfall ging Hand in Hand mit der Verschwendungssucht, Trink- und Eßvöllerei. Ihr seht also, daß schon 4.000 Jahre vor meiner Geburt auf technischem Sektor Großes vorhanden war. Auch damals gab es schon fliegende Fahrzeuge, in die sich die Menschen setzen konnten, diese sogenannten Ufos.

Nun habe ich bereits sachte angedeutet, daß die Atlanter durch diese Überschwenglichkeit zum Frevel kamen. Die Engel, die sie immer wieder mahnten, Maß zu halten, nicht nach Gütern zu streben, die dem Nächsten gehörten, zufrieden zu sein mit dieser paradiesischen Pracht und Herrlichkeit, wurden immer wieder gebeten, zu schweigen. Ja, es kam sogar soweit, daß die Engel, die sich materialisiert hatten und wiederum die Atlanter aufforderten, GOTT zu dienen, unter Spott und Hohn verjagt wurden. In den Lauben, in denen sie vorher ihre Gottesdienste abgehalten hatten, wurden nun Tafeln in goldenen Buchstaben errichtet: "Wozu denn noch Gott".

Ja, diese Worte wurden selbst in Marmor gemeißelt. Und wohin sich auch immer ein Atlanter begab, standen überall diese Worte: "Wozu denn noch Gott!"
Nun werde ich euch das Ende schildern. Entspannt euch gänzlich, denn das Ende, das die jetzige Menschheit erwarten wird, ist viel schlimmer als das, was ich euch in bezug auf Atlantis erzähle.
Die Engel sind, wie bereits erwähnt, in all diesen Palästen und Häusern aus- und eingegangen. Dann wurden sie, weil sie immer wieder mahnten, immer wieder Einhalt geboten in bezug auf diesen Frevel, dieses Verderbnis, diese Sittenlosigkeit usw. fortgejagt. Sieben Tage lang blieben sie fern. Die Atlanter waren beunruhigt, sie haben sich gefragt: "Warum kommen unsere Engel nicht mehr?" Es folgten weitere sieben Tage und die Engel blieben immer noch fern. Dann begannen schon Tausende, GOTT zu lästern. Es folgten weitere sieben Tage und die Engel blieben immer noch fern. Alsdann begann HUIMA, ein wundervoller Berg, der bis zu seiner Spitze voller Trauben war, Rauch auszuspeien. Bald folgte Feuer. Die Erde begann zu dröhnen. Die Wogen des Meeres wurden immer höher. Die Vögel kamen kreischend zu den Menschen und setzten sich auf ihre Schultern. Dazumal waren auch die Vögel noch sehr menschenliebend. Die Menschen begannen sich allmählich etwas zu beunruhigen, aber sie wollten die Gefahr, die auf sie hereinbrach, nicht sehen. Ja, sie haben ihre goldenen Gewänder ausgezogen und sind in die geheizten Springbrunnen hineingehüpft. Mann und Frau haben sich darin getümmelt und das übrige im Anblick der Kinder getan. Immer wieder wurde gerufen und gelästert, daß GOTT nicht die Liebe und Barmherzigkeit sei und daß ER sie nun verlassen hat.
Dann begann sich die Erde zu spalten und diese wundervollen Marmorpaläste und Gärten sind in den Erdschlünden versunken. Die Wogen des Meeres sind in dieses Feuer, das

aus dem Erdinneren herausströmte, hineingeflossen. Alles ist geschmolzen: Das Gold, das Silber und das Eisen, alles versank im Erdenschlund!
Diese Tragödie hat sich in wenigen Stunden abgespielt. Nur ganz wenige Atlanter wurden noch von der Gottesliebe erfaßt. Sie sind dann auf ihre Knie gefallen, als ihr Haus zu beben begann und haben mich um Verzeihung angefleht. Meine Engel sind dann zu ihnen geflogen und haben sie entrückt. Sie wurden in Flugzeugen - in Ufos - in einen anderen Erdteil gebracht. Die anderen, die bis zur letzten Minute GOTT gelästert haben, sind alle in diesem Feuer oder in dieser Flut umgekommen. So ist die reichste, schönste und klügste Menschheit jenes Erdteils vernichtet worden.
Zur gleichen Zeit hat Noah seine Arche gebaut. Denn er und die Seinigen wurden auch gerettet, bevor die Sintflut über den nördlichen, östlichen und südlichen Teil dieser Erdkugel hereinbrach. Dort hat es 40 Tage und 40 Nächte lang ununterbrochen geregnet und alle Menschen mußten ertrinken, weil sie nicht mehr GOTT dienten.
In der westlichen Hemisphäre der Erde hat sich der Untergang von Atlantis abgespielt und über den nordöstlichen Erdteil kam gleichzeitig die Sintflut.
Was ich vorher erwähnte, möchte ich noch klarer darstellen. Die Atlanter haben die Worte: "Wozu denn noch Gott" auf ihre Tafeln und Marmorplatten gemeißelt, sowie überall hingeschrieben, aber die heutigen Menschen haben diese Worte in ihr Herz geritzt. Daher wird die heutige Menschheit viel tragischer, viel schwerer bestraft werden.
Ihr werdet euch fragen: Wie war das möglich, daß sich die Erde gespalten hat? Meine Kinder! Die Atlanter haben mit Erdgas gearbeitet. Es wurden Tunnel in den Erdgürtel hineingebohrt, um Erdgas verwerten zu können. Man hat buchstäblich die Nähte der Erdkruste durchstoßen. Wie ihr ja wißt, geschieht das gleiche zum heutigen Zeitpunkt auf eurer

Welt. Jeder Mißbrauch der Menschen an Naturgütern, Naturkräften und an den Naturelementen trägt seine Früchte.
Nun möchte ich euch noch auf eine sehr wichtige Sache hinweisen. Die Atlanter hatten in den letzten Phasen ihres Erdendaseins Gifte erfunden, die es ermöglichten, daß ein Menschenkopf auf die Größe eines Hühnereis zusammenschrumpfen kann, ohne seine Proportionen zu verändern. Diese Gifte sind leider Gottes durch ehemalige Atlanter, die dieses Geheimnis gekannt haben und durch ihre Sündhaftigkeit noch in dunklen Sphären leben, einigen Wissenschaftlern der heutigen Zeit geoffenbart worden. Mit diesen Giften wird der Satan bis zu seinem letzten Atemzug arbeiten. Die Menschheit, die heute so verdorben, so verschlammt ist in ihrem Sündenpfuhl, wird in den allerletzten Phasen zum Wahnsinn kommen. Ihr habt sicher schon Irre gesehen, aber Wahnsinnige noch nie. Mit diesem Gift kann ein Mensch zu einer Bestie gemacht werden, bis zum Ende seines Lebens!
Jawohl, meine Kinder! Diejenigen Atlanter, die entrückt wurden durch die Engel, haben dann im Reiche der Inkas gewirkt. Dort wurden nicht Marmorbauten, sondern wundervolle Steinbauten erstellt, jedoch auf die gleiche Art und Weise wie auf Atlantis. Alles, was sich in jenem Jahrtausend auf der ganzen Erdkugel abspielte - sei es in architektonischer, geistiger, kultureller oder auch naturwissenschaftlicher Beziehung - und das die heutige Menschheit in Erstaunen versetzt, wurde durch dieses Volk hervorgebracht, denn sie haben sich auch in anderen Ländern mittels ihrer Fahrzeuge abgesetzt.
Es war im Auftrag Gottes, daß sie auch andere Völker lehrten, unterrichteten und ihnen vieles offenbarten. Wie ihr ja wißt, ist es mein Wunsch, daß auch ihr, liebe Kinder, immer mehr Kräfte in euch entwickelt, die es euch ermöglichen, den Kontakt mit dem übersinnlichen, geistigen Reiche zu pflegen.

Daher habe Ich euch auch in dieses geheimnisumwitterte Atlantis eingeführt.
Pflegt diesen tiefen Kontakt mit mir, nur das kann euch retten, nur die Liebe GOTTES allein!
Daher sollt ihr unermüdlich an euch arbeiten! Jeden Gedanken, der nicht lauter, rein und gut ist, sollt ihr verdrängen! Lebt nur in der Liebe, der Harmonie und dem Frieden! Vermeidet alles, was eure Mitmenschen in irgendeine Disharmonie bringt, denn ihr seid beteiligt am Weltgeschehen! Daher rufe ich euch immer wieder auf, Licht zu senden in diese Finsternis, das reinste, das lauterste Licht! Zügelt eure Gedanken! Konzentriert euch auf diese Urglut, auf diesen Urquell allen Seins!"

Doch möchte ich dieses Kapitel nicht schließen, bevor ich noch einige abschließende Worte hinzugefügt habe. Atlantis war nicht nur eine Insel im Karibischen Meer. Es war ein ganzer Inselstaat, der auch im Bermuda-Dreieck seine Inseln hatte. In unserer Zeit sind so viele rätselhafte Begebenheiten in diesem Dreieck geschehen, die auf die Kräfte des versunkenen Kontinents zurückzuführen sind, denn die Atlanter arbeiteten schon damals mit Atomkräften.

Doch nicht das Vorhandensein spielt hier eine wichtige Rolle, sondern wie es zu der Katastrophe gekommen ist. Es ist dasselbe, was mit dem Kontinent Mu, Lemurien und mit dem Planeten Mallona[14] geschehen ist. Die Menschen selbst haben die Katastrophen verursacht. Gott wird uns Menschen nie willentlich bestrafen, doch er hat Gesetze geschrieben, und diese wirken sich aus.

Ich würde mich so sehr freuen, wenn die heutige Menschheit den Fehler nicht noch einmal machen würde und sich wieder erinnern könnte, woher sie ihr Geburtsrecht bekommen hat. Es lag im Ratschluß unseres ewigen Vaters, daß dieses Buch veröffentlicht wird, denn die Menschheit hat vollkommen den Nächsten und Gottes Geschöpfe vergessen. Ich habe im Kapitel "Der Absturz" den Widersacher beschrieben, er hat im Moment alle Register seines Reiches gezogen. Denn er möchte noch mehr Menschen in sein Netz ziehen. Daher möchte ich am Ende noch eine Geschichte erzählen, die ich erfahren durfte. Bei einem Seminar in der Schweiz habe ich eine abendliche Meditation geleitet. In dieser Meditation wurde mir meine Aufgabe dargestellt, die ich einstmals hatte. Wie ihr wißt, gibt es bei Gott keinen Zwang oder Druck, denn wir sind frei erschaffene Geschöpfe, die einen freien Willen haben. Deshalb kann sich jeder selbst heraussuchen, ob er sich in die Ordnung Gottes eingliedern will oder nicht. Stellt euren Willen unter den Willen Gottes! Es ist für mich sehr schwer mit Worten auszudrücken, mit welcher Schönheit und Pracht die geistige Welt ausgestattet ist. Es ist mit Worten nicht zu beschreiben. Der Weg dorthin ist aber voller Leid, Entsagung und Pein. Doch leiden wird nur unser Ego oder auch "Ich" genannt. Das göttliche "Du" wird nie berührt. Das ist unser wahrer Kampf, den wir hier ausfechten müssen. Denkt immer wieder an diese Worte. Euer "Ich" wird sich immer betroffen fühlen, jedoch nicht das göttliche "Du". Das könnt ihr nur durch den Kampf verlieren. Doch zurück zur geistigen Schau, die ich in der Schweiz erleben durfte. Mir wurde gezeigt, welche Aufgabe ich im Himmel hatte. Wie ich schon in der Danksagung geschrieben habe, entstand ich aus dem Herzstrahl des Erzengels Zadkiel.

Ich flog im Auftrag meines Erzengels in die ihm zugeteilte Astralwelt, um dort verlorene Seelen zu retten. Ich begab mich in einen tiefen Keller, der voller gefallener Seelen war, die allesamt mit schwarzen Gewändern versehen waren. Ich jedoch war in ein strahlend weißes Gewand eingekleidet. Sodann stellte ich mich vor die gefallenen Seelen hin und fragte: "Wer glaubt an unseren EWIGEN VATER und an seinen eingeborenen Sohn?" Sie alle waren über ihren Köpfen mit einem unsichtbaren Netz verbunden, das sie jedoch nicht wahrnehmen konnten. Als ich diese Frage stellte, wurden sie auf mich aufmerksam und wollten mich ergreifen. Doch meine Kraft war so stark, daß sie mich nicht ergreifen konnten. Sie kreischten und knirschten, weil sie mich nicht fassen konnten. Ich fragte noch einmal dasselbe: "Wer glaubt an unseren GOTT-VATER?" Und es kam immer noch keine Antwort. Im Gegenteil, das Geheule wurde immer noch größer. Ich fragte zum dritten Male: "Wer glaubt an UNSEREN VATER und an seinen göttlichen Sohn?" Sodann kam aus den Tausenden von gefallenen Seelen eine Stimme: "Ich... Ich... Ich.... Ich glaube an eine höhere Macht, die uns alle aus dieser Finsternis befreien kann."

Als diese Seele die Antwort gegeben hatte, wurde das Netz von der Menge genommen und jeder bekam ein anderes Gewand mit lauter schönen Farben und die Menge wunderte sich, was mit ihnen geschehen war. Darauf sagte ich: "Liebe Freunde! Unser aller Vater hat mich hierher geschickt, um euch aus den Klauen der Finsternis zu befreien. Ihr wart im Dunkeln, doch das Licht hat gesiegt. Ein einzelner von euch hat sich an den Glauben an unseren Vater wieder erinnert und sich seinem Willen unterworfen. Seht euch an, welche Verwandlung in euch vorgegangen ist! Bedankt euch bei eurem Bruder, der wieder zum Glauben gefunden hat und bedankt euch bei eurem Vater, aus dem ihr alle entstanden seid." Sodann bin ich wieder in meinen Himmel zurückgekehrt und freute mich über die Aufgabe, die ich im göttlichen Sinne erfüllen konnte.

Nach diesem Erlebnis hatte sich im Meditationsraum eine weiße Säule aufgetan, die vom Boden bis zur Decke reichte. Auf der rechten Seite kam Jesus herunter und zur linken Zadkiel. Beide erhellten den Raum und es kamen noch weitere Engel. Ein jeder der Meditierenden bekam einen Schutzengel, die sich alle hinter ihre Schützlinge stellten und sie segneten. Bei diesem Erlebnis erwachte in mir eine unbeschreibliche Freude und ein Glücksgefühl, das ich mit Worten nicht ausdrücken konnte. Ich freute mich auch für die Anwesenden, da sich manche erinnerten, daß jemand hinter ihnen stand und Wärme gegeben hatte. Als dann diese Segnung vorbei war, lösten sich die Engel wieder auf und die weiße Säule verschwand.

Ich aber verstand dieses Erlebnis, das ich euch näher schildern möchte. Die weiße Säule war die Herrlichkeit und Stärke unseres Vaters. Gott wird sich immer wieder in einer weißen Säule oder einem weißen Licht zeigen. Ich habe euch in dem Kapitel "Die

Entstehung" dieses Liebelicht beschrieben, aus dem alles entstanden ist. Licht ist die Grundsubstanz allen Lebens und allen Seins. Nichts könnte ohne Licht existieren. Jeder braucht in sich dieses Licht, um zu wirken. Je größer dieses Liebelicht in einem erwacht ist, desto größer sind seine Werke, die er mit dem Licht vollbringen kann. Da Licht Gott ist und Gott Licht ist, ist das Leben an dieses Licht angeschlossen.

Jesus entstand als erster aus diesem Liebelicht. Alles Folgende ist dann aus ihm erstanden. Erzengel Zadkiel ist aus dem fünften Urlicht Christi entstanden. Ich habe euch erklärt, daß der nächsterschaffene Luzifer war. Denn Luzifer bedeutet Lichtträger. Christus konnte in Verbindung mit diesem Licht und Geist weitere Geschöpfe entstehen lassen. Aus dem Herzstrahl Zadkiels wurde dann später auch ich erschaffen. Jeder in der Gotteswelt hat seine Aufgabe.

Zum ersten Male sah ich, daß jeder einen Schutzengel und Schutzgeist hatte. Ja, selbst ein Schutzpatron wird jedem zugeteilt. Erinnert ihr euch an die Geschichte der Mutter, die ich im Kapitel "Das geistige Gesetz" beschrieben habe? Ich kann euch nicht genug darauf hinweisen, dieses Kapitel noch einmal zu lesen. Es waren unbeschreibliche Gnadenakte, die ich in dieser Meditation erleben durfte. Dafür danke ich GOTTVATER. Soweit die geistige Schau.

Doch nochmal zurück zu der vorangegangenen Vision. Die Menschen die von der Dunkelheit gefangen waren, haben erst durch das Licht erfahren können, daß sie im Dunkeln waren. So ist es mit der heutigen Menschheit. Ihr sehnt euch zwar nach dem Licht, doch Dunkelheit sät ihr. Das kann nicht gut gehen. Ich hoffe mit jedem Kapitel, daß die Herzensliebe in euch so stark entbrennt, daß ihr euch verleugnet. Damit meine ich, daß ihr das "Ich" zurückschraubt, damit das göttliche "Du" stärker in euch wirken kann. Ihr könnt mir glauben, daß Legionen von Engeln bereitstehen, ihre Hilfe zu geben. Doch sind auch ihnen, durch euren freien Willen, Grenzen gesetzt. Begeht nicht denselben Fehler, den die Atlanter und andere vorher gemacht haben, denn die Zeit, die ihr verloren habt, ist nicht wieder einzuholen.

Die Chakren

Viele Menschen, die sich mit der geistigen Entwicklung ihrer Persönlichkeit beschäftigen, werden unweigerlich in den feinstofflichen Raum des Menschen eindringen. Wie wir bereits in den vorherigen Kapiteln auf die verschiedenen Körper des Menschen eingegangen sind, möchte ich jetzt auf die sogenannten Chakren eingehen. Es handelt sich hier um fluidale Energiezentren in unserem Ätherleib. Sie liegen auf der Vorderseite unseres Körpers. Jedes Chakra hat Auswirkungen auf unsere physiologischen Vorgänge in unserem Körper. Ihre Kräfte beziehen die Chakren aus dem Kosmos und von den Planeten, auch von der Erde.

Viele versuchten, diese Chakren mit Nervenzentren zu erklären, doch sie haben weder mit den Nerven noch mit den Meridianen der Akupunktur zu tun. Diese Chakren tragen in sich die entwicklungsmäßigen Eigenschaften eines jeden Menschen. Es gibt deren zwar mehr als sieben Zentren, doch ich möchte hier nur über die sieben wichtigsten sprechen.

Viele experimentierfreudige Menschen stützen sich auf fernöstliche Hinweise und leiden dann unter einem sehr großen seelischen Ungleichgewicht, denn eine Manipulation an den Chakren, ohne die nötige geistige Reife, bringt den Menschen in große Schwierigkeiten, so daß es sogar zu gesundheitsschädigender Tragweite kommen kann. Ich kenne einige Beispiele, wo es zu einer geistigen Verwirrung kam, als man versuchte, das erste Chakra durch Meditation bewußt zu stimulieren. Besonders in der geistigen Schau wurde mir immer wieder deutlich gemacht, daß erst eine geistige Entwicklung durch Erkenntnisse erfolgen sollte. Denn das innere Wachstum eines jeden einzelnen Menschen ist mit einer gleichzeitigen Erhöhung der Rotationsgeschwindigkeit der Chakren verbunden.

Es ist von höchster Gefährlichkeit, wenn ein Mensch glaubt, durch ständige bewußte Manipulation der einzelnen Chakren eine höhere Entwicklung zu erreichen. Ich möchte euch nun erklären, in welchen Beziehungen zueinander diese fluidalen Energiezentren in eurem Körper stehen. Diese Energiezentren, die wie Räder aussehen, sind alle in verschiedene Sektoren eingeteilt. Man kann sie mit Speichenrädern vergleichen, die in der Mitte eine Nabe und verschiedene Speichenzahl haben. Auch die Größe der einzelnen Chakren kann variieren, sie alle können bei verschiedenen Menschen einen Durchmesser von 5-30 cm haben.

Das erste und zugleich sehr wichtige Chakra befindet sich am Fuße der Wirbelsäule, in der Nähe des sog. Steißbeins. Es wird auch als Wurzelchakra bezeichnet. Die Kräfte, die dieses Chakra anzieht, kommen allesamt aus der Erde und es trägt den Namen Kundalini.

In dieser Kundalinikraft liegt das Urelement der Schöpfung Gottes. Die Kundalini wird durch das Symbol einer Schlange dargestellt, die bei ihrer Erweckung die Wirbelsäule hinauffließt. Sie liegt am Fuße der Wirbelsäule, dreieinhalbmal eingewickelt. Man kann sich das erste Chakra so vorstellen, wie ein Rad, das in eine Horizontale und Vertikale geteilt ist, so daß sich vier Sektoren ergeben. Sicher werdet ihr euch fragen, warum gerade diese Zahl vier? Diese vier Sektoren verkörpern die vier Elemente und es wohnen auch gleichviel Elementar- und Naturgeistwesen darin. Ebenfalls in den nächsten zwei Chakren, dem Milz- und Nabelchakra, wohnen in jedem Sektor diese Wesenheiten. Bei Gott hat alles seinen Sinn und seine Ordnung. In den oberen Chakren, d.h. fünf, sechs und sieben, wohnen dann höhere Wesenheiten in diesen einzelnen Sektoren, so daß man auch, wenn man mit diesen arbeitet, einen Einblick in höhere Welten erleben kann. Das vierte Chakra, d.h. Herzchakra stellt die Verbindung zwischen den unteren und den oberen Chakren her.

An dieses erste Chakra, auch *Wurzelchakra* genannt, sind die *Fortpflanzungsorgane* gebunden und alles, was mit den *Sexualdrüsen* im Zusammenhang steht. Ich habe eingangs auf die Gefahren hingewiesen, die eine starke Belebung dieses Chakren nach sich ziehen kann. Es können dadurch so starke, triebhafte Exzesse entstehen, über die ein Mensch dann nicht mehr Herr ist. Alle Trieb- und Sexualkräfte liegen in diesem Energiezentrum, darum sollte sich jeder Mensch bemühen, dieses Chakra in Harmonie zu halten, damit er nicht Sklave seiner Triebe wird. Wenn sich ein Mensch weitgehends von Süchten, Lastern und Leidenschaften lösen kann, so rotiert diese erste Chakra zusehendst nach rechts. Bei Eingeborenenstämmen rotieren alle Chakren nach links. Je geistiger ein Mensch wird, je gelöster er von dieser Erdgebundenheit wird, desto leuchtender werden alle seine Chakren, und die Bewegung geht nach rechts. Bei den meisten Menschen unserer Welt dreht es zeitweise nach links und rechts. Die Farbe ist *orangerot*. Wenn sich dieses Chakra bewegt, fließen die beiden Farben rot und orange ineinander.

Es liegt im Willen Gottes, daß dieses Chakra ganz streng behütet und kontrolliert wird. Ein Mensch hat die Möglichkeit, diese Kundalinikraft, die dann durch Kanäle im Rückenmark hinaufströmt, zu sublimieren, d.h. sie soll transformiert werden in geistige Kraft und nicht in die niedrigen Triebe des Menschen geleitet werden. Sobald ein geistig hochentwickelter Mensch, bei dem sich alle Chakren - wie eingangs erwähnt - nach rechts drehen, sich mit körperlichen Dingen beschäftigt, kommt es automatisch in den Chakren zu einer Umkehr in der Rotation, d.h. dieses nach rechts drehende Rad rotiert plötzlich nach links, so wie es bei den Eingeborenenstämmen der Fall ist, die alle noch an diese physische Hülle gebunden sind, in der alles Fleischliche, Lasterhafte, Triebhafte und Süchtige liegt.

Wenn wir es lernen könnten, alle diese Chakren nach rechts rotieren zu lassen, würden sie leuchten und strahlen, sodaß wir ein Kraftpotential aufbauen, das alle körperlichen und seelischen Krankheiten heilen würde. Es ist immer zuerst eine Störung im Chakra zu suchen, bevor dann das entsprechende Organ in einem Menschen erkrankt.

Es ist wichtig, daß ihr wißt, daß alle Chakren - auch die Nebenchakren, die sich alle an den Gelenken befinden - auf unserem

Ätherleib sitzen. Die Kundalinikraft wurde in allen möglichen Religionen dargestellt, selbst in der Apokalypse waren Hinweise vorhanden. So wurde auf einer Mondsichel eine Frau dargestellt, die einer Schlange den Kopf zertritt. Damit waren die Kundalinikräfte gemeint, die vom Inneren unserer Erde heraufströmen und von uns zertreten werden müssen, d.h. daß eine Transformation in geistige Kräfte erfolgen soll und nicht das Ausleben in unserem Triebleben.

Sicher werdet ihr euch fragen, wie kann ich denn bewirken, daß sich die einzelnen Chakren nach rechts drehen? Der erste Schritt liegt in der Ehrlichkeit. Hier meine ich nicht die Ehrlichkeit zu euren Mitmenschen, nein, ich meine die Ehrlichkeit zu euch selbst. Wenn ihr Einkehr haltet, so sollte sie stets darauf ausgerichtet sein, daß ihr alle eure Verfehlungen vor Gott bekennt und demütig werdet. Wenn ihr bekennt, daß ihr nicht die Großen seid, für die ihr euch ausgebt, so ist der erste Schritt getan. Sodann beschäftigt euch mit den Naturgesetzen und handelt auch nach den Gesetzen. Danach nehmt eure Schwächen an und arbeitet daran. Unser Fall sind unsere Schwächen, die alle noch an das Triebhafte und Lasterhafte gebunden sind. Wenn ihr jeden Tag betet und vor Gott eure Schuld bekennt und ihn um Verzeihung bittet, so können euch die Elementar- und Naturgeistwesen nicht in dem Maße in niedrige Welten herunterziehen. Das ist eine Offenbarung, die von wichtiger Bedeutung ist. Angst, Furcht, Zweifel usw. können den Menschen in niedrige Schwingungen bringen, denn sie ziehen den Menschen herunter.

Im Wurzelchakra besteht die Verbindung zum Mond. Die Mondstrahlen, die neben der Erdkraft in das erste Chakra einfließen, können mitwirken an der Entwicklung niederer Triebe. Auch steht der Mond für unser Unterbewußtsein, das alle Leidenschaften und Süchte entfachen kann. Wie ich eingangs erwähnt habe, sind mit dem ersten Chakra die Sexualdrüsen verbunden. Damit meine ich nicht, daß die Kräfte des ersten Energiezentrums unterdrückt werden sollten, sondern daß der Körper nicht über den Geist gestellt werden sollte. Wenn die Menschen gelernt haben, daß hinter allem das geistige Prinzip steht, so würde weniger Haß, Neid und Rachsucht die Menschen beherrschen.

Diese Kräfte im ersten Chakra sind sehr wohl ein Maßstab für das gesundheitliche Befinden eines jeden Menschen, doch man sollte sie nicht mißbrauchen, um anderen ein Leid zuzufügen. So vermag der Mond, je nach seiner Konstellation, große Leidenschaften und Triebe in einem Menschen zu erwecken. Auch ist der Mond maßgebend für die Gefühle eines Menschen mitverantwortlich. Er trägt die silberne Farbe. Wenn die Mondstellung bei der Geburt eines Kindes ungünstig am Firmament ist, dann entwickeln sich Leidenschaften. Bei guter Konstellation wird ein sehr gefühlsbetonter, liebevoller Mensch heranwachsen. Doch wie könnte es anders sein, daß der Weltenlehrer uns tiefer in diese Mystik einweihen kann:

"Das nächstfolgende Chakra wird als Nabelchakra bezeichnet. Es befindet sich etwas oberhalb eures körperlichen Nabels. Seine Farben sind grün und rot. Auch sie fließen ineinander, wenn dieses Chakra in Funktion ist. Es ist von großer Wichtigkeit zu wissen, daß das Nabelchakra Astraleinflüssen niederer, tiefer Natur ausgesetzt ist.

Das Milzchakra steht in Verbindung mit der Bauchspeicheldrüse, der Pankreas. Weil dieses Chakra mit dem Sonnenlicht arbeitet, zieht es auch alle radialen Strahlen in ihrer Farbenpracht an, die in der Sonne liegen. Das ganze Spektrum der Sonne liegt in diesem Chakra. In der Mitte liegt ein wundervoller Kern in Rosa. Alle Drüsen der inneren Sekretion stehen unter diesem Milzchakra.

Das Herzchakra, das sich auf dem Herzen befindet, hat bei einem geistig weit entwickelten Menschen die Farben goldgelb, bei den übrigen Leuten sind sie mehr grünblau, im Wechsel rotierend in diesem Rad. Auch die Farben können sich dem geistigen Zustand eines Menschen angleichen. Das Herzchakra steht in Verbindung mit dem körperlichen Her-

zen eines Menschen. Es beeinflußt die Blutgefäße, die Blutströme, das ganze Kapillarsystem und alles, was sich zwischen den Venen und Arterien im Körper eines Menschen abspielt. Es ist daher nicht erstaunlich, daß so viele Menschen auf eurer Welt herzkrank sind, ohne daß die Mediziner eine organische Herzkrankheit feststellen können. Diese Beschwerden und Erscheinungen bei jenen Menschen stehen in direktem Zusammenhang mit dem Herzchakra. Denn es gibt keinen Strom, der nicht über das Herzchakra läuft.

Das nächstfolgende Chakra befindet sich beim Menschen am Hals und hat eine lichtblaue Farbe. Dieses Halschakra reflektiert seine Kräfte auf die Schilddrüse und auf alle Atmungsorgane im Körper des Menschen. Alles, was in die Menschen hineinströmt, fließt von einem Chakra zum anderen. Sie verbinden sich miteinander durch diesen eingedrungenen oder angezogenen Energiestrom, der als Odkraft bezeichnet wird, worüber ich euch schon sehr viel berichtet habe. Die fernöstlichen Länder bezeichnen diesen Lebensstrom als Prana. Er kommt aus dem Sekundärlicht, das sich aus dem Primärlicht, aus dem Urlicht, der Ursonne Gottes gebildet hat. Es ist von großer Wichtigkeit, daß ihr alle diese Zusammenhänge in euch aufnehmt, um euer göttliches Bewußtsein zu entfalten, zu vertiefen und zu erweitern.

Das Stirnchakra steht in direktem Kontakt mit der Hypophyse, das ist die Hirnanhangdrüse in euch. Dieses Energiezentrum ist in seiner Farbe sehr unterschiedlich, je nach der geistigen Entwicklung eines Menschen. Es kann lila, rosa oder auch dunkelblau sein. Alle Sinnesorgane, die sich im Haupte eines Menschen befinden; das Sehen, Hören, Riechen, Schmecken und Fühlen werden von diesem Chakra berührt.

Das Scheitelchakra strahlt in einem wundervollen Violett. In seiner Blüte, die trichterförmig angeordnet ist, liegen 960 Sektoren. In der Mitte dieses Chakren sitzt ein Nebenchakra in einem wundervollen weißgelblichen Licht mit zwölf Teilen, worauf eine Krone ruht. Diese Beschreibung bezieht sich nur auf einen geistig hochentwickelten Menschen. Dort, wo das Gottesbewußtsein noch nicht erweckt wurde, sind die Blütenblätter dieses Scheitelchakras, diese sogenannten Lotosblüten, nicht nach oben gerichtet und geöffnet, sondern geschlossen und nach innen geknickt. Die Kraft, die in diesem Scheitelchakra liegt, steht in Verbindung mit der Epiphyse, der Zirbeldrüse.

Wenn ihr nach innen geht, in die Stille, meditiert und kontempliert, so konzentriert euch auf diese wundervolle Lotosblüte mit ihren 960 Blütenblättern. Seht dann auch dieses wundervolle göttliche Licht, das in euch hineinströmt.

Es ist für euch von großer Wichtigkeit zu wissen, daß im Sonnenlicht Vitalitätskügelchen liegen, diese sogenannten Mesomen, die ihr euch zunutze machen sollt. Sie alle warten auf den Empfänger. Erst dann lösen sie sich auf, wenn ihr eure Hände nach innen ausstreckt. Ich meine damit diese Blütenblätter eurer Lotosblüte auf dem Haupt. So ist es auch bei den übrigen Chakren.

So wie das Wurzelchakra vier Sektoren in sich trägt, hat das Nabelchakra deren zehn und das Milzchakra deren sechs. Das letztere wird auch als Sakralchakra bezeichnet, weil es im direkten Anschluß steht mit dem Sonnenlicht. Das Herzchakra hat 12 Sektoren, das Halschakra 16, das Stirnchakra 96 und das Scheitelchakra 960 plus dieser 12, die im Zentrum liegen.

Dieser Aufbau mag für euch ein Hinweis sein, daß ein Mensch, je höher er in seinem ganzen Sein wird, desto befreiter wird er von allem, was ihn noch an die Erde bindet.

Es liegt an jedem von euch, sich durch all die Hinweise, die ich euch schon gegeben habe, soweit zu entwickeln, daß eure Chakren so leuchtend und brennend werden, daß überall, wo ihr euch hinbegebt, ein Kraftpotential aufgebaut wird, das

Menschen, die damit in Berührung kommen, von körperlichen und geistig-seelischen Krankheiten heilt. Jeder Mensch hat die Fähigkeit in sich, mit den Chakren zu arbeiten. Über die verschiedenen Körper, die ihr in euch tragt, möchte ich nicht mehr sprechen. Doch wie ihr wißt, sitzen die Chakren auf eurem Ätherleibe. Dieser Ätherleib hat, wie erwähnt, direkten Kontakt zu den physischen Organen in eurem Leibe. Daher sollt ihr lernen, mit diesen Chakren zu arbeiten, damit sie aufgeladen werden mit Od. Wie das alles geschehen kann, habe ich euch auch schon erklärt, daß ihr nämlich Sorge tragen sollt, euren Körper rein zu halten und auch gesund zu ernähren. Unter ´gesund´ verstehe ich alle Stoffe, die mit Odkraft angereichert sind, die also in der Gottesnatur gewachsen sind und möglichst in rohem Zustand von euch aufgenommen werden sollen. Nur so könnt ihr euren Körper gesund erhalten, weil ihr damit die nötige Odkraft für eure medialen Energiezentren gewinnt, abgesehen von den Strahlen, die ihr ohne Wissen aufnehmt.

Im Scheitelchakra, in dieser Lotosblüte, sitzt das willkürliche Nervensystem. Über dieses Chakra kann ein Mensch die sogenannte Initiation, damit meine ich die Einweihung, erleben. Über das Stirnchakra bestehen Beziehungen zum unwillkürlichen Nervensystem, das euch die Gabe der Intuition schenken kann. Nicht umsonst spricht man vom geistigen Auge, das sich zwischen den Augenbrauen befindet. In der Zahl 6 herrscht das Wurzelchakra vor und in der Zahl 9 das Scheitelchakra.

Ich weiß, daß sich einige schon Gedanken darüber gemacht haben, warum ich zu euch über diese Chakren spreche. Ihr glaubt, es sei zu fernöstlich, zu indisch und gehöre überhaupt nicht in das Christentum. Meine Lieben, ihr wißt, daß bei Gott keine Unterschiede gemacht werden in bezug auf die Konfession. Es geht um die Schöpfung Gottes und euer Sein.

Man kann sich eine Entwicklung ohne die Chakren nicht vorstellen.
Das Wurzel-, Nabel- und Milzchakra bilden für euch eine Einheit sowie in anderer Form das Hals-, Stirn- und Scheitelchakra. Ein jedes dieser geistigen Kraftzentren, die im Ätherleibe sitzen, hat jedoch ebenso Verbindung zu den Astral- und Mentalkörpern, wie ich euch geschildert habe, und ist diesen Primärströmen ausgesetzt. Aus diesen Primärströmen entwickeln sich dann über die Chakren die Sekundärströme. Darin liegt die ganze Lebenskraft.
Jeder dieser sieben Planeten, von denen ich einmal zu euch gesprochen habe, im Zusammenhang mit den Strahlen, die sich auf eurer Erde auswirken, stellt einen Kontakt mit diesen Chakren her.
Das Wurzelchakra steht in Verbindung mit dem Planeten Mond, das Nabelchakra mit der Venus, das Milzchakra mit dem Merkur, das Herzchakra mit der Sonne, das Halschakra mit dem Mars, das Stirnchakra mit dem Jupiter, das Scheitelchakra mit dem Saturn.
Ich habe euch schon darauf hingewiesen, daß im Saturn die Willenskraft und im Scheitelchakra das willkürliche Nervensystem liegt. Ich möchte euch auch erklären, was damit gemeint ist:
Das willkürliche Nervensystem wird durch das Scheitelchakra dirigiert. All diese fluidalen Kraftzentren sind mit dem Rückenmark verbunden. Demzufolge ist auch das willkürliche Nervensystem angeschlossen an das Rückenmark, in welchem sehr viel Lebenskraft fließt. Das unwillkürliche oder auch sympathische Nervensystem ist an gar kein Organ gebunden. Es wirkt, ohne daß sich ein Mensch dessen bewußt ist - also ohne den Willen einzuschalten - und zeigt sich im Erblassen vor Schreck, im Erröten des Gesichtes vor Erregung, im Transpirieren aus irgendwelchen Motiven heraus. Man nennt es auch das sympathische Nervensystem. Es kann

nicht existieren ohne Chakren. Aus ihnen sind Nervenkomplexe entstanden. Sie wirken sich aus in den Ganglien, in den Nervenbahnen. Ich habe euch auch einmal gesagt, daß die Seele eines Menschen auch in den Nerven liegt, in anderen Worten ausgedrückt, die Nerven sind die verlängerten Arme der Seele.

Ein Mensch lebt bis zu neun Zehnteln unbewußt im Astralreich mit dem Astralleib, in dem sich auch die sieben Chakren befinden. Es gibt überhaupt kein Leben ohne diese Energiezentren. Sie sind aus fluidaler, geistiger Substanz und reflektieren ihre Kraft auf eure physischen Organe. Nur ein Zehntel nimmt der Mensch in seinem Tages- oder Wachbewußtsein auf. Eure Aufgabe ist es, dieses höhere Selbst in euch zu entwickeln.

Die unteren drei Chakren, die für sich eine kleine Einheit bilden, jedoch dennoch in Verbindung stehen mit den übrigen, weil alle angeschlossen sind an die Wirbelsäule, an das Rückenmark, beherbergen in sich die niedrigen Impulse, die niedrigen Triebe, alles, was euch herunterzieht.

Hier im Herzen, meine Lieben, ist der Erlöserfunke. Es geht Schrittchen um Schrittchen vorwärts. Gar nichts kann erzwungen werden. Alles braucht seine Zeit und muß reifen. Um diesen Reifeprozeß zu erlangen, muß jeder Mensch von sich aus Arbeit leisten und diese Arbeit besteht im Entwickeln dieser drei oberen Chakren, in denen euer Höheres Selbst liegt.

Alles, was ihr in Liebe empfindet, in Liebe denkt, in Liebe sprecht und tut, fördert eure oberen Chakren. Dann wird aus dieser kleinen Scheibe von fünf Zentimetern Durchmesser eine Riesenblüte von dreißig Zentimetern. Alles wird in ihr erweckt, alle Zentren pulsieren, alles leuchtet und strahlt. Es lebt, rotiert und verströmt diese göttliche Kraft, die Liebe und dieses Licht. Diese kleine, dumpfe Scheibe, die in dem Tiermenschen liegt, hat keine Kraft, kein Licht und keine Liebe.

Alles ist auf das Ego zentriert. Dieses zieht einen Menschen hinab und bindet ihn an die Erde, die die Vergänglichkeit in sich trägt.
Werdet zu Lichtkörpern! Versucht, dieses wunderbare Licht in euch zu bewahren! Weist alles Negative von euch, meine Kinder! Gar nichts darf euch beflecken! Alles soll makellos rein erhalten bleiben. Wandelt im göttlichem Geist auf dieser Erde und ihr werdet staunen, wie sich dann in euch eine Umwandlung vollzieht, denn dieses Primärlicht erzeugt in euch so viel Kraft.
Ihr werdet euch schon gefragt haben, warum der Sprung vom Wurzelchakra mit nur 4 Sektoren zu diesen 96 im Stirn- und nachher zu den 960 Sektoren im Scheitelchakra so groß ist? Schon damit wollte euer himmlischer Vater den Menschen offenbaren, daß das, was sich in eurem Haupte befindet, von großer Wichtigkeit für euch ist. Je mehr Sektoren in einer Lotosblüte enthalten sind, desto mehr Kraft kann auch von ihr aufgenommen werden und dann ist dieses Scheitelchakra nicht mehr wie ein Napf nach innen gewölbt, sondern öffnet sich nach außen wie wunderbare Blütenblätter. Es entsteht dann ein Strahlen um euch herum, ähnlich einem Heiligenschein, wie er auch auf den Gemälden und Bildern von Mir Selbst oder Heiligen festgehalten wird, die auf dieser Erde gelebt haben. Damit will man die Entwicklung zeigen, die dieses Scheitelchakra erreicht hat.
Ich habe von den neun Zehnteln gesprochen, die ihr in eurem Bewußtsein nicht registrieren und nicht wahrnehmen könnt. Die Verbindung von den drei unteren zu den oberen Chakren, wird durch das Herz hergestellt. Weil die Sonne das Herzchakra bestrahlt, befindet sich hier auch das Sonnengeflecht, der Plexus solaris. Hier liegt nicht nur der Erlöserfunke, sondern auch das CHRISTUS SELBST und stellt die Verbindung her mit eurem Überselbst, das im obersten Teil eures Hauptes liegt. Hier ist die Persönlichkeit eines Men-

schen. Sie kann von euch vergeistigt oder vermenschlicht werden. Der Ausdruck Mensch steht in Verbindung mit dieser Erde, mit eurer Welt. Als Engel habt ihr nicht den Namen Mensch getragen, denn ihr seid nur Geist gewesen. Es ist der Sinn meiner Botschaften an euch, daß ihr von Woche zu Woche, von Tag zu Tag, ja von Stunde zu Stunde mehr vergeistigt werdet. Im Zustand der Vergeistigung werdet ihr die unteren Chakren nicht mehr in euch verspüren. Alles pulsiert nach oben. Dadurch werden auch in vielen von euch Kräfte entwickelt, die euch die Gabe der Telepathie (Halschakra), der Intuition (Stirnchakra), ja sogar der Initiation (Scheitelchakra) zuteil werden lassen. Ich habe von dieser Vergeistigung gesprochen, wenn die Loslösung vom physischen Leib und den damit verbundenen Trieben geschehen ist. Das, was sich im Astralreich abspielt, ist für euch nicht förderlich. Ihr sollt euch mit der Mentalwelt und den übrigen Welten beschäftigen. Selbstverständlich liegen auch in der Mentalwelt noch niedrige Einflüsse vor, denn darin liegt die Entwicklung des Geistes. Es geht nie aufwärts ohne Arbeit an sich selbst. Vielen Menschen, die meinen Weg gehen, wird es auch vergönnt sein, aus diesen neun Zehnteln, die im Unterbewußtsein des Menschen liegen, etliches in das Wach- oder Tagesbewußtsein zu bringen. Damit können Erkenntnisse entwickelt werden, die dann zur Erleuchtung des Geistes führen".[15]

Die Astralfarben

Ich möchte nun die nächsten vier Kapitel, d.h. "Die Astralfarben, die fünf Ursachen von Krankheiten, die Schulung und der Aufbau", ohne meinen persönlichen Kommentar niederschreiben, denn sie wurden in einer zusammenhängenden Offenbarung gegeben. Hören wir wieder die Worte unseres Christus:

"Ich habe einmal erklärt, daß in meiner ganzen Schöpfung, im Kosmos und All, in der Natur und Kreatur, das Gesetz der Schwingung besteht. So wie eure Sonne, die diesen Planeten Erde bescheint, sieben Farben in ihrem Spektrum besitzt, so ist es auch der Fall in euren Chakren und in eurem Astralleib. Ich möchte euch einen kleinen Einblick gewähren in das Wirken der Farben in eurem Astralkörper, denn es gibt keine Farbe, die nicht ihre Auswirkung in eurem physischen Leibe hat.

Dieses Wechselspiel zwischen Materie und Geist besteht und wird nie geändert werden.

Die Astralfarben können leuchtend und strahlend sein, jedoch auch dunkel, grau, matt und tot. Euer physischer Leib hat verschiedene Fluida. Nicht nur eure Lymphgefäße, Venen und Arterien, sondern auch die Nerven sind von einem Fluidum durchströmt. Zwischen den Stoffteilchen in eurem Leibe ist noch genügend Raum für dieses astrale Fluid, welches alles transportiert, was sich in eurer geistigen und seelischen Substanz abspielt. Es ist sehr wohl möglich, eine für euch sichtbare Materie in ihrer Form aufzulösen. Ihr habt dann den Eindruck, daß sie nun nicht mehr existiert. Dies ist jedoch nicht der Fall, denn die ganze astrale Substanz, aus der eure Materie gebildet wird, bleibt bestehen. Demzufolge kann ohne weiteres aus den nun noch bestehenden astralen Bestandteilen wieder eine Schöpfung kreiert werden, die für euch mit euren physischen Augen wieder wahrnehmbar ist.

Es gibt kein Sterben, nur eine Transformation, in der die grobstoffliche Hülle verfeinstofflicht wird. Dadurch entschwindet sie euren Augen, die nur sieben Spektren wahrnehmen können, es gibt jedoch deren weit über sechzig. Ich möchte euch nun schildern, wie sich die Farben eines Sonnensystems auch auf euren Astralkörper auswirken.

Die Schwingungszahl der sichtbaren Farben in eurer Sonne liegt zwischen 400-750 Millionen pro Sekunde. Es ist ein konstantes Fließen im Gange. Es gibt die Farben Rot, Orange, Gelb, Grün, Blau, Violett und auch ein lilaindigoartiges Blau. Wenn nun euer physischer Leib aus irgendeinem Grunde erkrankt, dann entsteht dadurch eine Veränderung in diesen Farben in eurem Astralleib.

Die rote Farbe bezieht sich auf eure Muskeln sowie auf die Drüsen, die im Zusammenhang mit den Ausscheidungsorganen stehen, so u.a. auf Nieren, Harnleiter, etc. Wenn nun ein Mensch an diesen Organen erkrankt ist, dann kann er wieder gesund werden, wenn er sich mit der Farbtherapie beschäftigt. Es ist jedoch erforderlich, daß sich dieses Menschenkind in eine völlig entspannte meditative Gesinnung vertieft. Ich möchte euch die Zusammenhänge klarlegen, damit ihr mit diesen Kräften auch arbeitet und sie weiterleitet.

Die orange Farbe bezieht sich auf die Herztätigkeit des Menschen, ebenso auf den Kreislauf des Blutes. Auch bei solchen Störungen kann ein Mensch große Linderung erfahren, wenn er sich dann auf diese Farbe konzentriert. Wer sich gedanklich auf einen außergewöhnlichen Menschen konzentriert, z.B. auf Albert Schweitzer, Paracelsus oder irgendeine große Persönlichkeit, die sich ausschließlich in den Dienst der Menschheit gestellt hat, dann werden in diesem meditierenden Menschen Gefühle wachgerufen, die voller Selbstlosigkeit, Hingabe und Opferfreudigkeit sind. Durch diese Gesinnung wird z.B. die rote Farbe im Zusammenhang mit den Ausscheidungsorganen und Muskeln, die durch die Krankheit verdunkelt wurden, aufgehellt, erleuchtet und strahlend. Die Veränderung dieses Farbkomplexes im Astralkörper reflektiert sich dann auf den physischen Leib und vermag dadurch eine Heilung herbeizuführen. Jede Krankheit in einem Menschen hat ihre Ursache. In den allermeisten Fällen - karmische Gründe ausgeklammert - hängt die Erkrankung mit der Veränderung der betreffenden Astralfarbe zusammen. So wird z.B. aus einem leuchtenden, hellen Rot dann ein dunkles Rot, weil die Gesinnung des betreffenden Menschen nicht auf die geistigen, göttlichen Gesetze ausgerichtet war.

So ist es auch mit Orange, das strahlen sollte in einem lichten Ton. Sobald eine Verdunklung im Astralsektor stattfindet, reflektiert es sich automatisch auf den physischen Leib. Die Verdrängung von Gefühlen in einem Menschen, die im Zusammenhang stehen mit Leidenschaften, können sehr schnell Geschwülste, Tumore und Geschwüre hervorrufen. Der Verstand wurde euch sehr wohl gegeben, jedoch ist es wichtig, daß ihr versteht, ihn zu lenken. Alles, was von außen in euch hineindringt oder sich in eurem physischen Leibe abspielt, soll von euch in harmonische, friedvolle Bahnen gesteuert werden.

Die gelbe Farbe durchströmt in euch das Nervengeflecht, das eine sehr wichtige Rolle spielt. Sobald dieses leuchtende Gelb in die Zitrinfarbe geht, werden in einem Menschen wundervolle Gefühle wach zu Kunst, Musik und zu allem was die Seele erbaut und beglückt. Die Ockertöne, die aus diesem Gelb entstehen können, sind stets Zeichen für eine Störung oder Erkrankung im Nervensystem, sowohl im willkürlichen als auch im unwillkürlichen. Alles was mit Nervenkrankheiten zu tun hat, kann auch durch meditative Übungen geheilt werden, indem sich dieses betreffende Kind auf die Weisheit, Barmherzigkeit und Güte Gottes ausrichtet, sich im Geiste ein Modell baut, nachdem und mit dem es im Apostolat arbei-

ten möchte, indem es sein Wissen, das es von mir empfangen darf, an suchende Seelen weiterleitet.
In dieser Meditation sollt ihr euch stets bildlich vorstellen, was ihr unternehmen möchtet, das zum Heile eurer Seele und eures Geistes dienlich ist. Ein wahrer Heiler, ein wahrer Priester, ein Weiser ist nie krank! Ich habe euch einmal von den Tempelpriestern in den prähistorischen Zeiten berichtet. Sie haben nur in Gott gelebt, in ihnen war alles vorhanden. Sie standen konstant in Verbindung mit allen kosmischen Kräften, die über eure Chakren in euch hineinfließen. Ich öffne euch ja alle geistigen Tore, damit ihr Einblick erhaltet in die unbeschreibliche Größe Gottes. In früheren Zeiten haben die Menschen auf eurer Welt mit all diesen Kräften gearbeitet. Auch ihr habt diese Möglichkeit.
Das, was sich im Magen und Darmtrakt eines Menschen abspielt, hängt zusammen mit der Astralfarbe grün. Es ist ein leuchtendes Maigrün, wenn es unbeschattet ist, weil sich dieser Mensch gesund ernährt und sich von allen Giftstoffen distanziert. Was ich darunter verstehe, wißt ihr ja; Fleisch, Alkohol, Nikotin, Koffein, Teein und Drogen. Eine Störung in eurem Organismus zeigt sich dann in eurem Astralkörper als eine Verdunklung dieses Grüns, das sonst hell und leuchtend ist. Ein Mensch, der im erwähnten Bereich des Körpers erkrankt ist, kann gesunden, wenn er sich in seinem ganzen Denken an meine Hinweise über die Nahrungsaufnahme hält. Er sollte sich gegenüber seinen Mitmenschen, Angehörigen usw. aufgeschlossen zeigen, und seine alten Gewohnheiten einmal ablegen, weil er weiß, daß es nicht nur um die Gesundung seines physischen Leibes, sondern auch um diejenige seines Astralkörpers geht. Denn aus dem Astralreich fließen die Kräfte, um reflektorisch alles für euch sichtbar zu machen.
Ebenso ist es mit eurem Skelett, eurem Knochenbau, wo die blaue Farbe schwingt. Wenn ein Mensch an seinen Knochen

erkrankt, dann ist dieses strahlend helle Blau verdunkelt. Auch in diesem Fall kann eine Heilung durch eine konzentrierte Meditation erzielt werden, indem sich der Betreffenden nur auf das Freudebereiten im Schenken einstellt, nicht nur auf die Kalkulation, daß man nur gibt, weil man dann erhofft, im gleichen Umfange wieder zu erhalten. Es ist nur möglich, eine Heilung zu erlangen, wenn ein Mensch sich selbst verschenkt.

Die violette Farbe bezieht sich auf die Atmungsorgane, besonders auf die Lunge. Wenn ein Mensch hier erkrankt ist, dann soll er sich auf eine völlige Befreiung von allem konzentrieren, das ihn in irgendeiner Form belastet. Er soll alle Sünden auf den Opferaltar Gottes legen und auch den himmlischen Vater um Verzeihung bitten. Gleichzeitig soll er allen Schuldnern verzeihen, die ihn je einmal beleidigt haben. Das ist ein wichtiger Punkt in diesem himmlischen Gebet, das ich meinen Jüngern übergeben habe:

"Vergib uns unsere Schuld, wie auch wir vergeben unseren Schuldnern!"

Wieviel Menschen leben nach diesem göttlichen Prinzip? Kein einziges Menschenkind auf diesem Erdenplan hat das Recht, über andere zu urteilen. Jedes muß selbst sehen, daß diese Farben zu einem leuchtenden Weiß werden. Dieses Vergeben und Vergessen allen Leids ist von eminenter Wichtigkeit. Daher sind so viele Menschen krank, nicht nur an dieser physischen Hülle, sondern auch an Seele und Geist.

Die lila Farbe, die fast ins Indigoblau übergeht, hängt zusammen mit eurem Drüsensystem. Ich habe einmal erklärt, daß eure Hypophyse (Hirnanhangdrüse) sowie die Epiphyse (Zirbeldrüse) in euch eine ganz wichtige Rolle spielen. Ich empfehle einem jeden von euch, sich in der Meditation völlig entspannt aufrecht hinzusetzen. Eure Chakren im Ätherleib, die verbunden sind mit eurem Rückenmark, arbeiten dann besser. Alle Muskeln sind völlig entspannt. Schließt dann auch eure Augen, damit ihr euch ganz intensiv auf die Übung einstellen könnt! Einige von euch werden sich nun fragen: "Ja, genügt es denn nicht, daß ich mich während dieser Zeit auf Gott konzentriere?" Ganz gewiß, meine Kinder, jedoch sollt ihr wissen, daß die Farben auch von Gott erschaffen wurden. Das sichtbare Farbspektrum, das in eurem Sonnensystem liegt, hat eine Wellenlänge von ca. 400 bis 800 millionstel Millimeter. Es gibt jedoch noch weitere unsichtbare Farben, die ihr auch wahrnehmen könnt. Je mehr ihr eure Hypophyse und auch die Epiphyse schult, desto mehr gelangt ihr dadurch in diesen anderen Schwingungsbereich. Jedoch ist es in dieser Schulung notwendig, all die göttlichen Tugenden[16] zu pflegen. (Dazu mehr im nächsten Buch)

Es gibt sehr wohl auch die Möglichkeit des Heilgebets, das bestimmt auch Erhörung findet, wenn es ein wahres, lauteres Herzensgebet ist. Jedoch nur wenige Menschen sind dazu fähig. Warum wohl? Weil der Selbsterhaltungstrieb in jedem Menschen mißbraucht wird. Der Erdenmensch wird aus jedem Trieb heraus dermaßen egoistisch, daß er dadurch all diese leuchtenden Astralfarben verdunkelt. Die Konsequenz ist, daß dann diese beschatteten Farben eine Krankheit in den entsprechenden Organen auslösen.

Auf eurer Erde herrscht der grüne Ton vor. Er wurde vor allem durch den Ton ´f´ erzeugt. Ihr wißt, daß auch die Astralwelt vor allem in grüner Farbe leuchtet. Dabei denke ich nur an jene Sphären, die bereits aus der Dunkelheit aufgestiegen sind. Mein wunderbares Kreuz bildet einen Bestandteil dieser drei Komponenten, die für jede Krankheit ausschlaggebend sind: "Persönlichkeit, Ego und Monade." Wenn diese drei nicht in der Einheit sind, dann wird jedes Menschenkind irgendwo in seinem Körper krank. Gleiches kann nur mit Gleichem kuriert werden! Daher empfehle ich euch, Einkehr zu halten und meine Worte immer wieder in euch aufzunehmen, daß sie ein Bestandteil in euch werden".

Die fünf Ursachen von Krankheiten

"Im Anfang war das Wort, das Wort war bei Gott, und Gott ist das Wort! Im Wort liegt die ganze göttliche Kraft! Ein jedes Wort setzt sich aus verschiedenen Buchstaben zusammen, aus Vokalen und Konsonanten. Die Vokale[17], die ihr alle kennt, liegen im Geiste Gottes, in der ganzen Göttlichkeit verankert, die Konsonanten haben ihre Entsprechung in der Natur. Der Strom, der im Wort liegt, vermag dann über eure Chakren in euren physischen Leib zu dringen. Auf die gleiche Weise, wie die Farben auf euch einwirken können, ist es auch mit den Tönen. Sie existieren in Zusammenhang mit dem ganzen Weltall.
Die Grundfarbe der physischen Welt, auf der ihr lebt, ist grün und ihr Ton ist ´f´.
Die Grundfarbe des Elements Wasser ist silbrig und der Ton, der damit in Verbindung steht, ist das ´h´. Das Wasser hat als Entsprechung den Astralkörper.
Das Element Luft hat als Grundton das ´d´, als Farbe gold und steht in Verbindung mit eurem Ätherleib.
Der Ton ´c´entspricht der kosmischen Ätherebene 4. Grades. Sie ist mit dem Element Feuer verbunden ist, dessen Farbe rot ist und die wiederum eine Entsprechung hat mit eurem Mentalkörper.
Der Grundton ´a´ steht in Verbindung mit der orangen Farbe und der 3. Ätherebene, in der sich - wie ich einmal schilderte - teilweise die Kausalwelt befindet. Damit ist der Kausalkörper verbunden. Ihr sollt jedoch diese diversen Sphären nie als voneinander abgegrenzte Welten sehen.
Die 2. Ätherebene, die also noch feinstofflicher ist als die vorangegangene, hat den Grundton ´e´. Die Entsprechungen liegen in der Intuitionswelt, im Seelenkörper und in der hellgelben Farbe.

Ich weiß, daß nun einige von euch etwas verwirrt sind und möchte euch daher nochmals klarlegen, daß ihr auf dieser Welt in dem grobstofflichsten Zustand lebt, den es überhaupt in der Schöpfung Gottes gibt. Die weiteren Welten sind flüssiger, gasiger und nachher ätherischer in ihrer Substanz. Damit meine ich, daß selbst eine feinstoffliche Welt, je höher sie zur Gotteswelt steigt, noch feiner wird in ihrer Substanz. Darin liegt die ganze Entwicklung meiner Erdenkinder, daß sie sich immer mehr in ihrem Schwingungsbereich verändern. So wird es auch einmal sein mit dem Planeten Erde.

Ich habe euch darauf hingewiesen, daß ihr durch meditative Übungen, die ausgerichtet sind auf die höchsten ethischen und göttlichen Werte, Heilungen ausüben könnt in Verbindung mit den Astralfarben. Ähnliches ist auch der Fall mit den Tönen.

Es existieren fünf Ursachen, fünf Prinzipien, die eine Krankheit auslösen können. Die 5 Ursachen schlagen sich auch in den Astralfarben nieder. Die wunderbar leuchtenden Farben werden dadurch verdunkelt, sie ergrauen und werden stumpf und kraftlos.

Das erste Ursachenprinzip ist im Astralen zu sehen. Ihr wißt, daß die meisten Menschen nach dem Ablegen ihrer physischen Hülle sich in den Astralebenen aufhalten, die von den Planeten eures Sonnensystems und auch von weiteren Sonnensystemen, von denen es Milliarden gibt, bestrahlt werden.

Eine Krankheit kann ebenso im Naturalbereich sein. Die Quelle dazu liegt dann in den Genen, Chromosomen und Enzymen, die von den Eltern auf ein Kind übertragen werden können. Es kann also mit einen Familienkarma zusammenhängen.

Eine weitere Ursache kann sich im Spiritualbereich befinden, d.h. daß ein Kind, das auf dieser Erde lebt, in seinem eigenen Geiste gewisse Krankheitssymptome trägt oder daß fremde Geisteinflüsse auf dieses Individuum einwirken.

Eine weitere Ursache liegt im Persönlichkeitsbereich eines Menschen, indem er sich selbst mit seinem freien Willen die Ursache zu einer Erkrankung schafft, weil er Giftstoffe aufnimmt, wie Fleisch, Alkohol, Nikotin, Koffein, Teein und auch Drogen irgendwelcher Art, wozu auch die Pharmazeutika gehören. Ein geistiger Mensch ernährt sich deshalb gesund, wie es im göttlichen Willen von Anfang an gelegen ist, mit viel Getreide, Früchten und auch Gemüse.
Ein weiterer Ursachenbereich für die Erkrankung eines Menschen liegt im Karma, im persönlichen Abtragen einer Schuld, die sich ein Mensch im Vorleben aufgeladen hat. Ihr wißt ja, daß eine Wechselbeziehung zwischen Geist und Materie besteht, ebenso das Gesetz von Ursache und Wirkung.
Neben diesen fünf erwähnten Ursachenprinzipien gibt es natürlich auserwählte Seelen, die freiwillig eine physische Hülle annehmen, um Sühne zu leisten für diese verdorbene Menschheit oder für geistige Angehörige, die zur gleichen Urfamilie gehören. Es gibt so viele Gründe.
Für euch ist es wichtig, diese Zusammenhänge zu kennen, damit ihr auch mit ihnen arbeiten könnt. So wie es sieben Welten gibt mit verschiedenen Unterteilungen, auch je sieben Sphären, Ebenen und Stufen, so gibt es im Kosmos sieben Strahlen. In diesen Strahlen liegt die ganze göttliche Kraft, Weisheit und Macht. Diese Strahlen haben nichts mit den planetarischen Strahlungen zu tun. Kein einziger Planet eures Sonnensystems vermag aus sich heraus zu strahlen. Es sind diese sieben Lichtstrahlen Gottes[18], welche die Planeten zum Leuchten bringen, nicht nur eures Sonnensystems, sondern auch weiterer Sonnensysteme, die alle eine Rangordnung haben. Im Zusammenhang mit eurem Erdenball haben diese Lichtstrahlen eine ganz bestimmte Aufgabe zu erfüllen, und zwar im evolutionären Sinne, denn in jedem Strahl liegen göttliche Eigenschaften, die auf euch Menschen einwirken

sollen. Sie werden auch geleitet und betreut von himmlischen Hierarchien und Erzengeln.

Solange ihr noch an diese Materie, an diese Grobstofflichkeit der Erde gehaftet seid, könnt ihr Einstrahlungen aus hohen Ebenen nicht empfangen. Alle eure Chakren, die ja die Empfangsstationen sind, befinden sich in einem latenten Zustand.

Es ist also an einem jeden von euch, mit diesen Kräften zu arbeiten. Jedoch gehört dazu ein völliger Gesinnungswandel. Solange ein Mensch voller Zweifel über mein Wort der Wahrheit ist, stellt er sich selbst eine Barrikade auf und kann nicht voranschreiten. Auch Angst und Furcht sind ein großes Hindernis."

Die Schulung

"Ich habe euch über die Kraft, die in den Buchstaben und auch in den Tönen liegt, orientiert. Jeder Name ist sinngemäß an meine Schöpfung, die erfüllt ist mit meiner Kraft, gebunden. Es ist daher wichtig, daß ihr die Entsprechung von allem kennt, denn die Rotation, die im ganzen All wirkt, steht in Verbindung mit den Naturelementen, mit den Planeten, mit den Metallen, mit den Edelsteinen, mit den Farben, mit den Tönen, mit den Chakren, mit den Zahlen, mit euren inneren Organen, mit den Grundelementen auf eurer Welt, einfach mit allem. Darin liegen Kräfte verborgen, die ich euch alle offenbaren will. Ihr sollt auch alle meine Belehrungen in euch verarbeiten, denn sie sollen ein Bestandteil eures ganzen Seins werden.

Der Ton ´f´ entspricht der grünen Farbe, oft ist sie sogar blaugrün bis türkis. Es gibt natürlich verschiedene Schattierungen, da die Farbskala immens ist. Damit ist das Element Erde verbunden, ebenso euer physischer Leib. Als Metall entspricht es dem Blei. Diese erwähnten Entsprechungen stehen in Verbindung mit den Edelsteinen Onyx und der schwarzen Perle. Auch sind euer Scheitelchakra, sowie euer Geruchssinn darin eingeschlossen. Das Element Erde ist dem Planeten Saturn zugeordnet und die Tierkreiszeichen Wassermann und Steinbock liegen in dieser Entsprechung. Damit will ich zum Ausdruck bringen, daß Menschen, die in diesen Tierkreiszeichen geboren wurden, mit den Edelsteinen, Metallen usw., die in dieser Skala liegen, arbeiten sollen. Auch der Samstag und die heilige Zahl 3 sind damit verbunden.[19]

Ich spreche nun wieder von der Erde, die also die feste Materie darstellt. Ihre Farbe ist grün, grünblau bis türkis. Die folgenden Organe werden davon betroffen; Magen, Milz, Darm und Ohren. Dann, wenn die Farbe mehr in das Blaue oder in die Türkisschattierung hineingeht, bezieht sich die

Tönung auf die Knochen. Das chemische Grundelement in dieser Entsprechung ist das ´C´, der Kohlenstoff. Alles Pflanzliche, alles Tierische besteht aus Kohlenstoffverbindungen. Die reinste Form von Kohlenstoff findet ihr im Diamanten und die unreinste in der Steinkohle. Auch darin liegen hohe, göttliche Werte. Im Augenblick, wo ein Mensch an bestimmten Organen erkrankt ist, sollte er mit diesen Urstoffen arbeiten. Das ist überhaupt der Sinn meiner Offenbarungen, daß ihr geschult werdet, die wahren göttlichen Zusammenhänge zu kennen.
Die zweite Ebene in eurer physischen Welt bildet das Wasser. Der Ton ´h´ ist verbunden mit der Silberfarbe. Auch Grautöne liegen darin. Damit ist der flüssige Zustand, der im Element Wasser vorzufinden ist, verbunden. Mit diesen Entsprechungen ist euer Astralleib verknüpft. Das Metall Silber, euer Geschmacksinn sowie das Wurzelchakra in euch sind damit verbunden; der Mond steht wiederum in der Entsprechung dazu. Es ist der Montag und die Zahl 9, die sich ebenfalls in diesem Aggregatzustand und allem, was damit verbunden ist, befinden. Als Tierkreiszeichen entspricht dies dem Krebs und die Edelsteine sind Opal und Mondstein. Das Element Wasser hat als chemisches Zeichen den Buchstaben ´N´. Das kommt aus der Bezeichnung Nitrogenium und bedeutet Stickstoff. Wenn es sich um die Silberfarbe handelt, sind eure Drüsen betroffen. Wenn es ins Lila hineingeht, dann bezieht es sich auf das Drüsensystem, wozu auch die Brust gehört. Damit meine ich weder die Atmungsorgane, noch die Lunge. Die liegen wiederum im violetten Bereich. Es ist wichtig, daß diese Unterscheidungen von euch gemacht werden. Geht es um eine Drüse als solche, dann ist es die Silberfarbe, die ins hellgraue hineingeht. Sobald eine Mischung mit Lila auftritt, bezieht es sich auf das Drüsensystem. Jedoch gehört Lila nicht in diese sieben Grundfarben hinein, wie ihr sie kennt.

Damit es keine Mißverständnisse gibt, habe ich auf diese Punkte hingewiesen.
Der Ton ´d´ steht in Verbindung mit der goldenen Farbe, auch mit dem Gold als Hauptmetall. Ebenso mit dem Element Luft. Euer Ätherkörper wird durch die Sonne beschienen und durchstrahlt. Der Wochentag ist der Sonntag und die Zahl ist 6. Der Edelstein ist der wundervolle Diamant, der dann von euch Menschen zu einem Brillanten geschliffen wird. Das Chakra, das mit der Sonne in Verbindung steht und allen anderen Entsprechungen, ist das Herzchakra. Das Tierkreiszeichen ist der Löwe. In der Sonne liegt das Sehorgan, damit meine Ich euer Sinnesorgan für das Sehen mit euren Augen, so wie im Falle von Saturn der Geruchs- und beim Mond der Geschmackssinn liegt. Es ist nicht die Herztätigkeit gemeint, sondern das Herz als Organ. Wenn ein Mensch also einen Herzfehler hat, dann kann die goldene Farbe oder das Gold als Metall zur Genesung angewendet werden. Alle Metalle können zu Heilzwecken verwendet werden. Die dritte Ebene eurer physischen Welt, in der das Element Luft liegt, hat als chemisches Zeichen ´O´, aus dem Wort Oxigenium, das bedeutet Sauerstoff.
Die vierte Ebene der physischen Welt bildet das Element Feuer, das die rote Farbe trägt und in Verbindung steht mit dem Planeten Mars. Der Ton ´c´ steht ebenfalls in dieser Verbindung. Es ist der fluidale Aggregatzustand der Materie, so wie die Erde fest, das Wasser flüssig und die Luft gasförmig ist. Das Hauptmetall ist Eisen. Damit steht euer Mentalkörper in Verbindung. Die Edelsteine sind Rubin und Granat. Der Wochentag ist der Dienstag. Euer Halschakra wird dadurch beeinflußt. Ebenso der Gefühlssinn, mit dem ihr tasten könnt und die Zahl 5. Es hat die Tierkreiszeichen Widder und Skorpion. Das vierte Element trägt das chemische Zeichen ´H´ und bedeutet Wasserstoff. In erster Linie werden davon die Ausscheidungsorgane befallen, also die Nieren-

ausgänge, die Harnleiter, die Blase, auch der Darmausgang, dann die Geschlechtsorgane sowie die Galle, die Muskeln und die Haut eines Menschen.
Die nächstfolgende Sphäre ist nun die dritte Ätherebene. Der Ton ´a´ steht in Verbindung mit der orangen Farbe und eurem Kausalkörper. Das Hauptmetall ist das Kupfer. Die Edelsteine sind der hellblaue Saphir und der Türkis. Es ist der Planet Venus, der seine Einflüsse, seinen Odmantel, den er trägt, zur Auswirkung bringt. Es ist die heilige Zahl 7 sowie das Nabelchakra, die dem entsprechen. Die orange Farbe bezieht sich in eurem Körper auf die Nieren selbst, auf die Nebennieren, die Herztätigkeit, den Kreislauf sowie auf eure ganzen Blutgefäße. Als Tierkreiszeichen liegen Stier und Waage vor.
Der Ton ´e´ hat eine hellgelbe Farbe. Es ist euer Seelenkörper, der damit verbunden ist. Die Einstrahlungen kommen aus dem zweiten Ätherreich. Die Edelsteine sind der gelbe Zirkon und der Topas. Es ist der Planet Merkur, der als Entsprechung im planetarischen Sonnensystem dient. Ebenso stehen der Mittwoch, die Milz, das Hellsehen, das Hellhören, das Hellfühlen in euch, sowie die Zahl 8 damit in Verbindung. Als Tierkreiszeichen entsprechen die Zwillinge und die Jungfrau. Die Beziehungen zu den inneren Organen bestehen im Mund und in allem, was sich im Schlund, einschließlich Zunge, abspielt. Dann die Hände, die Füße und die Nerven, ja das ganze Nervensystem, ob es nun willkürlich oder unwillkürlich ist. Ich habe euch einmal eingehend darüber informiert, daß sich dieses sympathische, d.h. unwillkürliche Nervensystem ohne euren Willen durch Erblassen oder Erröten und auch durch Transpirieren zum Ausdruck bringt, ohne daß dabei eine bewußte Tätigkeit ausgeübt wird. Das liegt alles im unwillkürlichen Nervensystem.
Der ersten und zugleich letzten Ätherebene eures Sonnensystems sind als Planet der Jupiter, als Farbe das Zartblau und

als Tierkreiszeichen Fische und Schütze zugeordnet. Die Leber eines Menschen sowie die Blutsubstanz als solche fallen in diese Entsprechung. Der Ton ´g´ steht in Verbindung mit eurem Geistkörper und die Farben der Edelsteine liegen im Amethyst, ebenso im dunkelblauen Saphir. Es liegt darin die Zahl 4 und das Stirnchakra, wodurch die Intuition ausgelöst wird.
Das, was ich offenbart habe, liegt in der physischen Welt. Ich habe euch einmal erklärt, daß es im ganzen Kosmos sieben Welten gibt. Ihr lebt in der physischen, die jedoch auch wieder unterteilt ist in sieben verschiedene Ebenen, Stufen und Sphären. Es ist wichtig, daß ihr diesen Hinweis beachtet, denn ich habe euch auch schon Einblicke gewährt in die anderen Welten, die außerhalb der physischen liegen. Jedoch stehen alle existierenden Welten, wie die Astralwelt, die Mentalwelt - in der auch die Kausalwelt liegt - die Intuitionswelt, die Geisteswelt, die Monadenwelt und die Gotteswelt im Einstrahlungsvermögen mit der physischen Welt. Wenn ich also von diesen Aggregatszuständen gesprochen habe, von Erde, Wasser, Luft, Feuer, Ätherreich, 3., 2. und 1. Grades, dann habe ich damit eure physische Welt gemeint. Wenn ein Mensch von der Erde Abschied nimmt, dann wird er - wie euch bekannt ist - in die Astralwelt[20] *Einzug halten, sofern er an Gott geglaubt hat. War dieses jedoch nicht der Fall, dann bleibt er an diese physische Welt gebunden. Es sind ja noch die Zwischenreiche vorhanden. Selbstverständlich habt ihr auch die Möglichkeit, über die Astralebene hinauszuwachsen, wenn ihr euch schon zu eurer Lebzeit entwikkelt, wahrhaftig meinen Weg geht, das göttliche Bewußtsein in euch erweitert, vertieft und wenn ihr nicht nur das Scheinwissen sucht, sondern unvergängliche ewige Werte.*

Ich möchte noch einmal über die Grundelemente sprechen, das sind C für Kohlenstoff, N für Stickstoff, O für Sauerstoff und H für Wasserstoff. Alle diese Grundelemente sind nicht wegzudenken aus eurer physischen Welt, denn sie setzt sich aus ihnen zusammen, wie ich vorher kurz im Zusammenhang mit dem Pflanzen- und dem Tierreich erwähnte. Daher ist es so unklug von Menschen, wenn sie glauben, daß nur das, was sie mit ihren Händen fassen können, von Bestand sei. Alles formiert sich aus kleinsten Atomen und Mikrotronen. Daher habe ich euch gesagt: "GOTT kann nicht in eine kleine Schatulle gelegt werden!" Ich habe meinen Thron in jeder Zelle, in jeder Faser, in jedem Atom, in jedem Elektron und Mikrotron eures ganzen Seins aufgeschlagen. Ich bin euer Zentrum und wenn ihr in diesem Bewußtsein lebt, dann werdet ihr auch Zeichen und Wunder vollbringen, wie ich sie vollbracht habe zu meiner Erdenzeit. All die kostbaren Schätze, die Gott einem jeden von euch schenkt, sollt ihr euch auch zunutze machen, sei es nun im Heilsektor zur Erhaltung eurer eigenen Gesundheit, sei es im Dienst am Nächsten oder im Erreichen eines ganz bestimmten Zieles. Ihr wißt ja, daß es keine Erlösung, keine Erfüllung gibt ohne Gott. Sie kommt nur:

- *wenn ihr bis in euer tiefstes Innerstes voller Licht werdet, weil ihr nur lichtvoll denkt,*
- *wenn ihr im Nächsten ein Kind Gottes seht, weil ihr mit Toleranz, Barmherzigkeit und Güte über ihm waltet, daß ihr die negativen, dunklen und schlechten Eigenschaften mit eurer Liebe übergeht,*
- *wenn ihr in dieses Menschenkind nur die göttlichen Tugenden hineinprojiziert, nicht an ihm herumkritisiert, es tadelt, bemängelt und anderes mehr, sondern in ihm diese Monade, dieses göttliche Licht seht,*
- *wenn ihr dann mit euren Gefühlen, euren Gedanken, ja, auch mit euren Worten und Werken nur Licht, Liebe und Freude bereitet, dann fällt auch auf euch mein Licht und dieser wunderbare göttliche Strom, der zu euch hernieder-*

geflossen ist, wird euch stets auf´s Neue einhüllen in einen wundervollen Wasserwirbel, in eine Spirale".

Der Aufbau

"Ihr habt die Möglichkeit, mit Tönen, Farben, Metallen, Edelsteinen usw. zu arbeiten. Viele von euch haben sich gefragt: "Ja, wie ist denn das zu verstehen?" Im Zusammenhang mit den Astralfarben habe ich euch schon Hinweise gegeben, wie ihr euch durch meditative und auch kontemplative Übungen in diese Farben hineinfühlen könnt. Das Gleiche bezieht sich nun auf die sieben Farben, die ich euch detailliert geschildert habe.

Wenn sich ein Mensch krank fühlt und z.B. Schmerz in der linken Gegend seines Körpers empfindet, dann ist das ein Zeichen, daß mit seiner Milz etwas nicht in Ordnung ist. Ich habe euch gesagt, daß die grüne oder blaugrüne Farbe maßgebend ist, um eine Besserung oder sogar Heilung dieses Organs zu erzielen. Es gibt nun auch Zwischennuancen, wie z.B. das Zinnobergrün, das Blaugrün, das Türkis, ebenso kann ein blauvioletter oder ein purpurvioletter Ton in das ganze Spektrum hineinpassen. Es ist also für euch wichtig, die erwähnten Farben in diese Zusammenstellung einzubauen, damit alle Punkte festgehalten sind. Ich nehme nun die erste Ebene. Das ist die Erde selbst.

Ihre grüne Farbe wird noch unterteilt in sogenannte ultragrüne und infragrüne Strahlen. Auf der ultragrünen Seite liegen alle Farbnuancen, die entzündungshemmend wirken. Dazu gehören die vorher erwähnten; Zinnobergrün, Blaugrün, Türkis, Blauviolett und Purpurviolett. Wenn also ein Mensch gewisse Beschwerden empfindet, dann soll er sich während einer meditativen Übung mit den bakterientötenden, entzündungshemmenden und auch wundheilenden Farbstrahlen verbinden. Grün und Blau sind Heilfarben und damit habe ich vor allem diese erwähnten Tonschattierungen gemeint. Es sind sogenannte kalte Farben. Dadurch werden auch eure Drüsen angeregt, ebenso die Milz. Damit meine ich nicht die betreffenden Organe selbst, sondern eine Anregung. Es sind euch also viele Möglichkeiten geboten. Grün und Blau sind immer keimabtötende Strahlen, ohne sich dabei im besonderen auf ein Organ konzentrieren zu müssen, denn sehr oft weiß der Mensch ja nicht, wo sich ein bestimmtes inneres Organ befindet oder ob es an dem Schmerz schuld ist.

Die infragrünen Farben, die in den warmen Sektor gehören, regen ebenfalls die Durchblutung des Körpers an und wirken auf die Tätigkeit der verschiedenen Organe in euch ein. So beeinflußt u.a. das Gelbgrün euren Magen und Darm, ohne daß ich die Organe selbst meine. Es wirkt sich ebenso in der ganzen Durchblutung des Körpers aus.

Das Gelb, das auf dieser warmen Skalaseite liegt, beeinflußt ganz besonders eure Nervengeflechte und alles, was nervenstärkend, nervenentwickelnd und anregend wirkt.

Es kommt dann das Orange, das ebenfalls seine Auswirkung hat auf euren Körper in bezug auf den Kreislauf des ganzen Drüsensystems in euch und auf die Herztätigkeit. Zu dieser Farbe gehören verschiedene Metalle. Ich habe euch nur die Hauptmetalle genannt, es kommen aber noch sehr viele chemische Elemente in all diesen verschiedenen Farbnuancen zur Auswirkung. Ich werde euch sukzessiv noch weitere Elemente offenbaren, die in der Chemie auf eurer Welt zum größten Teil in Medikamenten verwendet werden. Zum Orangeton kommen auch das Zinnoberrot und das Purpurrot, die alle ihre Auswirkungen in den Fasern und Zellen eures ganzen Körpers haben.

Nun möchte ich euch sagen, wie ihr, ohne genau zu wissen welches Organ in euch erkrankt ist, arbeiten könnt. Ich habe euch einmal auf die wunderbare Odkraft aufmerksam gemacht, die in der Seide, in Leinen, in der Baumwolle und auch in der Wolle liegt. Wenn ihr euch aus diesen genannten Geweben kleine Stoffteilchen schneidet, sie mit den entspre-

chenden Farben bemalt - oder wenn ihr den Stoff bereits in der notwendigen Farbe zur Verfügung habt - dann sollt ihr diese Partikel auf das kranke Organ, oder dort, wo ihr den Schmerz empfindet, auflegen. Ich habe euch darauf aufmerksam gemacht, daß alle blaugrünen Farbnuancen entzündungshemmend sind, ohne daß ihr euch den Kopf darüber zerbrechen müßt, was ihr nun für eine Farbe wählen sollt. Im weiteren könnt ihr Farbplättchen selbst herstellen, sei es aus Glas, Porzellan oder wenn beides fehlt, aus Papier, Karton oder aus einem Stücklein Holz. Diese Plättchen sollt ihr dann, wenn die Sonne für eure Augen sichtbar scheint - bis 12 Uhr oder nach 15 Uhr - gegen das Sonnenlicht halten. Wenn das Himmelszelt verdüstert ist, verwendet ihr eine leuchtende schwache Glühbirne und haltet ebenso diese Farbplättchen, welcher Substanz auch immer sie sind, darunter. Sie werden dann mit meinem göttlichen Licht angereichert.

Ich habe von diesen infragrünen Farben gesprochen, die für das Wachstum eines Menschen ausschlaggebend sind, denn in ihnen liegen chemische Elemente, wie Magnesium, Calcium, Carbon, Lithium, Mangan, Sulfate, Argon usw.

Ich möchte euch empfehlen, euren Körper laufend mit diesen Bioelementen zu versorgen, die sowohl in den genannten als auch in weiteren Stoffen und Spurenelementen, etc. vorhanden sind. Euer ganzer Körper ist wie eine kleine chemische Fabrik. Wenn ein Rad in diesem Werk nicht mehr läuft, dann entstehen dadurch Schäden. Alles beruht auf dieser Schwingung in meiner Schöpfung, im ganzen Naturbereich. Es gibt gar keine organische Verbindungen ohne Kohlenstoff, wie ich es euch erklärt habe. Die ganze Erde besteht aus Kohlenstoff, Stickstoff, Sauerstoff sowie Wasserstoff. So ist auch euer Körper angereichert mit all diesen verschiedenen Elementen. Viele Krankheiten entstehen durch einen Mangel an diesen Stoffen. Ihr werdet euch nun fragen: "Wie soll ich das wissen?" Darauf möchte ich euch erwidern: überprüft alle gegebenen Möglichkeiten:

1) *Wurde nach meinen Hinweisen gelebt, d.h. völlig giftfrei, ohne Nikotin, ohne Alkohol, ohne Teein, ohne Koffein, ohne Drogen und ohne Fleisch?*
2) *Sind die Gene, Chromosomen und Enzyme, die ihr ja durch eure Eltern aufnehmt, gesund?*

Dann wird der Kreis der bestehenden Möglichkeiten schon kleiner. In anderen Worten ausgedrückt, ihr wißt nun, daß nur noch astrale, karmische oder geistige Faktoren hineinspielten.

Ist die Krankheit zurückzuführen auf astrale Verbindungen, dann solltet ihr auch in erster Linie mit den Astralfarben arbeiten, wie Ich euch berichtet habe.

Ist die Krankheit mehr im karmischen Bereich zu sehen, dann sollt ihr mit den Chakren, den geistigen Kraftzentren, in euch arbeiten, d.h. Wurzel-, Nabel-, Milz-, Herz-, Hals-, Stirn- und Scheitelchakra. Die Plättchen oder Stoffteilchen können auf die betreffenden Chakrastellen gelegt werden und ihr sollt auch mit den entsprechenden Chakrafarben arbeiten, über die ich euch schon informiert habe. Es ist wichtig, daß ihr euch klar werdet, ob ihr mit diesen Farben nachts oder auch tagsüber arbeiten wollt. Ihr wißt, daß während der Nacht ganz andere Strahlenkräfte auf euch einwirken als während des Tages. Ich habe euch einmal erklärt, daß im Sonnenlicht diese Vitalitätskügelchen, die sogenannten Mesonen, liegen, die ihr euch zunutze machen sollt, indem ihr euch frühzeitig zu Bett legt. Sie liegen in der Luft und sind für eure Augen unsichtbar. Nach Mitternacht sind sie aufgebraucht[21] und dann strömen in euch sehr oft negative Strahlen ein. Das, was ihr auf eurer Erde mit euren Sinnesorganen wahrnehmen könnt, ist nur eine Schablone der Ursubstanz, die geistiger Natur ist. Ich habe einmal erklärt, daß alles diesem Schwingungsgesetz unterworfen ist. So ist jede Zelle, ob sie

sich nun in einem Stein, in einem Mineral, in einer Pflanze, in einem Baum, in einer Blume, im Insekt, in einem Tier oder in einem Menschen befindet, fähig, Elektronen auszusenden. Daher ist es auch möglich, daß ihr nicht nur über Farben, Metalle, Töne, sondern daß ihr auch über Pflanzen wieder die Gesundheit erlangen könnt. In jeder Pflanze, in jeder Wurzel, in jedem Blatt, in jeder Blüte, die ihr dann sammelt, liegen Stoffe inkorporiert, die schwingungsmäßig so gegliedert sind, das sie kranke Zellen in einem Körper wieder heilen können, bzw. dafür sorgen, daß dieselben ausgeschieden werden, um neuen, gesunden Zellen wieder Platz zu machen.
Jedes Kräutlein, das auf eurer Erde wächst, hat Gott erschaffen zum Heil der Menschen. Auch wenn es aussieht wie Unkraut, birgt es in sich Heilkräfte.
Euer Körper ist geladen. Der euch am nächsten liegende Strom ist die Lebenswärme in euch, er liegt ziemlich hautnah. Alsdann folgt der Odmantel um euch herum. Es ist diese Odzone, mit der alles auf eurer Welt umgeben ist. Auch eine Pflanze, eine Blume hat ihren eigenen Odmantel, der sich so wie eure Dreieinigkeit, in der Farbe und auch im Ton verändern kann.
Ich habe einmal erklärt, daß selbst im Duft Milliarden von Atomen, Elektronen und Mikrotronen liegen. Ein Mensch, der mit seinen geistigen Augen sieht, kann auch die Schönheit dieses Odmantels beobachten. Das hat mit der Aura nichts zu tun. Ich spreche jetzt nur vom Zellenbereich eures Körpers, im Zusammenhang mit den Elektronen.
Nach diesem Odmantel um euch herum kommt der magnetische Kraftkreis, der auch in Verbindung steht mit den kosmischen Strömungen, die aus den Himmelskörpern eures Sonnensystems zu euch strömen.
Der nun folgende Strom ist das elektrische Kraftfeld um euch herum.

Das nächstfolgende ist das sogenannte Helioda Kraftpotential, mit dem ihr arbeiten sollt. Diese Heliodaströme kennen gar keine Begrenzung. Sie können Tausende von Kilometern wirken. Mit ihnen arbeiten auch meine Engel, jene, die beauftragt sind, zum Heil der Menschen auf dieser Erde zu dienen. Es ist ein konstantes Fließen in euch hinein und wiederum ein Hinaussenden dieser Kräfte. Es sind also zusammen fünf Zonen um euch herum. Sie sind für euch maßgebend in bezug auf eure Gefühle von Sympathie und Antipathie.

Die 5 Zonen in der Übersicht:

1) Lebenswärme
2) Odmantel
3) magnetisches Kraftfeld
4) elektrisches Kraftfeld
5) Helioda Kraftpotential

Der eurer Wärmezone am nächsten liegende Kreis ist das Odfeld. Nur das, was eurer Odfarbe entspricht und sich also harmonisch ergänzt, weil es die gleiche Schwingung hat, wirkt auf euch sympathisch, anregend und erquickend. Alles, was eurer Odfarbe entgegensteht, kreiert in euch eine Aversion, eine Abneigung, eine Antipathie. Es vollzieht sich also eine Gesetzmäßigkeit, die auf diese Schwingung zurückzuführen ist, in eurem Odfeld.

Wenn ihr bestrebt seid, das "Ego" zu überwinden und den Höhenweg über diese Brücke einzuschlagen, dann wird sich automatisch eine dunkle Odfarbe transformieren in eine leuchtende, strahlende Farbe. Alles, was dunkel ist und düster, ist für euch Menschen hemmend, es zieht euch herunter.

Ich habe euch von der physischen Welt ausgehend erklärt, daß es eine Unterteilung gibt in ultragrüne und infragrüne Farbstrahlen. Die ultragrünen Farben sind alle hemmend und die infragrünen sind wachstumsfördernd. Ich spreche nicht von den Astralfarben, sondern von jenen, die im Son-

nenspektrum und im ganzen Sonnensystem liegen, ohne wieder auf diese verschiedenen Erdtrabanten zurückzukommen.
Dieses Zinnobergrün, welche eine Komplemtärfarbe zu dem Blaugrün der Erde ist, entspricht dem Ton ′f′ und birgt in sich als Entsprechung Radium, Barium und Chlor. Diese Elemente haben auf den menschlichen Körper eine desinfizierende, bakterien- und keimabtötende Wirkung. Daher wird auch das Radium auf eurer Welt im medizinischen Bereich verwendet. Es kann auch gewebebildend sein, wenn es im richtigen Maß verwendet wird. Das gleiche bewirkt auch das Blaugrün.
Ich habe von dem Türkisblau gesprochen, das entsprechende Metall ist das Zäsium. Es ist ein fieberhemmender Stoff. Beides wirkt sich auch aus auf den menschlichen Körper im Wundheilungssektor, d.h. daß auch hier eine keimabtötende Wirkung vorhanden ist.
Das Violett, d.h. Blauviolett, wirkt als Farbe auf eure Drüsentätigkeit, ebenso auf die Lymphe und die Milz. Es ist zusammen mit dem Purpurviolett eine wichtige Ergänzung zu den Lilatönen. Das liegt alles im ähnlichen Bereich. Es ist sehr schwer, bei den Farben diese genaue Nuancierung festhalten zu können. Ihr sollt daher nicht verwirrt werden durch die kleinen Diskrepanzen, die für euch oft in Erscheinung treten. Alles, was den gleichen Ton in sich trägt und vielleicht vermischt wird mit einem anderen, kann bereits wieder in seiner Auswirkung auf ein bestimmtes Organ zutreffen.
Die infragrünen Strahlen, welche wachstumsfördernd sind, bergen das Gelbgrün in sich, das in Verbindung steht mit dem Schwefel ebenfalls mit Magnesium und Carbon. Es wirkt sich auf eure Magentätigkeit und die ganze Verdauung, einschließlich Darm aus. Auch ist es gehirnanregend und hat einen Einfluß auf die Knochenbildung.
Ihr wißt sehr wohl, daß das ganze Skelett bei euch der blauen Farbe unterworfen ist. Wenn jedoch die Knochensubstanz ei-

nes ganz bestimmten Teiles in eurem Körper neu gebildet werden soll, besteht die Möglichkeit, mit diesen erwähnten Elementen zu arbeiten. Ebenso mit der blaugrünen Farbe. Wenn ihr jedoch euren ganzen Knochenbau beeinflussen wollt, ist es empfehlenswert, sich nur mit Blau zu beschäftigen.

Eine weitere infragrüne Farbe, die auf diesen Wachstumsstrahlen liegt, ist das Hellgelb. Wie ich euch im Zusammenhang mit den Gestirnen erklärte, ist damit das Quecksilber verbunden, aber auch hier gibt es Schattierungen. Das Gelb als Vollgelb gesehen, nicht als Gold oder Zitronengelb, hat als chemisches Element das Iridium. Das wirkt sich in eurem Körper auf alle eure Nervengeflechte aus. Da ist sowohl das sympathische als auch das vegetative Nervensystem eingeschlossen.

Für das Blauviolett und das Purpurviolett, das ich vorher noch in der ultragrünen Skala erwähnte, sind das Strontium und Actinium maßgebend als chemische Elemente. Im Actinium liegt sehr viel Radioaktivität. Alle diese kleinsten Bestandteile im Schöpfungsbereich Gottes sind für euch Menschen von großer Bedeutung und Wichtigkeit. Ich will nur noch die allerwichtigsten herausschälen.

Nach dem Gelb sind wir bei Orange angelangt, das als nächstes auf den wachstumsfördernden Strahlen liegt. In diesem Orange liegen die Metalle Aluminium, Kupfer und das Calcium. Sie wirken sich aus auf eure Herztätigkeit, auch auf den Kreislauf des Blutes und des Lymphwassers. Ebenso steht es im Zusammenhang mit den Drüsen. Jedoch alles in euch setzt sich aus so vielen verschiedenen Substanzteilchen zusammen. Wenn es sich nicht um das Substantielle eines Organs handelt, kann eben die Farbe variieren, weil es dann nur um die Anregung des betreffenden Organs geht.

Nun kommen wir zur roten Farbe. Das Rot als solches steht mit Eisen in Verbindung. Nun gibt es auch hier verschiedene

Schattierungen und zwar gibt es ein Zinnoberrot, ein Karminrot, ein Purpurrot und viele weitere mehr. Ich möchte die wichtigsten herausgreifen. Im Zusammenhang stehen die folgenden chemischen Elemente: Krypton, Neon und Kadmium. Diese wirken sich auf die Wundheilung in eurem Körper aus, wo immer die Wunde sich befinden mag.
Zinnoberrot ist maßgebend für das Lungengewebe. Wenn ein Mensch erkrankt ist in seinem Lungenflügel, wegen seiner Rauchsucht, dann sollte sich der Betreffende mit dieser Farbe verbinden und auch diese chemischen Stoffe aufnehmen.
Das Karminrot steht in Verbindung mit Mangan, Argon und Eisen. Es hat seine Auswirkung bei der Bildung der roten Blutkörperchen und auch des Blutplasmas. Es werden auch eure Sinnesorgane dadurch entwickelt und es trägt zur Muskelgewebebildung bei. Wenn also ein Mensch an Muskelschwund leidet oder eine Muskelschwäche hat, dann sollte er mit dieser Entsprechung arbeiten, damit meine ich diese chemischen Stoffe und das Karminrot.
Das Purpurrot steht in Verbindung mit Lithium. Es beeinflußt die Venen, die Adern und auch die Kapillargefäße eures Körpers. Das sind alles Hinweise, die euch sehr dienlich sind. Wenn ihr diese Kenntnis von der Schöpfung, von der Natur Gottes anwendet, dann dürft ihr frohen Mutes sein und voller Zuversicht, auch die einen oder anderen Beschwerden wieder loszuwerden. Um nur ein Beispiel von vielen zu nennen: Radium liegt im Storchenschnabel und im Bärlapp."

Die Kapitel "Die Astralfarben", Die fünf Ursachen von Krankheiten", "Die Schulung" und dieses Kapitel habe ich ohne eigenen Kommentar niedergeschrieben. Denn es waren fast ausschließlich an einem Stück geoffenbarte Themen, die ich nicht unterbrechen wollte.

Der Weg

Alle Kapitel, die ich niedergeschrieben habe, dienen dazu, daß ihr die Geheimnisse kennt, sie beachtet und nach ihnen lebt. Ich weiß, daß es für viele noch unverständlich, ja sogar unglaublich ist, was über die Entwicklung und Entstehung der Menschheit geschrieben wurde. Doch kann ich euch versichern, es wird kein Widerspruch in den einzelnen Kapiteln sein und es wird sich alles ineinander ergänzen. Keiner könnte aus sich alleine etwas erschaffen. Denn wie vor einer Tat erst der Gedanke sein muß, der, wie ihr ja wißt, geistiger Natur ist, so kann überhaupt nichts entstehen, wenn der Aufbau nicht geistiger Substanz ist. Ich habe in den verschiedenen Kapiteln immer wieder darauf hingewiesen, daß im Materiellen, d.h. auf unserer Erde nichts existiert, was nicht schon im Geistigen vorhanden war. Alles hat im Geistigen eine Schablone. Es mag für viele unwahrscheinlich klingen, doch wird es immer der Wahrheit entsprechen. Die Welt außerhalb unseres menschlichen Bewußtseins ist so viel schöner, so viel größer, so viel intelligenter, als das, was wir mit ihm aufnehmen können. Wenn ihr es doch sehen würdet, wie herrlich diese Welt ist!

Dieses Buch dient auch dazu, euren Horizont zu erweitern und hinter allen Erscheinungen die geistige Intelligenz Gottes zu sehen. Wenn das ein Brennpunkt in eurem Herzen wird, daß ihr alle Dinge mit der göttlichen Intelligenz in Verbindung bringt, dann seid ihr in eurer geistigen Einweihung einen Schritt weiter gekommen. Ihr könnt dies vergleichen mit Geselle und Meister. Der Geselle nimmt die Anweisungen des Meisters an, um seine Fertigkeiten zu erweitern, damit er in seinen Fähigkeiten noch besser, noch genauer, noch effektiver wird. Er fügt sich den Unterweisungen seines Meisters, denn er weiß, daß der Meister alles aus einer höheren Warte sieht.

Jeder Geselle kann selbst bestimmen, wie lange seine Gesellenzeit dauert. Wenn er ohne Unterlaß jeden Tag immer besser, immer genauer und immer schöner arbeiten wird, kann er seine Gesellenzeit stark verkürzen und so bald die Stufe des Meisters erreichen. Wenn sich aber der Geselle in unwichtige Begebenheiten verstrickt, die nicht mit seiner Arbeit als Geselle zu tun haben, wird er seine Gesellenzeit verlängern. Dazu wird er aber immer wieder von seinem Meister aufgefordert, seinen Ratschlag anzunehmen und weiter an sich zu arbeiten. Denn wenn sich der Geselle den Anweisungen des Meisters fügt, wird er später nicht mehr wissen, ob er jetzt seine Arbeit macht oder die des Meisters, denn er hat sich in seiner Tätigkeit so verfeinert, wie es der Meister selbst ausführen würde.

So soll es auch mit uns sein. Wenn wir ständig an uns arbeiten und uns nicht in Nichtigkeiten verstricken, so würde die Menschheit nicht in dieser Dunkelheit leben. Die Worte des Meisters haben wir längst nicht mehr befolgt, denn wir wollen unsere eigene Arbeit tun und keine Unterweisung annehmen. Wir nehmen unser "Ich" viel zu wichtig. Es ist unsere Aufgabe, das "Ich" in unserer Gesellenzeit zu bearbeiten. Viele glauben, daß das "Ich" am wichtigsten ist, weil durch das "Ich", auch "Ego" genannt, die Bewegung erzeugt wird. Das ist aber nur bedingt richtig. Das Leben ist ein Kampf, ähnlich wie es in der Pflanzenwelt einen ununterbrochenen Kampf gibt. Wenn ihr den Kampf gegen das "Ich" aufnehmt, so wird dies im ersten Moment euer Leben nicht verändern, nein, sondern ihr werdet andere Maßstäbe im Leben setzen.

Der zweite Schritt wird sein, daß ihr Bücher und jede andere Lektüre mit anderen Augen lest. Der eine sieht von einer Pflanze nur die Blätter, den Stamm und die Blüten, der andere sieht sie in einem höheren Bewußtsein. Er sieht die herrlichen Farben der ganzen Pflanze, die Schönheit der Blätter und die Intelligenz, die die Pflanze erschaffen hat. Es wird zwar immer die gleiche Pflanze bleiben, doch sieht sie jeder mit seinen eigenen Augen. So könnt ihr auch eure eigene Höherentwicklung beobachten.

Der dritte Schritt ist, daß ihr andere Freunde und Bekannte kennenlernen werdet. Auch andere Themen werden euch interessieren, die mehr einen geistig-philosophischen Charakter haben. Ihr seid auf der Suche nach der Wahrheit. Gleiches wird Gleiches anziehen. Doch gebt euch mit keiner Wahrheit zufrieden. Denn hinter jeder Wahrheit steht eine neue. Doch seid euch immer im Klaren, daß unsere Erde der Planet unseres Widersachers ist. Die Verführung lauert überall.

Der vierte Schritt - und das ist so ziemlich der wichtigste - wird euch in die Demut des Gebets ziehen. Ihr werdet in euch erkennen, daß ihr keinen Gedanken, keine Handlung aus euch heraus allein machen könnt.

Der fünfte Schritt ist, daß ihr Tätigkeiten ausübt, sei es als Beruf oder als Nebenbeschäftigung, wo ihr Schwachen helft. Ihr werdet das Dankeschön der Menschen wie ein großes Glücksgefühl verspüren, das ihr vorher nie gekannt habt. Denn es ist eine Freude ohne Gegenleistung.

Der sechste Schritt ist, daß ihr eure Arbeit nicht als Beruf sondern als Berufung seht und ihr erkennt, daß ihr ohne unseren Schöpfer nichts vollbringen könnt. Es ist egal, ob ihr "niedrige" Tätigkeiten ausübt, oder "hohe" Verantwortung tragen müßt. Ihr seht dann auch nicht mehr die Natur als solche, sondern als eine göttliche Schöpfung. Ihr könnt dann nicht mehr unterscheiden, bin ich die Natur oder umgedreht. So wird es mit allen Dingen sein.

Der siebte Schritt ist dann, daß ihr alles in einem seid und einer in allem. Sicher werden sich allerlei Notlagen, Leid und Pein in euren Wege stellen, denn das dient zu eurer Läuterung. Doch der Weg wird immer begehbar sein, auch wenn er sehr schmal und steil ist. Bedenkt dabei immer, je steiler er ist, desto schneller seid ihr an der Spitze angelangt.

Unsere Erde ist der Planet des Widersachers und er sieht es überhaupt nicht gerne, wenn sich einige von seinem Reich entfernen und er sie nicht mehr kontrollieren kann. Darum ist die Schulung auf unserer Erde eine der schwersten im gesamten Kosmos, aber auch eine der schnellsten.

Ihr solltet einen redlichen und ehrlichen Weg gehen. Denn Gott liebt die Ordnung. Unsere Redlichkeit wird schon dahingehend geprüft, wie wir mit unserer Sprache und unseren Emotionen umgehen. Ob unsere Reden nur uns oder Gott und dem Nächsten dienen. Wie oft haben wir ein Wort aus Gedankenlosigkeit gesprochen, das uns nachher leid getan hat. Wie oft werden wir angeschrien und meinen, wir müßten zurückschreien. In solchen Situationen zeigt sich eure Größe, indem ihr ruhigen Gemütes bleibt. Denn der Betroffene seid nicht ihr, sondern euer "Ich". Zügelt und beherrscht es, indem ihr das "Du" in den Vordergrund stellt. So seid ihr ein Fels in der Brandung.

Ein wichtiger Punkt bei den ersten Schritten eines Menschen, wenn er seine geistige Höherentwicklung betreibt, wird seine Ernährung sein.

Denn wie ihr ja wißt, sind die Früchte und Salate alle mit Odkraft angereichert und stellen auch eine geistige Nahrung dar. Wie soll denn ein Handwerker arbeiten, wenn er sein Werkzeug nicht sauber und in Ordnung hält? Auch das Fasten eines Menschen soll nicht den Charakter des Abnehmens haben, dies sollte erst an zweiter Stelle stehen. Die Herrschaft des Geistes über den Körper ist Ziel des Fastens. Jesus sagte einmal zu den Menschen: "Macht euch die Erde untertan."

Was meinte er damit? Er meinte nicht die Erde als Materie, sondern daß wir uns Kenntnisse über die Naturgesetze aneignen sollen. Er hat damit immer die Herrschaft des Geistes über die Materie gemeint. Jeder, damit meine ich jeden einzelnen, kann sich selbst beweisen, wie weit er seine Gedanken beherrscht und über die Materie setzt. Die Materie wäre überhaupt nichts, wenn nicht der Geist wäre. Alles wurde aus dem Äther erschaffen. Selbst in den Mysterienschulen spielte das Fasten eine wichtige Rolle. Jesus sagte einmal zu mir:

> *"Übe Verzicht auf etwas, was du gerne hast und lege es zu meinen Füßen, denn ich werde es segnen. Wenn es aber nicht zu deiner Entwicklung dient, wird es vernichtet."*

Es ist schon eine harte Schule. Ich weiß, doch man wird nicht von heute auf morgen ein Meister. Jeder muß sich alles selbst erarbeiten. Die geistigen Verdienste sind am schwersten zu erwerben. Jesus sagte einmal:

> *"Der Weg wird immer wieder über Golgatha und Gethsemane gehen. Ohne meinen Weg wird es keine Entwicklung geben."*

Auch die Ehrlichkeit sollte ein wichtiger Faktor in eurem Leben sein. Das wird z.B. dann geprüft, wenn wir einkaufen, und die Kassiererin hat etwas übersehen zu berechnen, und wir machen sie nicht darauf aufmerksam. Oder wenn ihr etwas findet und es nicht zurückgebt. Selbst wenn es nur Kleinigkeiten sind, hat doch der Widersacher seine Hände im Spiel. Jesus sagte:

> *"Was ihr meinen geringsten Brüdern und Schwestern getan habt, das habt ihr mir getan. Wer seinen Bruder und seine Schwester nicht liebt, der liebt auch mich nicht."*

Alles zielt auf diese Redlichkeit, Ehrlichkeit und Hilfsbereitschaft hin. Bringt Klarheit in euer Leben! Ihr müßt für alles bezahlen, denn das Gesetz von Ursache und Wirkung wirkt immer. Wer Barmherzigkeit sät, wird auch Barmherzigkeit ernten. Klagt nie jemanden an, denn das steht nur Gott zu. Selbst wenn die Gerechtigkeit für euch nicht sichtbar ist, wird es dennoch eine geben. Füge keinem Menschen wissentlich und willentlich ein Leid zu, auch einem Tier nicht. Alles wird registriert und wird am Jüngsten Tag, der, wie ihr ja wißt, bei eurer Ablegung der menschlichen Hülle ist, abgerechnet. Die geistige Welt, die nur ein höherer Bewußtseinszustand ist, ist tausendmal schöner als unsere hiesige. Ich habe es euch in den sieben Schritten dargelegt, mit welchen Schwierigkeiten und Prüfungen ihr zu rechnen habt. Denn wer mehr verträgt, dem kann auch mehr aufgetragen werden. Um aus einem Rohdiamanten einen Brillanten zu machen, muß er geschliffen werden.

Ein Maßstab wird sein, wieviel Schwierigkeiten ihr im Moment habt. Ich habe gesagt, wer im Lichte lebt, wird den Schatten verdrängen. Doch der Schatten will immer wieder das Licht verdrängen. Wir leben in einer Welt, wo der Schatten größer ist als das

Licht. Daher nehmt diese Schwierigkeiten an und geht den steilen Weg und denkt immer daran, wenn ihr nicht beide Füße fest auf dem Boden habt, besteht die Gefahr, daß ihr abstürzt.

Wißt ihr, warum Jesus soviele Feinde bei den Hohenpriestern und Pharisäern hatte? Weil er die Wahrheit predigte und die geistigen Geheimnisse, die nur den Hohenpriestern und Schriftgelehrten bekannt waren, jedem zugänglich gemacht hatte. Diese Menschen wollten das Wissen als Machtprinzip für sich gebrauchen, damit sie das Volk kontrollieren konnten. So war Jesus ein Dorn in den Augen der Pharisäer und Hohenpriester, den sie beseitigen wollten. Immer wenn sich Regungen in euch zeigen, die Haß oder Groll in euch aufrühren, so denkt daran, daß ihr in die Stille geht und ein Gebet sprecht. Segnet diejenen, die euch in Erregung gebracht haben und tragt ihnen nichts nach. Wenn ihr die Größe aufbringt und noch etwas Gutes für solche Menschen tut, die voller Haß, Argwohn oder Groll sind, so habt ihr ein kleines Himmelreich in euch erschaffen, denn ihr habt ein kleines Fragment des Himmels erfaßt.

Das Richten steht nur Gott zu. Das Gesetz von Ursache und Wirkung wurde so weise, so gerecht und so liebevoll erschaffen, daß ihr es mit eurem normalen Verstand nicht erfassen könnt. Übt jeden Tag und tut Gutes. In wieviel kleinen Dingen könnt ihr Liebe geben! Selbst wenn ihr einen Hund oder andere Tiere streichelt, werden sie immer eure Liebe spüren. Oder wenn ihr ein trauriges Kind umarmt und eure Anteilnahme bekundet. Das sind nur kleine Gesten, doch sie haben eine große Wirkung.

Auch in eurer Selbstkontrolle liegt euer Fortschritt. Damit meine ich nicht nur eure Taten und Handlungen, sondern auch eure Gedanken. Ich habe bereits erklärt, das alles registriert wird, selbst eure Gedanken. Darum ist eine Selbstkontrolle unerläßlich, um zu eurem wahren Selbst zu finden. Es werden viele Praktiken angeboten, doch ist die Selbstkontrolle die beste. Wenn ihr einen Gedanken habt, der nicht liebevoll oder rein ist, so identifiziert euch nicht mit ihm. Sprecht mit eurem "Ich", als wäre es euer Feind, der zwar in euch ist, doch nicht zu euch gehört. Das ist wie in einer Familie.

Ein unartiger Sohn gehört zwar in eine Familie, doch wird man solange an dem Sohn arbeiten, ihn ermahnen und nötigenfalls züchtigen, bis er seine Handlungen so ausführt, daß er nicht die Familie und die anderen schädigt. Glaubt mir, in den Anweisungen liegt allein euer Himmel.

Liebt alles, was rein, ehrlich und lauter ist. Seht nicht die Hülle, sondern schaut hindurch. Viele Menschen sagen, daß sie die Liebe leben, doch die Taten sprechen eine ganz andere Sprache. Reden und Tun müssen eins sein, dann könnt ihr schon eher annehmen, daß sie die Wahrheit sprichen.

Wir leben in einem Jahrhundert der falschen Propheten. Doch ich möchte nicht alle Propheten ansprechen, denn es gibt auch gute darunter, jedoch sind diese sehr, sehr dünn gesät. Ihr müßt nicht glauben, was euch die Medien von jenen oder anderen Glauben lehren. Macht euch selbst ein Bild und hört nicht auf das Gerede anderer. Selbst die Farben spielen eine große Rolle. Viele Menschen tragen ein Kreuz auf ihrer Brust und ziehen sich schwarze Kleider an. Das stellt einen krassen Widerspruch dar. Denn die lauteren und ehrlichen Menschen lieben die hellen Farben.

Schärft euren Verstand und laßt euch nicht beunruhigen von den Katastrophen um euch, doch wenn ihr die Möglichkeit habt, gebt eure Hilfe. Werdet selbstlos, hingebungsvoll und voller Liebe zu euch und euren Nächsten. Nehmt eure schwachen Punkte ernst. Fragt eure Freunde, welche Schwächen oder welche negativen Eigenschaften ihr habt. So könnt ihr am besten herausfinden, wo euer Ansatzpunkt ist. Unsere Feinde sind nicht außerhalb von uns, es sind unsere Schwächen. Liebt sie, denn nur mit der Liebe läßt sich alles überwinden.

Doch nehmt den Kampf an und transformiert eure Schwächen. Denn so wie aus einer giftigen Pflanze einmal eine wunderschöne Rose wird, so sollt auch ihr eure Dornen annehmen und transformieren. Das Wort transformieren ist sehr wichtig. Ihr wißt, daß im gesamten Universum nichts verloren geht. Kein Gedanke, keine Handlung wird verloren gehen, denn alles wird registriert werden.

Wie das geschieht, werde ich euch in einem anderen Kapitel beschreiben. Ihr sollt nicht die Dunkelheit hassen, sondern das Licht lieben. Ihr sollt nicht den Krieg hassen, sondern den Frieden lieben. Denn Druck erzeugt wieder Gegendruck. Ihr sollt auch nicht eure Fehler hassen, sondern das Gute in euch lieben. Denn wie ein Meister seinen Schüler züchtigt, so kann ein Schüler nicht den Meister züchtigen. Oder ein Sohn kann nicht den Vater belehren, sondern nur der Vater den Sohn. Alles muß mit einer höheren Schwingung transformiert werden. So wie das Licht über die Dunkelheit regiert, so wird die Liebe über den Haß siegen. Darum sollet ihr nicht Gleiches mit Gleichem vergelten.

Denn so wie Haß wieder Haß hervorbringt, so wird Liebe wieder Liebe hervorbringen. Es ist ein universelles Gesetz, daß Gleiches zu Gleichem geführt wird und Gleiches durch Gleiches geheilt wird. Denn es gibt ein Sprichwort das besagt: "Was du nicht willst das man dir tut, das füge auch keinem anderen zu."

"Was du dem geringsten meiner Kinder getan hast, das hast du mir getan."

Das waren Worte Jesu, die das göttliche Gesetz von Ursache und Wirkung erklärten. Doch dies alles ist leicht gesagt und oft sehr schwer zu tun. Glaubt mir und beginnt noch heute euren Weg. Ich selbst bin schwerst geprüft und spreche aus meinen eigenen Erfahrungen. Alles, was ich euch gesagt habe, sind keine leeren Worte, sondern der Beginn des Lebens, ein Leben in Gott.

Die Offenbarung

Bereits in dem Kapitel "Die Einführung" habe ich beschrieben, wie mein Heiligtum aussieht. Der dritte Stuhl, der anfangs unbesetzt war, ist immer Jesus vorbehalten gewesen.

Auch sagte der Heiland einmal zu mir: *"Glaube nie, daß ich über den Kopf zu empfangen bin. Das ist ein großer Irrtum, denn ich spreche nur über das Herz."*

Folgende Botschaft von Ihm möchte ich an euch weiter geben:

"Mein inniggeliebter Sohn!
Gebe diese Botschaft allen Religionen und allen Politikern.
Heute werde ich dir Großes sagen, damit alle Menschen aufgerüttelt und aufgeweckt werden.
Der Widersacher hat alle seine Register gezogen, die ihm zur Verfügung stehen. GOTT, unser VATER, der die Liebe und Barmherzigkeit ist, vernimmt die Qualen und Sorgen seiner Kinder. Die Zeit, die den Menschen zur Verfügung steht, wird nur für die eigenen Bedürfnisse, für das eigene "Ich" und die Ruhmessucht benützt. Der Nächste wird gänzlich vergessen, ja schlimmer, er wird geschändet. Die Geduld und Barmherzigkeit GOTTES ist sehr groß, aber nicht unerschöpflich. Es liegt im Ratschluß des EWIGEN VATERS, diese Botschaft an alle zu richten. Meine Missionsengel haben viele Kanäle gesucht, doch ihr habt euch eurem "Ich" zugewendet und die Stimme nicht gehört.
Ich klage an: die Lauen, die sich für selbstgerecht halten.
Ich klage an: die "Ich"-bezogenen, die andere vergessen haben.
Ich klage an: die Ruhmessüchtigen, die ihren Wandel nicht erkannt haben.
Ich klage an: die Rachsüchtigen, denn sie haben die anderen nicht geliebt.

Ich klage an: die Besitzergreifenden, die die gänzliche Daseinsberechtigung vergessen haben und in allem nur den Reichtum lieben.

Ich liebe alle, die die Liebe zu unserem VATER auf´s innigste gepflegt haben, denn die Liebe ist die Krönung meiner Schöpfung. Darum werde ich sie mit meinen Augen sehen und erkennen, wenn sie in mein Reich kommen. Ich habe euch die Liebe gezeigt und gelebt, darum kann sich keiner entschuldigen. Seht meine Liebe, wie ihr sie getreten habt.

- *Ich wollte euch als Freunde haben, doch ihr habt mich als Feind betrachtet.*
- *Ich wollte euch die Wunden heilen, doch ihr habt mich abgelehnt.*
- *Ich wollte euch das göttliche Manna geben, doch ihr habt eurem "Ich" gefrönt.*

Für alles müßt ihr Rechenschaft ablegen.

Ihr könntet nichts sein, wenn es euch vom VATER nicht gegeben wäre, doch ihr habt IHN verleugnet, darum ist der Fall preisgegeben.

Bittet Gott um Verzeihung, damit er seine Boten senden kann, denn der Weltenbrand steht bevor. Schlagt meine Warnung nicht in den Wind, denn ihr werdet sehen, daß die göttliche Macht stärker ist als euer Leben. Erinnert und verinnerlicht euch, daß ohne GOTT nichts entstehen kann.

Werdet demütig, bevor es zu spät ist. Haltet ein, damit nicht noch mehr Unglück entsteht, denn das Strafgericht steht vor der Tür. GOTT hat euch das Leben gegeben und ist imstande, es euch zu nehmen und seine Rechte zu fordern.

Macht eure Augen auf und seht, was ihr angerichtet habt. Ihr könnt doch nicht erwarten, daß, wenn ihr den Nächsten mit Füßen tretet, er euch die Füße küßt. Wo bleibt eure Moral und wo bleibt euer Geschenk an die Menschen, die euch gewählt haben, und wo bleibt euer Geschenk an GOTT, der euch erschaffen hat? Flüchtet euch nicht in Ausreden, denn

ihr habt von mir das Wissen bekommen, doch ihr benutzt es nur für euch selbst. Seht euch diese Erde an, was habt ihr daraus gemacht?
Seht euch die Menschen an, was habt ihr daraus gemacht?
Richtet eure Gesetze nach dem, was der Nächste braucht und nicht nach eurem Geldbeutel, auch wenn es viele Opfer bedeutet. Es wird sich immer euer "Ich" berührt fühlen und nicht das göttliche "Du". Je mehr ihr euer "Ich" bekämpft und zurückstellt, desto größere und bessere Entscheidungen könnt ihr treffen. Haltet ein, bevor es zu spät ist! Ich, euer HEILAND, habe die Fäden in der Hand. Haltet daran fest und spielt mein Spiel, damit das Heil hereinbrechen kann. Sobald ihr euer Spiel spielen wollt, ist es nicht mehr mein Spiel und es wird keine Ordnung geben. Alles wird im Chaos enden.
Ich flehe euch an, laßt mich durch euch wirken, indem ihr euren Willen mir übergebt, damit ich durch euch wirken kann. Ansonsten wird die Reinigung mit Feuer und Katastrophen vollzogen werden. Liebt den Nächsten wie euch selbst, doch wo ist die Liebe geblieben? In eurem Geldbeutel ist sie und damit wart ihr nicht würdig, sie zu besitzen.
Ich möchte die Worte alle lesen und hören lassen, denn ich liebe euch, wie eine Mutter ihre Kinder liebt. Ich liebe euch, wie ein Vater, der seine Kinder liebt und züchtigt.
Ich möchte euch aus den Klauen des Widersachers befreien, doch ohne Beachtung meiner Gesetze sind auch mir Grenzen gesetzt. Überschreitet die Schwelle der Finsternis, damit mein Licht leuchten kann für ein besseres Leben. Hört auf meine Stimme, damit GOTTVATER seinen Segen geben kann, denn ohne IHN gibt es kein Leben und Licht. Werdet demütiger vor dem Schöpfer und seinen Kreaturen, damit die Wahrheit ans Licht kommt. Schaut euch doch in der Welt um! Früher hatte es Propheten und weise Menschen gegeben, doch mit zunehmender Dekadenz der Menschenrasse sind sie

verpönt und gemartert worden. Macht nicht denselben Fehler, denn die Folgen sind verheerend. Nehmt mein erstes[22] *und zweites*[23] *Gebot als Maßstab und lebt danach. Ich gebe euch meinen reichsten Segen und freue mich auf die Gerechten, die meine Warnung beachten. Sie werden auf das reichste belohnt."*

Das neue Zeitalter

In unserem Schlußkapitel möchte ich zuallererst zwei Geschichten erzählen, die mir in meinen geistigen Visionen gezeigt wurden.

In einer Zeit um die Jahrhundertwende gab es ein Land, in dem sich zwölf Siedlerfamilien ansiedelten. Das Land, auf dem sie lebten, war voller Grün, voller ertragreicher Bäume und voller Schönheit. Die Menschen hatten alles an Essen. Die Weizenernte war stets ertragreich, ebenso die Maisernte. Selbst die Bäume gaben jedes Jahr ihre vollen Früchte an die Menschen. Keiner mußte Hunger oder Not leiden. Doch auch hier hatte sich der Widersacher wieder eingeschlichen und es gab dann allerlei Rivalitäten bei der Vergabe der Güter. Der eine sagte: "Ich habe mehr gearbeitet als die anderen, und dafür steht mir auch ein größerer Teil zu." Ein anderer sagte: "Ich habe mehr Geld als andere für das Saatgut ausgegeben und dafür steht auch mir ein größerer Teil zu." Ein anderer sagte: "Ihr habt auf meinem Grund gesät und geerntet, dafür steht auch mir ein größerer Anteil zu als anderen." So kam es, wie es kommen mußte. Manche hatten alles im Überfluß und andere mußten sich ihren Teil erbetteln. Selbst jenem die im Überfluß lebten, gaben es eher den Tieren, als ihren Mitmenschen. So sind Haß und Neid in den Menschen entstanden. Selbst der Gottesdienst, den die Siedler früher jeden Morgen pflegten, wurde gänzlich vergessen. Das Erntedankfest, das der höchste Feiertag der Siedler war, wurde nur noch von den Menschen abgehalten, die an Essen und Trinken am wenigsten hatten. So kam es, daß eine große Dürre in das Land einbrach. Die nächsten Ernten fielen sehr spärlich aus. Der Geist der Solidarität wurde nun gänzlich vergessen. Es kam zu Plünderungen, zu Morden und Mißhandlungen. Jeder kämpfte um sein Überleben. Wie Bestien haben sie sich benommen.

Das Trinkwasser wurde nun auch immer weniger und es bestand die Gefahr, daß Seuchen ausbrachen. Alles war ein heilloses Durcheinander und Chaos. Als die Not dann ihren Höhepunkt erreicht hatte, stellte sich einer in die Mitte, und seine Stimme wurde vom Heiligen Geist geführt. Er sagte: "Liebe Brüder! Es ist für Gott nicht mehr tragbar, daß der eine sich an des anderen Hab und Gut vergreift. Denn die Rachsucht und Habgier einiger Brüder und Schwestern hat dazu geführt, daß Not und Elend in unserer Gemeinde entstanden sind. Ihr seid zwar frei erschaffene Wesen, doch hat die Liebe keinen Platz in euren Herzen. Daher ist es unhaltbar für Gott, daß sich einige von euch an anderen vergriffen haben. Ich werde nun fortgehen und einen Platz suchen, wo sich keine Gebietsansprüche und Mengenansprüche des einzelnen stellen. Denn alles ist von Gott erschaffen worden für uns alle. Wer hat, soll den Armen das geben, was er übrig hat, denn ihr habt alles von Gott bekommen und solltet ihm und seinen Geschöpfen die Ehre geben. Da aber einige von euch das alles vergessen haben, werde ich nur für die Gerechten sprechen und sie in das neue Land führen." Darauf geriet alles in Aufruhr, weil viele befürchteten, daß sie noch mehr in Hungersnot kommen, wenn sie nicht mit ins neue Land geführt werden. Darauf erwiderte der Gerechte:

"Wer meine Stimme vernommen und gerecht gelebt hat, braucht nichts zu befürchten." Sodann wollten ihn einige ergreifen, doch er war bereits auf dem Weg und konnte den Nachstellern entfliehen. Als der Gerechte des Weges ging, kam er an ein Haus und bat um einen Schluck Wasser. Darauf antwortete man ihm: "Gehe weg, denn von uns bekommst du nichts. Wir haben selbst kein Wasser und können das wenige, was wir noch haben, nicht an andere geben, denn dann verdursten wir noch schneller, denn niemand weiß, wann es wieder regnen wird." So ging der Gerechte weiter und kam an ein Haus, in dem ein alter Mann wohnte. Wiederum bekam er auf die Bitte um einen Schluck Wasser die Antwort: "Lieber Freund, auch ich habe kein Wasser im Hause, den letzten Schluck Wasser habe ich gestern getrunken, doch ich hätte ihn gerne mit dir geteilt. Da ich deine Bitte nicht befriedigen kann, möchte ich Dir einen Weg zeigen, wo noch ein Fluß fließt, doch das Wasser ist sehr stark verschmutzt und für Trinkwasser ungenießbar." Und der alte Mann zeigte dem Gerechten den Weg zum Fluß. Dort angelangt, war es tatsächlich so, wie es der alte Mann gesagt hatte. Das Wasser war voller Unrat, Schmutz und Ungeziefer.

So überlegte er, was er nun tun solle. Nach einer Weile des Überlegens hörte er in sich hinein, was seine innere Stimme zu ihm sagte: "Lieber Sohn" sagte die Stimme, "gehe nicht wie die anderen den Strom entlang, sondern gehe stromaufwärts, dort wirst du zur Quelle gelangen." Gleich darauf nahm er seine Sachen und ging stromaufwärts. Er wußte nun, um zur Quelle zu gelangen, mußte er gegen den Strom laufen.

Er wußte zwar nicht, wie lange der Weg sein würde, auch nicht wie beschwerlich er war, doch im Innersten war er felsenfest überzeugt, daß irgendwann die Quelle sichtbar sein würde. So ging er fröhlichen Mutes stromaufwärts. Mit zunehmender Dauer wurde es immer beschwerlicher. Allerlei Gefahren mußte er überstehen. Zum einen mußte er mit den Wölfen und Hyänen kämpfen und zum anderen wurde er des öfteren von Wegelagerern überfallen und ausgeraubt. Doch niemals hatte ihn der Mut verlassen. Eines Tages, als er fast mit seinen Kräften am Ende war, tat sich ein Land vor ihm auf, das an Fülle und Schönheit kaum zu überbieten war. Die Weiden waren grün und saftig. Die Wälder waren in voller Pracht und es gab Quellen in reichlichen Mengen. Es war für den Gerechten überwältigend, denn solch eine Fülle und Schönheit hatte er noch nie gesehen. Voller Freude und Glück wälzte er sich im Gras, stellte sich unter die Wasserfälle und reinigte sich von den Strapazen. Auch ging er zu den einzelnen Quellen und kostete das Wasser. Als er zu einer Quelle kam, da sprach die innere Stimme zu ihm: "Lieber Sohn! Diese Quelle hat etwas besonders. An dieser Quelle wirst du dein Haus aufschlagen und nie mehr wirst du durstig sein. Doch gehe erst zurück und zeige deinen Brüdern und Schwestern mein Land, das für dich erschaffen wurde, denn deine Dienste möchte ich belohnen. Doch höre, ich werde dir Gesetze geben, die du deinen Brüdern und Schwestern geben sollst, damit es keine Rachsucht, keinen Neid und keine Eifersucht geben wird.

Jeder, der in diesem Land leben will, muß die Gesetze achten und jeder Verstoß gegen die Gesetze wird mit dem Ausschluß aus deiner Gemeinde bestraft." Nach diesen Worten ging der Gerechte wieder zurück, um seine Brüder und Schwestern in sein Land zu holen.

Als er wieder in seiner Gemeinde war, erzählte er seine Erlebnisse und Abenteuer. Nachdem er alles erzählt hatte, packten viele ihre Sachen zusammen und sagten: "Schlimmer wie hier wird es wohl auch nicht sein. Darum gehen wir mit dir." Doch manche mißtrauten seinen Worten, denn es erschien ihnen wie ein Märchen. Viele hofften auch, daß es bald regnen wird, damit sie von diesem Platz nicht mehr weg mußten. Besonders diejenigen, die das meiste Land hatten, bequemten sich, hier zu bleiben. Denn sie befürchteten, daß sie im neuen Land weniger bekommen würden. Sodann ging die Karawane ihres Weges. Als sie allesamt an den verschmutzten Fluß kamen, sagten einige: "Lieber Gerechter, wir gehen nicht mit Dir, denn wenn wir den Fluß abwärts gehen, dann wird auch der Fluß sauberer und wir können dann von diesem Wasser trinken! So gingen einige den Fluß abwärts. Die anderen jedoch machten sich auf, mit dem Gerechten flußaufwärts zu gehen. Doch nach einiger Zeit begannen viele den Mut zu verlieren. Manche sagten: "Der Weg ist mir zu lang." Andere meinten: "Die Strapazen sind zu viel." So gaben sie auf und kehrten um. Nur wenige blieben übrig und erreichten das neue Land. Sie waren voller Glück und Zufriedenheit. Nachdem sie sich alle im neuen Land niedergelassen hatten und ihre Häuser gebaut hatten, gab der Gerechte einem jeden seine Gesetze. Danach sprach er: "Unser aller Vater hat uns diese Wohnung bereitet, voller Glück und Liebe. Er hat uns sein Land gezeigt mit seinen Gesetzen, in dem es weder Durst, noch Hunger, noch Leid, noch irgend einen Unfrieden geben soll. Laßt uns hinausgehen, um noch weitere hungernde und durstige Menschen in unser Land zu holen, auf daß sie nimmermehr Hunger oder Durst leiden." Sodann gingen sie in das Land und ihre Zahl wurde immer größer. Ein jeder, der sich in der Gemeinde niederließ, achtete das Gesetz, und das Glück, welches diese Gemeinde hatte, war unbeschreiblich. Alles an Früchten und Getreide wurde redlich geteilt. Es war alles im Überfluß vorhanden.

Der Widersacher hatte keinen Zugriff mehr auf diese Gemeinde, denn ein jeder wußte, wenn er die Gesetze nicht achtet, wird der Ausschluß die Folge sein. Und so wurde aus einer Gemeinde eine Stadt. Soweit die Geschichte.

Sicher werden es viele als eine ganz normale Geschichte ansehen. Doch ihr wißt aus den vorherigen Kapiteln, daß jede Geschichte einen geistigen Hintergrund hat. Mit den Nachfolgern, die in den letzten Zeilen beschrieben wurden und die das Land bewirtschaften sollen, sind wir gemeint.

Jeder Mensch hat die Aufgabe, in dem Apostolat mitzuwirken. Unter Apostolat versteht man, daß die Wahrheit gelebt und weiter gegeben werden soll. Jeder ist dazu aufgerufen, ja sogar verpflichtet. So wie ihr euch eurer leiblichen Eltern erinnert und eure Herkunft mit dem Familiennamen verknüpft ist, so soll es ein jeder auch mit seiner geistigen Herkunft tun und sie nicht verleugnen.

Jedes Kapitel soll eine höhere Bewußtseinsstufe darstellen. Ich möchte immer wieder darauf hinweisen, daß Wissen ohne Tat völlig wertlos ist. Ich betone es deshalb, weil es der wichtigste Punkt im ganzen Kosmos ist. Ihr sollt euch nicht hinter Büchern verkriechen und nur ein Scheinwissen aufbauen, denn das macht euch nur noch arroganter. Die Praxis ist entscheidend. Denn Gott wird denjenigen ihre Belohnungen geben, die seine Gaben - die wir von Gott empfangen haben - an andere weitergeben. Seht alle Handlungen und Taten, die ihr ausübt, aus einer höheren Warte und fragt euch: "Wie würde Gott entscheiden?" Das Herz sollte über den Verstand gesetzt werden. Denn wenn ihr euer Herz befragt, in dem ja die CHRISTUSLIEBE sitzt, so werdet ihr schnell feststellen können, daß sich eure Persönlichkeit sehr schnell vorwärts entwikkelt. So wie ihr euren Nächsten beschenkt, so wird auch euch geschenkt. So wie ihr anderen helft, so wird auch euch geholfen. Alle Kapitel wurden geschrieben, damit ihr begreift, daß ohne Gott überhaupt nichts möglich ist. Ihr seid nur ein Kanal. So wie ihr in ein geistiges höheres Bewußtsein kommt, indem ihr lichtvoll denkt und handelt, so werden euch höhere Kenntnisse übermittelt. Alles hängt von euch selbst ab. Es gibt viele Medien auf unserer Welt, doch ist der Maßstab ihrer Reife die praktizierende Nächstenliebe. Daran werdet ihr die Guten von den Schlechten unterscheiden können. Selbst wenn manche Führer die Massen täuschen können, so wird es dennoch eine Gerechtigkeit geben. Es wäre für mich eine Freude, wenn ein jeder begreifen würde, daß ohne die geistige Grundsubstanz nichts entstehen kann.

In den einzelnen Kapiteln wurden uns, durch die Gnade des Himmels, die einzelnen Mosaiksteine durch unseren Schöpfer nähergebracht. Sicher werden sich einige fragen: "Warum wurde es denn von GOTTVATER angeordnet, seinen Sohn durch ein Werkzeug sprechen zu lassen?" Das hat mit dem Plane Gottes zu tun. Als die Menschen ihren freien Willen mißbraucht haben, indem sie die geistigen Gesetze nicht achteten, und weil der Planet Erde der Planet des Widersachers ist, wurden Pläne entworfen, damit es zu einer schnellen Rückführung und Heimholung der einzelnen Seelen in ihre wahre Heimat kommt.

Wenn man die einzelnen Zeitepochen anschaut, so kann man immer wieder feststellen, daß es eine größere Entwicklung und Solidarität nach Kriegen und Katastrophen gab. Dies brauchen auch jetzt noch die Menschen, um zu verstehen, daß der Mensch sehr beschränkt ist in seiner Macht. Ja, daß selbst die Naturkräfte größer sind als der Mensch. Damit sollte der Mensch immer wieder aufgefordert werden, die Allmacht und Größe GOTTES zu erkennen. Doch auch dies haben die Menschen nicht erkannt. Darum konnte sich auch der Widersacher in uns Menschen einschleichen und uns in die Irre führen. Das Gottesbewußtsein wurde völlig verdunkelt in uns. Doch möchte ich betonen, daß es nicht gelöscht ist. Denn bei unserer geistigen Geburt haben wir es für alle Zeit erhalten. Doch muß der Mensch noch viel Leid und Not erfahren, damit seine Herzensliebe noch stärker wird. Denn Leid, Not und Elend sind nur die Auswirkungen auf unser Denken und Handeln. Wer Liebe gibt, wird Liebe ernten. Wer Barmherzigkeit gibt, wird Barmherzigkeit ernten. Doch wer Haß sät, wird Haß ernten. Ihr könnt von vornherein schon die Saat setzen, welche ihr ernten werdet. Alles ist von euch abhängig.

Dieses Werkzeug, das ich kurz erwähnte, welches unser Heiland für seine Botschaften benutzt, wurde von ihm in Tieftrance versetzt, damit jeglicher Eigenwille ausgeschaltet ist. Auch wollte GOTT-VATER damit seine Liebe zu seinen Kindern bekunden, damit sie schneller aus ihrem Schlamm herauskommen. Deshalb wurde von GOTTVATER ein Werkzeug auserkoren. Glaubt nicht, daß es spontan geplant wurde, nein, alles wurde auf längere Sicht hin geplant. Auf unserer Erde leben im Moment sehr viele Seelen, die alle zwischen 30 und 40 Jahre alt sind, die nicht mehr an die Wiedergeburt gebunden sind. Sie allesamt kommen aus der Mentalwelt und doch haben sie sich auf die Erde gebären lassen, damit der Menschheit geholfen wird. Ich habe euch die Zeitepoche von Atlantis näher beschrieben. Mit unserer Erde wird es genauso passieren, wenn die Menschen sich nicht eines Besseren belehren lassen. Wenn ein Zeitalter zu Ende geht, treten ein paar ganz entscheidende Veränderungen ein, die jeder beobachten sollte.

Zum einen treten immer häufiger Katastrophen auf. Die einzelnen Intervalle zwischen den verschiedenen Katastrophen werden immer kürzer. Damit meine ich nicht nur einzelne auf ein bestimmtes Gebiet bezogen, sondern ihr sollt alles Bestehende auf unserer Erde beachten, selbst wenn es euch im Moment nicht betrifft, denn ihr könntet ja der Nächste sein. Ihr wißt ja, daß Katastrophen entstehen, indem die Menschenrasse den Nächsten schändet und die Gebote Gottes nicht beachtet. Es bildet sich dadurch in der Atmosphäre eine Ballung von negativer Schwingung, die nur durch das Gleiche, d.h. durch Katastrophen, entladen werden kann.

Zum anderen werden immer mehr falsche Propheten auftauchen, die die Menschheit noch mehr in die Dunkelheit ziehen wollen. Ich möchte mich nicht mehr wiederholen, doch unser Planet ist das

Reich des Widersachers, das Reich Luzifers. Ich möchte hier jedoch betonen, daß Luzifer seinen Rückzug schon angetreten hat, d.h. er hat vor Gott seine Schuld erkannt und ihn um Verzeihung angefleht. Da ihr wißt, daß Gott die Güte, Barmherzigkeit und Liebe ist und Luzifer es reuigen Herzens erkannt hatte, daß sein Reich nicht von Vorteil ist, hat GOTT Luzifer seinen Seelenmantel wieder gegeben. Der Führer hat sein Heer verlassen. Doch die dunklen Geistwesen, die er in seinem Reich erschaffen hatte, wirken mit voller Intensität auf unserer Welt. Selbst in der dunklen Astralebene, wo ja die sogenannte Hölle existiert, sind Wesen erschaffen worden, die noch grausamer sind in ihrem Geiste als diejenigen, die sie erschaffen haben. So sind die Teufel, Dämonen und Satane daraus entstanden. Diese dunklen Gestalten wirken im höchsten Maße auf unserer Welt. Selbst wenn ihr sie nicht sehen könnt, gibt das noch lange keine Garantie, daß sie nicht existieren. Ich kann euch sagen, sie existieren, und mit welcher Intensität sie existieren, könnt ihr daran messen, wie viele falsche Propheten es auf unserer Erde gibt. Ich möchte aber darauf hinweisen, daß es auch lichtvolle Wesen darunter gibt, die nicht in diese Kategorie der dunklen Machenschaften hineinpassen. Doch sind sie sehr, sehr dünn gesät.

Ihr habt bestimmt immer wieder das Wort Liebe in meinen Ausführungen gelesen. Was ich damit gemeint habe, könnt ihr in dem Kapitel die "Urkirche" und im Absatz "die Liebe als Sakrament" nachlesen. Dies soll euer Maßstab sein. Daran werdet ihr sie erkennen können, ob sie lichtvoll oder dunkel sind. Ihr habt selbst die Wahl!

Das nächste Kriterium wird die seelische Verarmung der Menschheit sein. Nicht der materielle Wohlstand, sondern die seelisch-geistige Substanz der Menschheit ist ausschlaggebend. Wenn ihr die Gebote und Naturgesetze Gottes lebt, so wird es nie zu einer seelischen und geistigen Verarmung kommen. Denn so wie ihr dem Nächsten gebt, so werdet ihr auch vom Himmel belohnt. Schaut euch doch selbst einmal um in eurer Welt und ihr werdet erkennen, wie weit die Umpolung oder Läuterung vor der Türe steht. Es gibt zwar noch ein paar kleine Hinweise, doch haben sie nicht diese große Tragweite, wie die eben beschriebenen. Es sind wieder die drei Komponenten, die ausschlaggebend sind.

1. Die vermehrt auftretenden Katastrophen als Mahnmal.
2. Das vermehrte Auftreten der falschen Propheten, die nur dem Widersacher und dem Geldbeutel dienen und nicht dem Menschen
3. Die seelische Verarmung, die sich in den zunehmenden psychosomatischen Krankheiten zeigt.

An diesen Hinweisen werdet ihr erkennen, wie weit es mit der geistigen Entwicklung der Menschheit bestellt ist, oder wie weit die Umwälzung der Erde bevorsteht. Doch ich möchte keine Unruhe oder Katastrophenstimmung in den einzelnen Menschen entstehen lassen, ganz im Gegenteil, denn mit Schuldgefühlen und Ängsten arbeitet der Widersacher. Es liegt mir fern, euch in Panik zu setzen, doch möchte ich mit allem Nachdruck darauf hinweisen, daß es ein Umdenken geben muß, bevor es zu spät ist.

Unsere himmlische Mutter Maria, die Jesus geboren hatte, ist die größte Fürsprecherin für uns Menschen am Throne Gottes. Auch sei hier bemerkt, daß ihr von Gott fast keine Bitte abgeschlagen wird. Wäre sie nicht gewesen, so würde die Erde schon längst in einen anderen Schwingungsbereich geführt. Doch es hat auch diese Fürbitte nicht viel genutzt, denn die Menschen haben sich noch mehr von der Materie anziehen lassen, damit das "Ego" noch mehr Nahrung bekommen hat. Wie ihr wißt, hat das letzte Wort GOTTVATER selbst, darum weiß keiner, wann und in welchem Stil alles vollzogen wird.

Auch hat es immer wieder Helfer gegeben, die sich in den Dienst des Nächsten gestellt haben und damit möchte ich die Santiner ansprechen, die im benachbarten Alpha Centauri System auf dem Planeten Metharia leben. Diese Wesen leben schon in einem halbmateriellen Zustand, d.h. sie haben ein so hohes geistiges Bewußtsein, daß sie die Materie in jeder Hinsicht kontrollieren können. Ihr geistiger Führer ist Christus, von dem sie immer wieder ihre Anweisungen erhalten und annehmen. Ihr habt lesen können, daß die Atlanter schon ein hohes Bewußtsein hatten, so daß sich selbst Engelwesen mit Leichtigkeit materialisieren konnten, damit sie sichtbar wurden. Dies ist in einem noch höheren Grade bei den Santinern der Fall. Doch bedenkt, daß unser Planet auch negativen Einflüssen erliegen kann, doch von den Santinern haben wir nichts zu befürchten, denn ihr Anführer Asthar Sheran ist mit himmlischen Gaben ausgestattet, die nur vom Erzengel Michael weitergegeben werden konnten. Diese Rasse ist uns ca. 15.000 Jahre voraus. Es gibt aber noch mehrere Planeten, die noch viel weiter sind.

Ich möchte jedoch betonen, daß eine Erhöhung des Bewußtseins der Bewohner auf einem Planeten mit einer gleichzeitigen Erhöhung der Schwingungsfrequenz des Planeten einhergeht. Alles ist vom seelisch-geistigen Zustand der einzelnen Rasse auf ihrem Planeten abhängig.

Doch ich möchte nicht von jenseitigen Welten schreiben, sondern von der hiesigen, was auch in ihrer Entwicklung sehr stark unsere Freunde, die Santiner, mitbetrifft, denn sie haben sich bereit erklärt, uns zu helfen. Doch nun genug mit der Beschreibung der alten Erde, denn ich möchte auch eine Schau über das Neue geben. Dazu erzähle ich euch eine Geschichte aus der geistigen Schau:

"Ich sah eine Frau mit weißem Gewand auf einem weißen geflügelten Pferd sitzen. Um sie war ein Licht, das alle Universen erhellte. Auf ihrem Haupte strahlte eine Sonne, umgeben von einer Krone mit zwölf Sternen. Der Himmel, aus dem sie kam, war voller Musik, voller leuchtender Sterne und voller Liebe. Ihr strahlend helles Gewand war über und über mit Edelsteinen bestickt, die alle mit ihrer Lichtkraft die ganzen Universen aufhellten. In ihrer rechten Hand hielt sie ein Schwert, man könnte es auch als Flammenschwert oder Lichtschwert bezeichnen. Zu ihrer Rechten waren Menschen versammelt, die in helle weiße Kleider eingehüllt waren und sich demütig vor der weißen Frau verbeugten. Zur ihrer Linken befanden sich ebenfalls Menschen, diese aber waren allesamt in dunkle und schwarze Kleider gehüllt. Die Frau stiegt von ihrem

Pferd und umarmte alle Menschen zu ihrer Rechten. Dann ging sie auf die andere Seite, legte das Schwert über diese verdunkelten Menschen und sprach ein paar Worte zu ihnen. Als sie diese Unterredung beendet hatte, drehten sich diese Menschen um und gingen einem unsichtbaren Abgrund entgegen. Sie erkannten den Abgrund nicht. Sie gingen immer weiter und niemand konnte sie mehr retten. Einer von diesen Tausenden von dunklen Menschen ist übrig geblieben und hat sich dem Willen der weißen Frau unterworfen. Dieser wurde dann aufgefordert, auf die rechte Seite zu gehen. Dort wurde er nicht nur auf das herzlichste empfangen, sondern er wurde auch gleich lichtvoll eingekleidet. Daraufhin stieg die weiße Frau wieder auf das Pferd und verschwand am Himmel im Licht und im Feuer der Liebe."

Ihr werdet euch sicher fragen: "Was hat dieses denn mit dem neuen Zeitalter zu tun?" Ich meine sehr viel!

Ich habe euch erklärt, daß Gott das männliche und weibliche Prinzip in sich hat, ebenfalls sein eingeborener Sohn. Dieses Bild der Frau stellt die Liebe Gottes dar, die immer als weibliches Prinzip in der geistigen Welt dargestellt wird. Das Schwert, das sie in der Hand hatte, war die Gerechtigkeit Gottes, die immer vor der Barmherzigkeit steht. Ihr wißt ja, daß kein Mensch das Recht hat, über andere zu richten, wenn er nicht gottgleich ist. Nur Gott selbst hat das Recht, zu richten und zu urteilen. Auch die Krone auf ihrem Haupte, mit den zwölf Sternen, sollte die Kraft Gottes darstellen, die in allen zwölf Universen liegt. Das weiße Pferd mit den Flügeln zeigte mir, daß das Pferd die Kraft Gottes verkörpert und die Flügel die Gotteswelt, denn nur in der Gotteswelt sind die Engel mit Flügeln[24] ausgestattet. Seht euch doch die Bilder an, die von früheren Meistern gezeichnet wurden, wenn Kinder über die Straße gingen und als unsichtbaren Begleiter einen Engel mit Flügel hatten. Das ist keine Utopie, das ist Wirklichkeit. Denn Gott ist nicht nur die Schönheit und Stärke, sondern auch die Liebe und die Vielfalt. So war es auch mit dem Pferd. Es war ein untrügliches Zeichen, daß das Symbol die Kraft und Stärke Gottes darstellen sollte. Zur

Rechten der Frau waren die Ge*rechten*, die sich vor der Größe Gottes beugten, indem sie ihren Willen unter den Willen Gottes stellten, was sie in der Verbeugung vor der Frau bekundeten. Der Abstieg vom Pferd hat ebenfalls eine tiefe Bedeutung. Gott spricht nicht von oben herab zu den Menschen, sondern in der Materie, d.h. in jedem selbst, durch sein Geistherz, das wir alle in uns tragen. Auch das Schwert, das dann über die dunklen Menschen gehalten wurde, zeigte mir, daß sie bei allen ihren Handlungen die geistigen Gesetze verletzt hatten. Doch die Liebe Gottes zu all seinen Geschöpfen zeigte sich daran, daß jeder noch einmal eine Chance zur Umkehr bekam, welche durch die Unterredung mit der Frau symbolisiert wurde. Doch sie wollten nicht die eindringlichen Worte Gottes an seine Geschöpfe hören, darum drehten sie sich um und gingen dem unsichtbaren Abgrund entgegen. Nur einer blieb übrig, und dieser wurde von den Gerechten herzlich empfangen. Damit wollte Gott beweisen, daß er keines seiner Kinder verloren gibt. Jeder wird seine Chance bekommen, selbst wenn er in der tiefsten und dunkelsten Sphäre lebt.

Wenn ihr richtig verstanden habt, so wird es so mit unserer Menschheit passieren. Diese Vision ist auf unser Erdendasein genauestens zugeschnitten. Darum würde ich mich freuen, wenn ihr nur lichtvoll denken und danach handeln würdet, denn die Zeit eilt. Nehmt euch ein Beispiel an Atlantis, das ebenfalls einen großen Fehler gemacht hatte und Gott verleugnete.

Der Sexus ist ein zu dominierender Faktor in unserem Leben geworden, so daß wir das Wort Liebe völlig falsch verstanden haben. Alles, was aus der Erde in uns hineinfließt, ist ein Angriffspunkt unseres Widersachers. Der Sexus ist ein Wesen, das vom Widersacher völlig beherrscht wird. Deshalb stiftet der Sexus nur Leid und Unglück. Die dunklen Wesenheiten, die sich im Moment auf grausamste Art und Weise austoben, wissen, daß ihr Reich in den letzten Atemzügen liegt; denn im tausendjährigen Reich, das vor uns liegt, wird Erzengel Michael[25] beauftragt, mitsamt seinen Legionen von Engeln, dem Wirken und Treiben der Widersacher Einhalt zu gebieten.

Aber dann, liebe Leser, nach den tausend Jahren, werden diese Wächter wieder zurückgerufen, weil Gott erneut prüfen wird, wieweit sich der Mensch in dieser Zeit entwickelt hat und in wieweit er sich den Angriffen des Widersachers erwehren wird. Sicher werdet ihr euch fragen: "Warum tut Gott das? Wäre es nicht besser, er würde immer die Wachposten vor den Toren der Hölle aufstellen?" Sicher ist das richtig gedacht, doch bedenkt: Gott hat uns das größte Geschenk gegeben, das er zu vergeben hat, den freien Willen. Wie soll Gott wissen, wie weit wir in unserer Entwicklung sind, wenn wir nicht Prüfungen ausgesetzt werden? Wie soll denn ein Meister wissen, wie weit der Geselle ist, wenn er diesem nicht Prüfungen stellt. Daran erkennt dann der Meister, daß er seine Gaben, die er weitergegeben hat, auch gut angelegt sind. Wir haben von Gott den freien Willen bekommen und dieser wird auch von Gott nie angetastet, ansonsten stünde es gegen sein Gesetz der Liebe, in dem der freie Wille verankert ist.

Meßt nicht mit euren Gesetzen, denn die sind für Gott völlig wertlos, wenn sie nicht das Thema Liebe als Inhalt haben. Darum ist es für uns sehr schwer zu begreifen, warum dies oder jenes passiert. Doch alles hat seinen Platz und einen Zweck zu erfüllen, auch wenn wir es im ersten Moment noch nicht erkennen.

Mein Gebet

Hier möchte ich euch nun ein Gebet geben, daß ich nach meinem Eintritt in mein Plateau zusammen mit Javathi vor dem Kreuz gebetet habe. Wenn ihr es mit einen demütigen und reinen Herzen betet, so werden Wunder in eurem Leben geschehen.

"Himmlischer Vater, ewiger Gott, wir knien vor Dir nieder und erflehen Deinen Segen. Lieber Vater, bitte verzeihe uns unser Tun und Handeln, unser Denken und Reden, wenn wir nicht in Deinem Sinne gesprochen und gehandelt haben.

Wir wissen aber auch, daß Du ein gütiger und barmherziger Gott bist, der uns in seiner Größe und Allmacht vergibt. Wir sind alle noch so schwach und unwissend und brauchen Deine Hilfe, bitte hilf uns.

Bitte, lasse in uns Dein Liebelicht noch stärker leuchten, damit wir Dich in unserem Herzen noch stärker verspüren. Entzünde in uns noch stärker Deine Liebe, damit wir uns gegenseitig stärken und stützen können.

Deine Gesetze sind voller Liebe und Weisheit. Wir bitten Dich, laß Deine Liebe noch stärker in Deinen Kindern brennen, damit sie Deine Werke und Taten vollbringen können.

Wir wissen, daß wir es nicht wert sind, uns Deine Kinder zu nennen, weil wir noch so unwissend sind und Strafe verdient haben, denn wir haben gesündigt gegen den Himmel und gegen Dich, bitte verzeih uns. Doch ich weiß, daß Du keines Deiner Kinder verloren gibst und sie alle in Dein Reich bringen möchtest.

Laß uns Deine Wahrheit in uns verspüren, damit wir Sie an andere weiter geben können.

Laß uns Deine Erkenntnis in uns verspüren, damit wir andere verstehen können.

Laß uns Deine Liebe in uns verspüren, damit wir anderen helfen können.

Wir wissen, daß wir es nicht wert sind, Deine Hilfe zu bekommen, doch wir bitten Dich, uns nicht zu verdammen, denn wir lieben Dich.

Lege das Schwert Deiner Gerechtigkeit nicht über uns, sondern gib uns Deine Barmherzigkeit, denn wir sind noch so schwach ohne Dich.

Ich bete auch für diejenen, die sich der dunklen Seite zugewandt haben. Ich bitte Dich, lieber Vater, gib ihnen noch stärker Deinen Schutz, damit sie wieder näher an Dein Herz geführt werden.

Segne alle, die ein körperliches oder seelisches Gebrechen haben, denn sie sehnen sich nach Dir, nur Du bist ihre Hoffnung und Liebe. Ich bitte Dich, gib uns allen Deinen Segen, damit wir Dich loben und preisen und wahrhaft Deine Liebe und Weisheit in uns verspüren können .

Vater, in Deine Hände lege ich meinen Geist, doch nicht wie ich will, sondern Dein heiliger Wille geschehe. Amen."

Anmerkungen

1) willenloser Zustand, in dem die Polarität aufgehoben ist
2) geistige Lichtwesen
3) Diese sind nicht zu verwechseln mit den Tieren gleichen Namens
4) Sie tragen die göttlichen Botschaften
5) Devas haben die Kontrolle über die Elementar- und Naturgeister
6) auch als "Seite" zu übersetzen
7) drei Keimblätter: Meso- Endo- und Ektoderm
8) Omraan Mikhael Aivanhov, Der Mensch erobert sein Schicksal, Prosveta Verlag, S:161
9) Ebd.,S:164
10) geistige Entwicklungsleiter, auch als Himmelsleiter bekannt, die Jakob im Traume sah (1.Mos.28, 12f)
11) Ausströmen des Heiligen Geistes Gottes
12) Die Menschenrasse, welche vor den Atlanter lebte
13) Maya heißt übersetzt Illusion. Es ist auch die Verschleierung der Wahrheit
14) Er war ein Planet, der durch die Unzucht völlig zerstört wurde, Litraturhinweis K.O.Schmidt, Mallona
15) Literaturhinweis: Die Chakras, C.W. Leadbeater, Bauer Verlag
16) Die 49 göttlichen Tugenden werden im nächsten Band erklärt
17) a, e, i, o, u
18) Dies wird genauer im nächsten Band erörtert
19) Jedes Element ist den 7 Lichtstrahlen zugeordent, die die 7 Erzengel verwalten. Dazu im nächsten Band mehr
20) Sie ist die nächste feinstoffliche Welt nach unserer physischen
21) Anmerkung: "Der Schlaf vor Mitternacht ist der gesunde!" ermahnte uns oft unsere Mutter
22) Du sollst Gott lieben aus ganzem Herzen, ganzer Seele und aus ganzen Gemüt
23) Du sollst den Nächsten lieben wie Dich selbst

24) siehe dazu das Buch "Gedankenformen" C.W. Leadbeater, Bauer Verlag, Tafel 12, Seite 43

25) Jeder der sich unter den Schutz des Erzengel Michael stellt, wird erfahren wie mächtig sein Schutz ist. Auch wenn der Widersacher verstärkt zu Angriffen ansetzt